☀ pmvREISEFÜHRER
1. Auflage Frankfurt a.M. 2014
PETER MEYER VERLAG

77

SCHÖNSTE OBER HARZ

*Ausflüge zu Burgen, Wäldern & Sehenswürdigkeiten
mit Einkehr, Einkaufen & Unterkunft*

KIRSTEN WAGNER

KAISERSTADT GOSLAR

BERGBAU IM OBERHARZ

BROCKEN & NATIONALPARK HARZ

DIE HARZER SONNENSEITE

KUNST IN & UM HALBERSTADT

SCHLÖSSER BEI WERNIGERODE

FACHWERKJUWEL QUEDLINGBURG

DIE GRÜNE MITTE

KYFFHÄUSER & SÜDHARZ

KARTEN & REGISTER

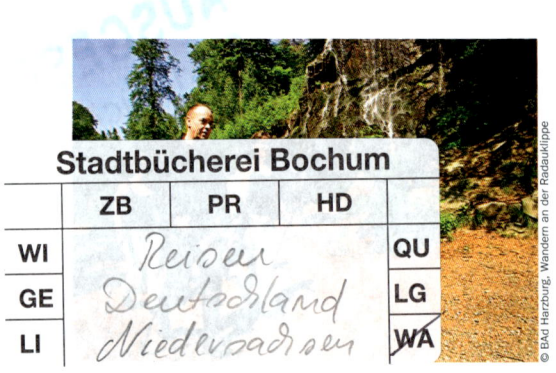

Stadtbücherei Bochum

	ZB	PR	HD	
WI				QU
GE		*Reisen*		LG
LI	*Deutschland*			WA
	Niedersachsen			

© BAd Harzburg, Wandern an der Radauklippe

IMPRESSUM

Unsere Inhalte werden ständig gepflegt, aktualisiert und erweitert. Für die Richtigkeit der Angaben übernimmt der Verlag jedoch keine Haftung. | © 1. Auflage 2014

Umschlag- und Reihenkonzept, insbesondere die Kombination von Griffmarken und Schlagwort-System auf dem Umschlag, sowie Text, Gliederung und Layout, Karten, Tabellen, Piktogramme und Illustrationen sind urheberrechtlich geschützt. | Abdruck und Einspeisung in elektronische Medien, auch auszugsweise, nur mit Genehmigung des Verlags | **Druck & Bindung:** Druckerei Hassmüller, Frankfurt am Main, www.hassmueller.de | **Umschlaggestaltung:** Agentur 42, Mainz. www.agentur42.de, Annette Sievers unter Verwendung eines Fotos von Wernigerode | **Fotos:** Kirsten Wagner. Wenn nicht anders angegeben, alle Rechte beim Verlag, siehe Nachweis beim jeweiligen Bild. Wir danken allen Unterstützern.

Karten: pmv | **Bezug:** über Prolit, Fernwald-Annerod, oder über den Verlag, vertrieb@PeterMeyerVerlag.de, ℡069/40562570 | **ISBN 978-3-89859-210-9**

klimaneutral
natureOffice.com | DE-198-962977
gedruckt

Klimaneutral und auf umweltfreundlich hergestelltem PEFC-Papier gedruckt. Unsere Nachhaltigkeitserklärung finden Sie unter www.PeterMeyerVerlag.de. Besuchen Sie uns auch auf Facebook.

INHALT

KAISERSTADT GOSLAR

BERGBAU IM OBERHARZ

BROCKEN & NP HARZ

VORWORT

Sie möchten im Harz nicht nur Kultur erleben, sondern während Ihres Ausflugs auch genussvoll speisen, ohne erst umständlich nach dem richtigen Restaurant oder Café suchen zu müssen? Dann halten Sie das richtige Buch in Händen! Dieser pmv-Freizeitführer »77 schönste Orte im Harz« verbindet beides miteinander und ermöglicht so nicht nur höchsten Kulturgenuss, sondern auch eine kulinarische Genusskultur!

Der Harz, das wussten nicht nur *Goethe* und *Heine,* ist eine Reise wert, steckt er doch voller **kultureller Schätze.** Historisch bedeutsame Städte wie Goslar, Halberstadt oder Quedlinburg warten mit alten Bauwerken auf, etliche kleine Orte mit wunderschönen Fachwerkhäusern. Daneben lohnt die Besichtigung von Burgen, Schlössern und Ruinen, die von der ereignisreichen Vergangenheit des Harzes zeugen. Sehenswert sind zudem zahlreiche Kirchen und Klöster mit herausragender Ausstattung. Kombinieren Sie Ihre persönliche Harzreise mit dem Besuch eines modernen Kunstmuseums, eines Bergwerks oder so Kuriosem wie dem Mausefallenmuseum oder dem für Kanarienvögel. Herrliche Parks laden zum Schlendern ein und wer gern zügig voranschreitet, findet wunderbare **Wanderungen,** die Sie auf die Spuren deutscher Literaten führen. Neben diesen bekannten Wegen zeige ich Ihnen in diesem Buch Pfade zu Naturphänomenen, karstigen Höhlen und blauen Quellen. Bur- und Museumsbesuche, Kirchenbesichtigungen, Stadtführungen und natürlich Wanderungen machen hungrig. Doch wo kann man einkehren, wenn man **Harzer Spezialitäten** probieren möchte? Wo gibt es ein Steak vom hiesigen Höhenvieh, wo fangfrische Forellen, wo Meistertorten und wo bekocht Sie gar ein Sternekoch? All das erfahren Sie hier und können von vornherein Ihre **Einkehr** planen! Einige Lokale finden Sie in den Randspalten, andere werden ausführlich vorgestellt.

Über die Autorin
Kirsten Wagner, Jahrgang 1967, studierte in Göttingen Germanistik und Romanistik, ehe sie begann, Freizeit- und Reiseführer zu schreiben. Im Peter Meyer Verlag erschienen schon »Harz mit Kindern« und »Hannover mit Kindern«.

Für welche Unternehmungen Sie sich auch entscheiden – genießen Sie Ihren Aufenthalt in Deutschlands höchstem Mittelgebirge in höchsten Zügen!

Viel Freude beim Erkunden des Harzes wünscht Ihnen Kirsten Wagner

Zum Gebrauch des Buches

Dieser Freizeitführer ist in neun praktische Griffmarken unterteilt, die den westlichen und östlichen Harz von Nord nach Süd gliedern: Kaiserstadt Goslar, Bergbau im Oberharz, Brocken und Nationalpark Harz, Bäder im Südwesten, Kunst in und um Halberstadt, Schlösser bei Wernigerode, Fachwerkjuwel Quedlinburg, Die grüne Mitte und Kyffhäuser und der Südharz.

Die Reihenfolge der Orte sowie der Sehenswürdigkeiten und Aktivitäten in denselben wurde so angelegt, dass eine **Rundreise** möglich ist. Zu jedem Ort und den einzelnen Aktivitäten finden Sie detaillierte Angaben für die **Anfahrt** mit dem **Auto** und dem **öffentlichen Nahverkehr.**

Die eigens vom Verlag erstellten **Karten** am Ende des Buches geben Ihnen einen Überblick über das im Buch behandelte Gebiet und über die Einteilung der Griffmarken.

Prägt das schöne gleichnamige Tal: Die Ilse
© pmv, Kirsten Wagner

ÜBER DEN HARZ

Dass das nördlichste deutsche Mittelgebirge Millionen Jahre lang von Wasser bedeckt war, ist schwer vorstellbar. Doch vor 250 Mio Jahren lagen große Teile Norddeutschlands unter dem *Zechsteinmeer.* Aus diesem Grund finden sich noch heute versteinerte Korallen in der *Iberger Tropfsteinhöhle.* Vor 350 – 250 Mio Jahren faltete sich der heutige Harz zu einer **Pultscholle** auf. Der Nordwesten des heutigen Mittelgebirges besitzt dadurch ein wesentlich stärkeres Gefälle als die Süd- und Südostseiten. Die höchsten Lagen im Harz befinden sich im nördlich gelegenen **Hochharz.** Mit einer Höhe von 1142 m liegt der Gipfel des *Brockens* bereits oberhalb der Baumgrenze. *Wurmberg, Achtermannshöhe* und *Sonnenberg* weisen mit ihren 850 – 970 m Höhe ebenfalls gute Wintersportbedingungen auf. Im Süden wird der Harz von **Karstlandschaften** geprägt. Das hier vorherrschende wasserlösliche Gestein sorgt in Verbindung mit Mineralien wie Dolomit, Kalk oder Gips dafür, dass tiefe Aushöhlungen in der Erde entstehen. Die *Einhornhöhle* bei Scharzfeld ist eine solche Karsthöhle. Die geologische Vielfalt des Harzes zeigt sich auch in **Blockhalden,** Hochmooren und tiefen Tälern. Diese wurden von den großen Flüssen des Harzes wie *Bode, Oker, Innerste, Radau* und *Ilse* in die Landschaft gegraben.

Auch die Laub- und Nadelwälder, Moore, Bäche und Seen profitieren von den hohen Niederschlägen. So entstanden sehenswerte **Biotope,** in denen viele seltene und bedrohte Tier- und Pflanzenarten ein Refugium gefunden haben. Ganz besonders gilt das an der ehemaligen deutsch-deutschen Grenze: Zwischen Stapelburg und Walkenried hat die erzwungene Unberührtheit der Natur wertvolle ökologische Nischen entstehen lassen. Zu den schützenswerten **Tierarten** des Harzes gehören

*Eine **Pultscholle** ist ein durch Bewegungen der Erdkruste aufgeworfenes Gelände, das an einer Seite flach, an der anderen Seite stärker abfällt.*

*Eine **Blockhalde** besteht aus Ansammlungen von großen Steinblöcken durch Verwitterung harten Gesteins wie z.B. Granit.*

Bachforelle, Auerhuhn, Wasseramsel und Feuersalamander. Luchse wurden im Harz wieder erfolgreich angesiedelt, sind aber ebenso scheu wie die hier lebenden Wildkatzen. Andere Waldtiere wie Rotwild, Rehe und Wildschweine sind normalerweise gut im Unterholz verborgen. Wer sie einmal hautnah erleben möchte, kann dies in einem der Harzer Tierparks tun oder an einer Wildfütterung teilnehmen.

Typische **Pflanzen** sind Torfmoose, Wollgras und Sonnentau in den Hochmooren, die sich mit Fichtenwäldern und Almwiesen abwechseln. Über 1000 m gedeiht fast nur noch Krüppelgehölz. Die Brockenanemone wächst in Deutschland gar nur auf dem höchsten Berg des Harzes, dessen Namen sie trägt. In tieferen Lagen dominieren Rotbuchenmischwälder. Eine solch einzigartige Mittelgebirgslandschaft verdient es natürlich geschützt zu werden. Dafür sorgt seit 1990 der **Nationalpark Harz,** seit 2006 unter gemeinsamer Regie von Niedersachsen und Sachsen-Anhalt.

*In Deutschland wurden 14 Gebiete zu **Nationalparks** erklärt – von der Nord- und Ostsee bis zu den Alpen.*

Geschichte

Bei all den Naturschönheiten wird oft vergessen, dass der Harz im Mittelalter im Zentrum deutscher Geschichte stand, wovon Burgen und Schlösser zeugen.

Erste Menschen sind in der Harzregion in der **Altsteinzeit** nachweisbar, wie Funde zum Beispiel in der *Einhornhöhle* belegen. In der **Jungsteinzeit** beginnen Jäger und Sammler sich niederzulassen, um Ackerbau und Viehzucht zu betreiben, im Harz vor allem in den Randgebieten. Die Geschichtsschreibung setzt etwa mit der **Völkerwanderung** ein, wo im östlichen Harz das Reich der Thüringer entsteht. Es wird 531 von den mit den Sachsen vereinigten Franken vernichtet.

Karl der Große unterwirft schließlich die Sachsen. Im Zuge seiner Christianisierungsmaßnahmen wird 804 das Bistum Halberstadt gegründet und es entstehen auch im Harz erste **christliche Zentren,** aus denen später die Klöster Drübeck, Ilsenburg und Michaelstein hervorgehen. Die Wanderkaiser lassen Pfalzen in Quedlinburg, Werla, Allstedt, Tilleda und Goslar erbauen. Als 919 **Heinrich I.** an die Macht kommt, gewinnt die Region stark an Bedeutung. Der Ottone hält sich besonders gern in Quedlinburg auf, nach seinem Tod gründet seine Witwe *Mathilde* ein Damenstift auf dem Schlossberg. Erste Schenkungen bilden den Grundstock für den Domschatz, heute Anziehungspunkt für Touristen. Der Salier *Heinrich III.* erklärt in der ersten Hälfte des **11. Jahrhunderts** Goslar zu seinem liebsten Aufenthaltsort, wobei die Erzfunde am Rammelsberg eine nicht unbedeutende Rolle gespielt haben dürften. Als er 1056 stirbt, ist sein *Sohn Heinrich IV.* erst 6 Jahre alt, was dessen spätere Machtposition mindert und zu Aufständen der Sachsen führt. Bei diesen Kriegen werden große Reichsburgen wie die Harzburg zerstört.

Ab 1150 beginnt der Welfenkönig *Heinrich der Löwe* seine Eroberungspolitik auf den Harzraum auszudehnen, was u.a. zu Konflikten mit den *Askaniern* aus Ballenstedt führt. Heinrich wird erst von dem Staufer *Friedrich I. Barbarossa* gestoppt, der dessen Herrschaftsgebiet aufteilt, sodass eine territoriale Zersplitterung einsetzt. Die Harzer Grafen von Regenstein, Stolberg, Wernigerode, Falkenstein und Hohnstein befehden sich, das Aussterben verschiedener Linien führt ebenfalls zu wechselnden Machtverhältnissen.

Nach schlimmen Pestjahren, die den Harz praktisch entvölkern, gewinnen im **14. und 15. Jahrhundert** die Städte an Bedeutung, Zünfte und Gilden entstehen. Ab 1521 erhalten sieben Städte im Oberharz die **Bergfreiheit** und damit zahlreiche Privilegien. Bergleute aus dem Erzgebirge werden angeworben, der Erzabbau erreicht einen weiteren Höhepunkt.

Im **Deutschen Bauernkrieg** ab 1524 wird der in Stolberg geborene *Thomas Müntzer* zu einem der Anführer der aufständischen Bauern. Das Kloster Walkenried wird besetzt und geplündert. Bei Frankenhausen kommt es 1525 zur Niederlage der Bauern, Müntzer wird gefangen genommen und hingerichtet. Die **Reformation** setzt sich durch. Klöster wie Michaelstein, Ilfeld, Ilsenburg oder Stift Quedlinburg werden protestantisch. Im **Dreißigjährigen Krieg** (1618 – 1648) führen die konfessionellen Gegensätze zu verheerenden Zerstörungen und vielen Toten. Mit dem *Westfälischen Frieden* wird auch das Harzer Territorium neu aufgeteilt, wovon vor allem Brandenburg profitiert. Mit *Napoleons* Sieg und dem *Frieden von Tilsit* (1807) geht der Harz in weiten Teilen zum Königreich Westfalen über. Mit dem **Wiener Kongress** fallen die Gebiete wieder an Preußen zurück.

Im **Zweiten Weltkrieg** wird 1943 von den Nationalsozialisten das KZ *Mittelbau Dora* errichtet, in dem tausende von Menschen bei der Raketenmontage im Kohnstein ihr Leben verlieren. Das KZ Buchenwald unterhält Außenstellen in Wernigerode und Langenstein-Zwieberge. Noch am Ende des Krieges werden Halberstadt und Nordhausen von alliierten Luftangriffen in weiten Teilen zerstört.

Auch die jüngste Geschichte hat im Harz ihre Spuren hinterlassen. Die 40 Jahre während Teilung unseres Landes war auch eine **Teilung** des Harzes. Ostharz und Westharz sind noch heute gebräuchliche Begriffe, obwohl nicht nur 1990 die Grenze fiel, sondern auch die Gegensätze in den Städten zumindest äußerlich aufgehoben sind. Grenzlandmuseen und Gedenkstätten wie der *Ring der Erinnerung* bei Sorge erinnern an diese Zeit.

Der Mensch prägt den Harz

Vom Mittelalter bis in die 1980er Jahre war der **Erzbergbau** einer der wichtigsten Wirtschaftszweige im Harz. Der ursprüngliche Mischwald wurde gerodet, um die Stämme für die Stollen im Bergbau zu verwenden. Für die Schmelzprozesse in den Hütten wurde darüber hinaus eine enorme Menge an Holzkohle benötigt, sodass Köhlereien bis zum Ende des 19. Jahrhunderts zum gewohnten Bild im Harz gehörten. Schnell wachsende Fichten ersetzten die Buchen, Erlen und Eschen. Vor allem im Oberharz sorgen die Fichten noch heute für den typischen dunkelgrünen Teint des Gebirges. Diese Monokulturen sind anfällig für den Borkenkäfer, der die Bäume so sehr schädigt, dass sie leichte Beute für Sturm und Wind sind. Um wieder ökologisch stabile Verhältnisse herzustellen, werden die Wälder im Oberharz heute nach und nach zu **Mischwäldern** aufgeforstet.

Um das Erz zu fördern, wurden zahlreiche **Teiche** angelegt, mit deren Wasser die Kehr- und Kunsträder in den Bergwerken angetrieben wurden und die bis heute die Landschaft prägen. Rund um Clausthal-Zellerfeld und Hahnenklee wird das besonders deutlich. Das *Oberharzer Wasserregal* ist ein technisches Denkmal von herausragendem Rang. Dieses weltweit einzigartige System besteht aus Gräben, Teichen und Tunneln, die zu einem erheblichen Anteil noch heute nutzbar sind.

Die 17 **Talsperren** wurden im 20. Jahrhundert vor allem zum Hochwasserschutz angelegt. Sie dienen außerdem der Gewinnung von Trinkwasser und der Erzeugung von Energie. Zudem sind sie beliebte Naherholungsgebiete.

KAISERSTADT GOSLAR

*Der Goslarer Adler
thront mitten auf
»seinem« Marktplatz*
© pmv, Kirsten Wagner

DIE ALTE KAISERSTADT

Unbestrittener Anziehungspunkt im nordwestlichen Harz ist die alte Kaiserstadt Goslar. Das mittelalterliche Stadtbild, eine Vielzahl an sehenswerten Gebäuden und Museen locken Besucher von nah und fern an. Doch auch kulinarisch, kunsthandwerklich und künstlerisch hält die Stadt so manche Überraschung bereit.

Eng verknüpft mit der Geschichte Goslars ist das am südlich der Stadt gelegenen *Rammelsberg* gefundene Erzvorkommen. Silbererz – das interessierte *Kaiser Heinrich II. (973 – 1024)*! So ließ er im **11. Jahrhundert** eine Pfalz erbauen, um in Goslar Hof halten zu können. In Sichtweite entstand der Dom, weitere Kirchen folgten. *Heinrich III. (1017 – 1056)* ließ sein Herz in Goslar beisetzen, *Heinrich IV. (1050 – 1106)* wurde im Jahre 1050 hier geboren. Er war es auch, der Goslar die Reichsunmittelbarkeit

FESTKALENDER

Mai/Juni:	2. So (Muttertag), Vienenburg-Wöltingerode: **Handwerkermarkt im Kloster.**
	Goslar: **Tage der Kleinkunst,** 10 Tage im Mai oder Juni mit Kabarett, Comedy und Kinderprogramm, verkaufsoffener Sonntag.
	Mitte Mai, Bad Harzburg: **Kastanienblütenfest,** mit Festmeile, Kleinkunst und Musik.
Juli:	1. Wochenende, Goslar: **Volks- und Schützenfest.**
August:	Goslar: **Kunsthandwerkermarkt.**
September:	Vienenburg-Wöltingerode: **Herbstfest im Kloster.** Mit Erlebnisprogramm sowie Bulldog- und Traktoren-Ausstellung.
	2. Wochenende Fr – So, Goslar: **Altstadtfest.**
Oktober:	1., 2. oder 3. Wochenende, Goslar: **Kaisermarkt:** Mittelalterliches Treiben auf dem Markt mit verkaufsoffenem Sonntag.
Dezember:	Mi vor dem 1. Advent – 29. Dez, Goslar: **Weihnachtsmarkt.**
	1. und 2. Adventswochenende, Vienenburg-Wöltingerode: **Weihnachtsmarkt im Kloster.**
	3. Advent, Goslar: **Weihnachtlicher Rammelsberg.**

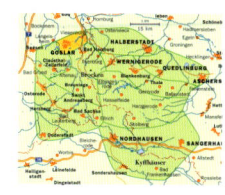

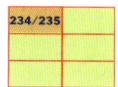
234/235

verlieh, wodurch die Stadt zahlreiche Freiheiten und Privilegien erhielt und nur dem Kaiser untergeben war, aber keinem Territorialfürsten. Nach dem Ende der Salier-Herrschaft kam im **12. Jahrhundert** mit *Friedrich I. Barbarossa* noch einmal kaiserlicher Glanz in die Stadt, doch die große Blütezeit war vorüber. Erst um **1500** erlebte Goslar eine zweite Hoch-Zeit. Durch die Entdeckung neuer Erzvorkommen und verbesserte Abbaumethoden stieg die Erzproduktion wieder an und somit auch der Reichtum der Stadt. Prächtige Gildehäuser, das **Rathaus** in seiner heutigen Gestalt und stolze Patrizierhäuser wie das *Brusttuch* wurden errichtet.

Schwer getroffen wurde die Innenstadt durch zwei Brände im **18. Jahrhundert,** die viele alte Häuser zerstörten. Durch die enge Bebauung konnten sich die Feuer rasend schnell ausbreiten. Von Bombardierungen im **Zweiten Weltkrieg** blieb die Stadt jedoch verschont, sodass sich das mittelalterliche Stadtbild noch heute genießen lässt. **1992** ernannte die UNESCO die gesamte *Altstadt* mit der *Kaiserpfalz* sowie den **Rammelsberg** zum *Weltkulturerbe der Menschheit.*

Doch neben der Historie hat auch die Moderne ihren Platz in Goslar. Zahlreiche **Kunstwerke** schmücken das Stadtbild und bilden einen Kontrast zu den mittelalterlichen Bauten. Seit 1975 verleiht Goslar den *Kaiserring,* einen international anerkannten Preis für moderne Kunst. Bekannte Preisträger wie *Henry Moore* (1975), *Joseph Beuys* (1979) oder *Christo* (1987) haben ihre Spuren in Goslar hinterlassen. Das **Mönchehaus für moderne Kunst,** die *Tage der Kleinkunst* und das Kunsthandwerk im *Hospiz Großes Heiliges Kreuz* zeugen ebenfalls von der Kunstverbundenheit der Stadt.

ⓘ *Tourist-Information Goslar, Markt 7, 38640 Goslar. ☏05321/78060, www.goslar.de. Bahn/Bus: RB oder RE ab Hannover oder Braunschweig. Auto: A7 Aus-*

 *Falk Stadtplan Goslar. 4,95 €.*

*fahrt 66 Ausfahrt Rhüden, B6 oder B82 von Langelsheim. **Rad:** Harzrundweg. **Zeiten:** Mai – Okt Mo – Fr 9.15 – 18, Sa 9.30 – 16, So 9.30 – 14 Uhr, Nov – März Mo – Fr 9.15 – 17, Sa 9.30 – 14 Uhr.*

GOSLAR AUF EIGENE FAUST

Ein Rundgang durch Goslars Altstadt lässt sich problemlos zu Fuß bewältigen. Startpunkt ist die **Kaiserpfalz.** Auf dem Parkplatz vor dem weit ausladenden Bau zeigen dunkle Umrisse an, wo einst der Dom *St. Simon und Judas* stand, der 1819 wegen Baufälligkeit abgerissen wurde. Erbaut wurde er ab 1047 unter *Heinrich II.* und war auf die Kaiserpfalz ausgerichtet. Einzig erhalten blieb die Domvorhalle, die zwischen 1150 und 1200 als Eingang angebaut worden war. Unter den Relieffiguren an der Giebelwand ist links Heinrich III. mit einem Modell des Doms zu sehen, im Inneren die Replik des Kaiserstuhls (Original in der Kaiserpfalz).

Gegenüber der Domvorhalle beginnt der *Hohe Weg,* an dessen linker Seite das **Hospiz Großes Heiliges Kreuz** liegt. Es wurde 1254 als Heim für alte und kranke Bürger eröffnet. In den um 1650 angebauten Kammern sowie in den Nebengebäuden haben heute Kunsthandwerker ihre Werkstätten und Verkaufsräume.

Folgen Sie dem Hohen Weg weiter bis zur **Marktkirche.** Dem Aufgang zum Turm gegenüber steht das **Brusttuch,** ein spitz zulaufendes Gebäude von 1521. Der Fries im zweiten Stock zeigt Menschen und Tiere, darunter die bekannte *Butterhanne,* die mit einer Hand buttert und sich mit der anderen an ihr Hinterteil fasst. In der Marktstraße links um die Ecke ist das ab 1501 erbaute **Bäckergildehaus** zu sehen. Wie an vielen Stellen in Goslar, wurde auch hier der Adler als Symbol der Reichsfreiheit dargestellt, daneben Goslarer Backwaren. An der Markt-

Stadtführung *1000 Schritte durch die Altstadt,* täglich 10 Uhr. 6 €, Kinder ab 6 Jahre 4 €. *Spaziergang am Nachmittag,* April – Okt, Dez Mo – Sa 13.30 Uhr. 5 €, Kinder 3 €. Treffpunkt an der Tourist-Information am Marktplatz.

*Das **Brusttuch** ist entweder nach den Gewandschneidern benannt, die vor dem Haus ihre Ware feilboten, oder wegen seiner Form nach den dreieckig gefalteten Brusttüchern, die Frauen im Mittelalter trugen.*

kirche vorbei geht es nun rechts zum **Markt-platz** mit *Rathaus, Kaiserworth, Glockenspiel* und *Brunnen.* In der Nähe zweigt der **Schuhhof** ab, der älteste Platz Goslars mit schönen Fachwerkhäusern und den Arkaden des Schuhmacher-Gildehauses. Ein Durchgang führt zur *Hokenstraße,* die an der Bäckerstraße in die Rosentorstraße übergeht. Hier steht die **Jakobikir-**

che. Folgen Sie der *Rosentorstraße* weiter und passieren *Mann mit Stock* (1977) und *Frau mit Schirm* (1980), Kunstwerke von *Fernando Botero,* liegt linker Hand die **Neuwerkkirche.** Sie war die Klosterkirche des hier im 12. Jahrhundert gegründeten Zisterzienserklosters, das heute nicht mehr existiert. Gegenüber erhebt sich der Achtermann, eine Wehranlage, die mit dem einstigen Rosentor zur Stadtbefestigung gehörte. Heute befindet sich darin ein Hotel. Von hier aus lässt es sich gemütlich in die Innenstadt zurückschlendern.

Die Kaiserpfalz, Teil des Goslarer Weltkulturerbes

Imposant thront die Kaiserpfalz auf einer Anhöhe am Rand von Goslars Altstadt. Mit 54 m Länge und 18 m Tiefe ist sie der größte weltliche Bau der Romanik in Deutschland. Der heutige Bau ist das Ergebnis der Restauration aus dem späten 19. Jahrhundert, doch schon unter *Heinrich II.* gab es im frühen 11. Jahrhundert an dieser Stelle eine Pfalz.

Weite Welt, Hoher Weg 11, Goslar. ℂ05321/383538. www.weitewelt-goslar.de. Di – So 11 – 22, Fr, Sa bis 23 Uhr. Große Auswahl vom Frühstück bis zur Abendkarte.

Machtsymbol: Der Greif vom Dach der Kaiserpfalz

© Annette Sievers

Heinrich III. erkor dann Goslar zu seiner Lieblingsresidenz und begann ab 1040 mit dem Bau einer neuen Pfalz. Während seiner Regierungszeit kam er 22 Mal in die Stadt, sodass Goslar sich zu einem wichtigen Standort im Reich entwickelte – es wurde sogar das »nordische Rom« genannt. Zu der Anlage der Pfalz gehörten neben dem Kaiserhaus der Dom, Kapellen und Wirtschaftsgebäude. Bevor Heinrich III. starb, verfügte er, sein Herz in der **Ulrichskapelle** beisetzen zu lassen, die sich südlich an die Pfalz anschließt. Dort ruht es in einer goldenen Kapsel, während die Gebeine im Dom zu Speyer begraben wurden.

Noch einmal konnte Goslar im 12. Jahrhundert unter *Friedrich I. Barbarossa* an seine einstige Bedeutung anknüpfen. Dann jedoch verlagerte sich der Herrschaftsschwerpunkt in den Süden des Reiches und nach und nach verfiel das Gebäude und wurde gar als Getreidelager und Gefängnis genutzt.

Die Kaiserpfalz von heute ist vor dem Hintergrund des 19. Jahrhunderts zu sehen. Mit der Proklamation *Wilhelms I.* (1871) zum Kaiser setzte eine nationalromantische Verehrung und Verklärung des Mittelalters ein. So erklären sich auch die beiden Reiterstandbilder vor dem Gebäude, die Wilhelm I. und Friedrich Barbarossa darstellen.

Im Inneren beeindruckt der über und über bemalte große **Sommersaal.** Der Historienmaler *Hermann Wislicenus* stellte hier 1879 – 1897 in 67 Szenen die Gründung des neuen Kaiserreichs dar und verband diese mit dem mittelalterlichen Kaisertum. Der Sommersaal hatte ursprünglich keine Fenster und wurde nur in der warmen Jahreszeit genutzt. An der Westwand stand einst der Thron des Herrschers. Ein Stockwerk tiefer liegt der beheizbare **Wintersaal.** Hier ist eine **Ausstellung** über das Wanderkaisertum des frühen Mittelalters zu sehen. Anschaulich zeigt eine Computeranimation, wie der

Dreh-und Angelpunkt des frühmittelalterlichen Goslars: Die Kaiserpfalz
© pmv, Kirsten Wagner

Dom – der 1819 wegen Baufälligkeit abgerissen wurde – einst aussah.

🌐⏱Ⓜ *Kaiserbleek 6, 38640 Goslar. ✆05321/3119693 (Kasse), 3119694 (Shop), www.goslar.de.* **Bahn/Bus:** *Bus 802, 803, 806 bis Kaiserpfalz.* **Auto:** *Parkplatz Kaiserpfalz.* **Rad:** *Nähe Europa-Radweg R1.* **Zeiten:** *April – Okt 10 – 17, Nov – März 10 – 16 Uhr, Führungen stündlich.* **Preise:** *mit Führung 7,50 €; Kinder 6 – 18 Jahre 4,50 €; Gruppen ab 10 Pers 6 €, Kinder 4 €.*

Rund um den Goslarer Marktplatz

Mittelpunkt der Goslarer Altstadt ist der Marktplatz, in dessen Zentrum der **Marktbrunnen** steht. Der goldene Adler über den Bronzeschalen ist ein Symbol für die einstige **Reichsfreiheit** der Stadt, das Original befindet sich im Goslarer Museum. Das auffälligste Gebäude am Markt ist wohl die **Kaiserworth,** das einstige Gildehaus der Tuchhändler von 1494. Seinen Namen verdankt das heutige Hotel den acht Kaiserfiguren aus dem 17. Jahrhundert,

☀ *Reichsfreiheit oder Reichsunmittelbarkeit bedeutete im Heiligen Römischen Reich Deutscher Nation, dass die Reichsstädte direkt und unmittelbar dem Kaiser untergeben waren.*

die den roten Bau ebenso schmücken wie das kleine Dukatenmännchen an der östlichen Ecke. Es steht für den nie endenden Reichtum der Gilde.

Fast schlicht wirkt dagegen das gotische **Rathaus** aus dem 15. Jahrhundert mit dem Huldigungssaal. Dort, wo einst der Pranger seinen Platz vor dem Rathaus hatte, ist heute die **Goslarer Elle** zu sehen. Ihr Maß beträgt 57,50 cm. Damit war der Goslarer Unterarm, an dem die Stoffe abgemessen wurden, 3,23 cm länger als zum Beispiel die Frankfurter Elle. Hinter dem Rathaus erheben sich die Türme der **Marktkirche.** Täglich um 9, 12, 15 und 18 Uhr ertönt gegenüber im Giebel des Kämmereigebäudes ein **Glocken- und Figurenspiel.** Es zeigt die Geschichte des Erzbergbaus in Goslar. Die sagenhafte Entdeckung des Erzes durch Ritter Ramm und die Entwicklung des Abbaus werden von der versammelten Menschenmenge gespannt verfolgt.

Goslarer Museum

Zu einer Zeitreise von der Ur- und Frühgeschichte bis in die Neuzeit lädt das Goslarer Museum ein. In der Stiftskurie von 1514 sind einige kunstschichtlich herausragende Objekte zu bewundern. In der **Kirchenkunstabteilung** befindet sich das *Goslarer Evangeliar,* das um 1240 für das Kloster Neuwerk, ↗*Neuwerkkirche,* geschaffen wurde und einen überaus kostbaren Einband besitzt. Zahlreiche Gegenstände stammen aus der 1819 abgerissenen Stiftskirche, darunter der berühmte Krodo-Altar, ein teilweise vergoldeter Bronzealtar mit auffälliger Form und ungeklärter Herkunft. Krodo jedenfalls ist eine heidnische Gottheit, die von den Sachsen verehrt wurde. Der **stadtgeschichtliche Rundgang** führt Sie von Funden aus der Steinzeit bis zum beginnenden Tourismus in den 1950er Jahren. Mehr als 1000 Münzen, Modelle vom Breiten Tor und dem Hospiz zum Großen Heiligen Kreuz, eine al-

M **Zinnfiguren-museum,** Klapperhagen 1, Goslar. ✆05321/25889. www.zinnfigurenmuseum-goslar.de. Di – So 10 – 17, Nov – März 10 – 16 Uhr. Goslars Geschichte in Dioramen mit Zinnfiguren dargestellt

te Ratsapotheke und vor allem die silberne Berg-kanne von 1477 sowie das Original des Goslarer Brunnenadlers aus dem 14. Jahrhundert machen einen Besuch lohnend.

Ⓜ *Königstraße 1, 38640 Goslar. ✆05321/43394, www.goslar.de. **Bahn/Bus:** ↗Kaiserpfalz. **Auto:** Parkplatz Kaiserpfalz, zu Fuß dem Hohen Weg folgen, 1. Straße rechts Klapperhagen. **Rad:** Nähe Europa-Radweg R1. **Zeiten:** Di – So April – Okt 10 – 17, Nov – März 10 – 16 Uhr. **Preise:** 4 €; Kinder 6 – 18 Jahre 2 €; Gruppen ab 10 Pers 3 €, Kinder 1,50 €; Familie (2 Erw, eigene Kinder) 9 €; Kombikarte mit Zinnfigurenmuseum 6 €, Kinder 3,50 €.*

➔ MuseumSpass für acht Goslarer Museen, 1 Jahr gültig: 17 €, Jugendliche 12 – 18 Jahre 8,50 €.

Marktkirche Goslar: Westriegel und Turmstube

Im Zentrum von Goslar ragen die Türme von St. Cosmas und Damian hoch auf. Der 1151 erstmals urkundlich als *ecclesia forensis* (Marktkirche) erwähnte Bau ist eine romanische Pfeilerbasilika. In ihrem Inneren verbergen sich so manche Schätze, wie zum Beispiel der barocke Altar von 1659, die Reste spätgotischer Malereien im Querschiff oder die Glasmalereien, die Szenen aus dem Leben der Kirchenpatrone *Cosmas* und *Damian* zeigen, zwei syri-

DER BESONDERE TIPP Barock-Café Anders

✗ Stilvoll nimmt man hier seinen Kaffee im Barocksaal mit einem Kamin von 1716 zu sich. Zur Tasse Kaffee oder einem Cappuccino werden in dem Traditionshaus exorbitante Florentiner-Buttercreme-Torte, Rumtrüffeltorte oder Baumkuchen-Spezialitäten zu angenehmen Preisen gereicht. Im Boulevardcafé im Erdgeschoss hat man den Hohen Weg und seine Passanten gut im Blick. Im Laden sind schmackhafte Souvenirs erhältlich.
Barock-Café Anders, Hoher Weg 4, 38640 Goslar. ✆05321/23814, www.barockcafe-anders.de. **Bus:** 803, 806 bis Marktstraße. **Auto:** Parkplatz Kaiserpfalz. **Zeiten:** Täglich 8.30 – 18 Uhr.

© Annette Sievers

*Der **Sächsische Westriegel** ist eine regionale Besonderheit des romanischen Sakralbaustils im heutigen Niedersachsen. Es handelt sich um einen fenster- und türlosen Gebäudesockel, der sich wie eine Burg mit zwei polygonalen Türmen erhebt. Meist war hier die Herrscherloge. Der Eingang war nie im Westwerk, sondern meist an der Nordseite über einen Vorbau, dem sogenannten Paradies.*

Ungleiches Paar: Nord- und Südturm der Goslarer Marktkirche
© pmv, Kirsten Wagner

schen Ärzten, die wegen ihrer Heilkunst und Missionarstätigkeit wie Heilige verehrt wurden. Die Renaissance-Kanzel von 1581 stellt in acht Reliefs biblische Szenen von Adam und Eva bis zur Himmelfahrt Christi dar. Einen Bogen zur heutigen Zeit spannt die moderne Glaskunst im Hohen Chor und in der Apsis. Die Fenster wurden zwischen 1992 und 2000 von dem Frankfurter Künstler *Johannes Schreiter* (geb. 1930) geschaffen und laden zur meditativen Betrachtung ein. Dominierend ist das Klammer-Motiv, das an eine Schale oder Hand erinnert und somit Empfangen und Geben symbolisiert. Eine regionale Besonderheit ist der **Sächsische Westriegel,** ein hoher Gebäudesockel mit zwei achteckigen Türmen. Der im 16. Jahrhundert abgebrannte **Nordturm** wurde als offene Laterne mit einer welschen Haube, einem glockenförmig geschweiften Dach, wieder aufgebaut. In der Türmerstube in 56 m Höhe hielten sich vom Mittelalter bis zum Jahre 1904 zwei Wächter auf, die sofort Alarm geben mussten, wenn sie Feuer entdeckten. Das bedeutete: Mit dem Horn Signal geben, eine rote Laterne in die entsprechende Richtung heraushängen, 232 Stufen hinunterlaufen und der Feuerwache im Rathaus Bescheid geben. Nebenbei mussten die **Turmwächter** alle Viertelstunde in ihr Horn blasen und so die Zeit ansagen. Der Nordturm kann heute besichtigt werden und bietet einen herrlichen Blick über die Stadt. Nebenan ragt der 65,4 m hohe **Südturm** mit seinem spitzen Dach empor. Zwischen den Türmen hängen drei Glocken, darunter *Johanna,* die zweitgrößte Glocke Niedersachsens. Beim Aufstieg sind sie ebenso zu sehen wie das Uhrwerk von 1848.

DER BESONDERE TIPP Wirts- und Brauhaus Butterhanne mit Tiffany's Lounge

Anfang des 16. Jahrhunderts wurde das Gildehaus der Filzhutmacher in unmittelbarer Nähe zum Goslarer Marktplatz erbaut. Heute befindet sich in den renovierten Räumen ein Restaurant, das sich nach der Butterhanne benannt hat. Sogar gebraut wird hier wieder, wovon der Braukessel zeugt – das Gosebier sollten Sie sich also nicht entgehen lassen! Zu essen gibt es auch, und zwar reichlich. Frühstück wird ebenso serviert wie eine große Auswahl an gutbürgerlichen Mittagsgerichten sowie Harzer Wildspezialitäten. Da gibt es zum Beispiel Bierkesselgulasch, Harzer Sauerbraten, den Granetaler Fuhrmannsteller oder die Steigerpfanne. Kuchen (z.B. Schwarzwälder Kirschtorte und Windbeutel) und Eis erfreuen zum Nachmittag, am Abend wird zusätzlich die Steakkarte gereicht. Jeden Samstag ab 22 Uhr verwandelt sich der Raum im Obergeschoss in die

© Die Butterhanne

Tiffany's Lounge. In lockerer Baratmosphäre werden Cocktails wie Blue Hawaii, Bloody Mary, Caipirinha und natürlich Martini gemixt – geschüttelt, nicht gerührt.
Die Butterhanne, Marktkirchhof 3, 38640 Goslar. ℂ05321/22886, www.butterhanne.de. Bus 803, 806 bis Brusttuch. **Auto:** Zentrum. **Zeiten:** Täglich ab 8.30, warme Küche ab 11 Uhr.

Marktkirche St. Cosmas und Damian, Kaiserbleek 5, 38640 Goslar. ℂ05321/22922, www.marktkirche-goslar.de. Bahn/Bus: Bus 802 bis Rathaus, Bus 803, 806 bis Brusttuch. Auto: Parkplatz Kaiserpfalz. Zeiten: Kirche täglich 10 – 17, Nordturm 11 – 17 (Jan – März nur Fr – So), Kirchenführungen Mo, Sa 12.30 Uhr. Preise: Kirche frei, Nordturm 2,50 €; Kinder bis 1,50 m Größe 1 €; Gruppen 1,50 €.

*Die **Butterhanne** ist eine derbe Figur im Fachwerkschmuck des Brusttuchs. Sie wurde zu einem Wahrzeichen der Stadt.*

Das Rathaus mit Huldigungssaal

Das gotische Rathaus von Goslar entstand ab 1450 in mehreren Bauabschnitten. Über die südliche Freitreppe gelangt man in die Diele mit einem hölzernen Sternenhimmel. Das Prachtstück aber ist der **Huldigungssaal,** dessen Original nur durch eine

Brauhaus Goslar, Marktkirchhof 2, Goslar. ℂ05321/ 685804. www.brauhaus-goslar.de. Täglich ab 11 Uhr. Selbst gebrautes Bier wie die Gose oder Harzer Urbier. Harzer Spezialitäten.

Glasscheibe betrachtet werden kann. Seine Wände und die Decke sind über und über bemalt. Um die Farben zu schützen, kann die Wirkung des Saales, in dem einst die Goslarer Ratsherren ihre Sitzungen abhielten, in einer verkleinerten, aber getreuen Nachbildung nachempfunden werden. In einer multimedialen Präsentation erfahren die Besucher hier alles über die Geschichte des beeindruckenden Raumes.

🕐 *Markt 1, 38640 Goslar. ℂ05321/78060 (Tourist-Info), www.goslar.de. **Bahn/Bus:** Bus 802 bis Rathaus. **Auto:** Zentrum. **Zeiten:** April – Okt und während des Weihnachtsmarktes täglich 11 – 15, Sa, So, Fei bis 16 Uhr. Jan – März im Rahmen der Stadtführung (täglich 10 Uhr). **Preise:** 3,50 €; Kinder 1,50 €.*

Mit der Bimmelbahn durch Goslar

Wer sich einen Überblick über Goslars Sehenswürdigkeiten verschaffen will, kann dies bequem per Bimmelbahn tun. Regelmäßig geht es im Zentrum der Altstadt, auf dem **Marktplatz,** los. Von dort werden die wichtigsten Sehenswürdigkeiten angesteuert. Auch durch schmale Gassen findet die Bahn problemlos ihren Weg. Natürlich erhalten die Fahrgäste dazu zahlreiche Informationen über die Ge-

Nostalgisch geht es auf Reisen: Die Goslarer Bimmelbahn
© pmv, Kirsten Wagner

schichte der Stadt, die Kirchen, die *Kaiserpfalz* und die Befestigungsanlagen.

➜ *38640 Goslar. ☎05321/686465, www.goslarer-bim-melbahn.de. **Bahn/Bus:** Bus 803, 806 bis Brusttuch. **Auto:** Parkplatz Kaiserpfalz. **Rad:** Nähe Europa-Rad-weg R1. **Zeiten:** April – Okt und im Advent ab 10.30 Uhr, dann ab 11.15 stündlich bis 16.15 Uhr. **Preise:** 5 €; Kinder 4 – 12 Jahre 2,50 €. **Infos:** Peter Kelling, Dörntener Str. 8, 38644 Goslar.*

Moderne Kunst im Mönchehaus

Alt und Neu gehen im Mönchehaus eine ganz besondere Symbiose ein. In dem Ackerbürgerhaus von 1528 hat das Museum für moderne Kunst seinen Sitz. Höhepunkt der wechselnden Ausstellungen ist alljährlich die *Schau des Kaiserringträgers* ab Oktober bis zum Beginn des nächsten Jahres, doch auch das übrige Programm ist abwechslungsreich und vermittelt die Vielfalt zeitgenössischer Kunst. In der **Däle,** den angrenzenden kleinen Räumen und dem Speicher kommen die Skulpturen und Objekte besonders gut zur Geltung. Das **Apostelzimmer,** ein Prunkraum von 1561, steht auch hier im reizvollen Kontrast zur Moderne. Nebenan in den ehemaligen Wirtschaftsgebäuden und dem idyllischen **Skulpturengarten** stehen Werke von *Joseph Beuys, Hundertwasser, Max Ernst, Günther Uecker, Georg Baselitz, Anselm Kiefer* und *Nam June Paik* beieinander und versammeln sich im Innen- und Außenbereich zu einem eindrucksvollen Ensemble von Skulpturen, Installationen und Environments. Zu den **Veranstaltungen** im Mönchehaus zählen auch Konzerte, Lesungen und Kleinkunstfeste.

Ⓜ *Mönchestraße 3, 38640 Goslar. ☎05321/29570, 4948, www.moenchehaus.de. **Bahn/Bus:** Bus 803, 806 bis Marktstraße. **Auto:** Zentrum, Parkplatz Bärin-gerstraße. **Zeiten:** Di – So 10 – 17 Uhr. **Preise:** 5 €; Kinder ab 12 Jahre 1,50 €; Gruppen ab 10 Pers 4 €. **Infos:** Kostenloser Audio-Guide erhältlich.*

Typisch bauchig: Bronzepaar von Fernando Botero mit der …

© pmv, Kirsten Wagner

Däle bedeutet große Halle und meint eine Diele damit.

… dazugehörigen Dickmadam

© pmv, Kirsten Wagner

Neuwerkkirche Goslar: Romanik pur mit Klostergarten

Mit ihrem hellen Putz geht von der Neuwerkkirche ein strahlendes Leuchten aus. Sie wurde 1186 als Klosterkirche eines Nonnenklosters geweiht und in den darauf folgenden Jahren fertiggestellt. Zunächst lebten die Bewohnerinnen nach der Zisterzienserregel, ab dem 13. Jahrhundert wurde das Kloster dem *Benediktinerorden* angeschlossen. Die Klosterkirche weist in allen Bauteilen den Zustand der Entstehung auf und ist somit ein stilreines Beispiel der Romanik. Die kreuzförmige dreischiffige Basilika besitzt ein Westwerk mit zwei oktogonalen Türmen. Besonders sehenswert im Inneren sind die **Wandmalereien** im Chor (um 1230/40). Sie zeigen die thronende Maria mit dem Jesuskind, umgeben vom Erzengel Gabriel, Petrus, Paulus, Stephanus und vier alttestamentarischen Szenen.

Zu einem Spaziergang im Freien lockt der **romanische Garten** neben der Kirche. Auf alten Gartenplänen und Schriften fußend, wurde er mit symmetrischen Hochbeeten, Rasenbänken und umrahmt von Bäumen vor wenigen Jahren wieder angelegt. Eine hölzerne Pergola umschließt den Bereich. Die Pflanzen repräsentieren die Arten, die im Mittelalter zur Verwendung kamen. Heute vergessene Nutzpflanzen, wie die afrikanische Kuhbohne oder Kräuter- und Gewürzpflanzen, wie Koriander, Anis oder Safran, sind ebenso zu sehen wie Mispel oder Pfirsich.

Romanische Baukunst in Reinform: Westwerk der Neuwerkkirche
© pmv, Kirsten Wagner

> *Goslar trägt seinen Namen nach dem 13 km langen Flüsschen Gose, das südlich von Goslar bei Auerhahn entspringt, sich am Ortseingang mit der Abzucht vereinigt und unter diesem Namen im Ort Oker*

DIE GOSE: FLUSS ODER BIER?

in den gleichnamigen Fluss mündet. Gose ist aber auch der Name eines obergärigen Weizenbieres, das im Mittelalter mit dem Wasser der Gose gebraut wurde. Nach dem Dreißigjährigen Krieg verlagerte sich die Produktion vom Harz in Richtung Osten, ins Fürstentum Anhalt. Noch heute wird es in der Gegend von Dessau, Halle und Leipzig gebraut. Doch auch in Goslar besann man sich auf das stadteigene Bier und kann es nun wieder in einigen Gaststätten erhalten. Der Braumeister Odin Paul ist hier für die Herstellung des Harzer Urbieres zuständig. Mehr unter www.brauhaus-goslar.de. ◀

🕐 *Rosentorstraße 27, 38640 Goslar. ©05321/ 22839, www.neuwerkkirche-goslar.de.* **Bahn/Bus:** *Nähe Bhf, Bus 806 bis Achtermann.* **Auto:** *Parkplatz Mauerstraße.* **Rad:** *Harzrundweg, Claustorwall, Vititorwall.* **Zeiten:** *März – Okt Mo – Sa 10 – 12, Mo – So 14.30 – 16.30 Uhr; März – Dez Mi 14.30 Kirchenführung.* **Preise:** *Eintritt frei.*

Bergwerksmuseum Rammelsberg

Der Sage nach entdeckte das Pferd des Ritters Ramm vor 1000 Jahren die ersten **Erze am Rammelsberg** als es dort mit den Hufen scharrte. Funde belegen jedoch, dass dort schon vor 3000 Jahren Erze abgebaut wurden. Dies geschah lange Zeit oberirdisch, wo die Erze durch Erosion frei lagen. Erst im 19. Jahrhundert entdeckte man das »Neue Lager« und begann systematisch die Stollen auszubauen. In den 1930er Jahren entstanden die oberirdischen Tagesanlagen, wodurch die Aufbereitung der Erze wesentlich vereinfacht wurde. Zu den am Rammelsberg gefundenen Erzen gehören Kupfer, Silber, Bleizink und Schwefelerz.

💥 *Erst 1988 wurde der* **Erzabbau** *am Rammelsberg eingestellt, weil die Erzvorräte erschöpft waren.*

Einst die Lohnhalle, heute der Kassenbereich: Im Museum Rammelsberg

© Weltkulturerbe Rammelsberg

☀ *Vitriole* sind kristallwasserhaltige Sulfate, also Salze der Schwefelsäure, von bestimmten Metallen, zum Beispiel Kupfersulfat (blauer Vitriol), Zinksulfat (weißer Vitriol) oder Eisensulfat (grüner Vitriol). Sie wurden oder werden zum Färben von Stoffen, zur Desinfektion oder Holzimprägnierung verwendet.

Aufgrund der reichen Erzvorkommen wurde Goslar im 11. Jahrhundert zum Hauptsitz der deutschen Kaiser und zu einer der wichtigsten Handels- und Hansestädte. Grund genug für die UNESCO, das Erzbergwerk zusammen mit der Altstadt 1992 in die Liste des Weltkulturerbes aufzunehmen. Von den Abraumhalden aus dem 10. Jahrhundert über den *Rathstiefsten* Stollen aus dem 12. Jahrhundert, den *Maltermeister-Turm* als ältestes Tagesgebäude im deutschen Bergbau aus dem 15. Jahrhundert (↗Wanderung), den *Roederstollen* aus dem 18./19. Jahrhundert bis zu den Übertageanlagen aus den 1930er Jahren wird hier ein Jahrtausend Bergbaugeschichte dokumentiert. Damit ist das Bergwerk Rammelsberg einzigartig auf der Welt.

Mehrere Führungen und Wanderungen sind buchbar und können kombiniert werden. Der Gang durch den **Roederstollen** offenbart die geheimnisvolle Untertagewelt des historischen Bergbaus. Zwei originale Wasserräder und die bunte Farbenpracht der **Vitriole** üben eine besondere Faszination aus. Der moderne Bergbau wird anschaulich nach einer Fahrt mit der **Grubenbahn** erklärt. Abbau- und Fördermaschinen werden im Betrieb vorgeführt. Den **Rathstiefsten Stollen** und den Weg des Erzes kann erkunden, wer sich zuvor angemeldet hat. Die beeindruckenden oberirdischen Anlagen mit den Zechenhäusern aus den 1930er Jahren sind zum **Museum** ausgebaut und auf eigene Faust zu entdecken. Sie gliedern sich in die schwer verständlichen

Ausstellungen *Geologie und Mineralogie des Rammelsberges* im Haus A, *Moderne Kunst* im Haus K mit einem von *Christo und Jeanne-Claude* verpackten Hunt sowie der ausgesprochen umfangreichen Sammlung zu *Kunst und Kulturgeschichte* im **Haus M.** Hier, im Magazin, wird das Thema Arbeit mal abstrakt, mal anschaulich dargestellt und über alle Jahrhunderte am Beispiel Rammelsberg verfolgt. Am besten konzentriert man sich auf einen Teilbereich, z.B. auf die eindrückliche Beschreibung der Zwangsarbeit während der Nazizeit, um noch Zeit für eine der Führungen zu haben.

Ⓜ 🕐 *Weltkulturerbe Rammelsberg,* Bergtal 19, 38640 Goslar. ✆05321/750-122, www.rammelsberg.de. *Bahn/Bus:* Bus 803. *Auto:* Clausthaler Straße, links Rammelsberger Straße. *Rad:* Nähe Harzrundweg. *Zeiten:* Täglich 9 – 18 Uhr, Führungen stündlich bis 16.30 Uhr. *Preise:* Museum 7 €, mit Führung 13 €, 2 Führungen17 €, 3 Führungen 20 €; Kinder bis 16 Jahre 4/8/11/13 €, Schüler 5/9,50/13/15 €; Familie 15/25/33/40 €. *Infos:* Führungen sind unter und über Tage möglich sowie kombinierbar. Für das Museum gibt es im Museumsshop kostenlos Kopfhörer zu leihen, über die man viel Pathos und spärliche Informationen vermittelt bekommt. Museum und Grubenbahntour sind Rollstuhl geeignet.

AUSFLÜGE & WANDERN

Zur Gaststätte Maltermeister-Turm

Oberhalb des ⬈*Bergwerksmuseums Rammelsberg* steht als ältestes erhaltenes Gebäude über Tage der **Maltermeister-Turm.** Hier wohnte der Maltermeister, der das Holz verwaltete, das in der Erzgrube benötigt wurde. Folgt man dem *Alten Windeweg* an der Gaststätte vorbei, geht es nach kurzer flacher Strecke steil den Berg hinauf bis nach 2 km die **Schutzhütte Waldschrat** erreicht ist. 100 m wei-

✸ *Der oder das Malter ist ein altes Hohlmaß, es umfasst etwa 2 Raummeter.*

ter links zweigt der Weg 23A (Grüner Punkt) ab zum **Aussichtspunkt Ramseck.** Auf fast ebener Strecke kommt dieser schöne Platz hoch oben über Goslar bald in Sicht. Hier befindet sich eine kleine Schutzhütte mit Bänken. Im weiteren Verlauf windet sich der Weg langsam wieder nach unten bis zur Rammelsbergstraße.

Die **Gaststätte Maltermeister-Turm** bietet auf 419 m Höhe nicht nur eine schöne Aussicht, besonders von der Panorama-Terrasse, sondern auch köstliche Torten aus eigener Herstellung. Auf mittägliche Einkehrer warten Wildgulasch, Schaschlik oder Schweinebraten. Jeden Monat werden wechselnde Spezialitäten der Saison angeboten.

➲ ⊠ *Rammelsbergstraße 99, 38644 Goslar. ✆05321/ 4800, www.maltermeister-turm.de. **Länge:** 5 km Rundweg. **Auto:** Rammelsberger Straße Richtung Bergbaumuseum, scharf links an der Jugendherberge vorbei bis zum Maltermeister-Turm. **Zeiten:** Gaststätte täglich ab 11 Uhr.*

Wandern rund um den Königsberg

Direkt am Parkplatz Unter den Eichen liegt ein schöner **Waldspielplatz** mit einem Klettergerüst, das der Görlitzer Holzkünstler *Jürgen Bergmann* von der Kulturinsel Einsiedelei gebaut hat. Hier beginnt auch ein **Wanderweg,** der rund um den Königsberg führt. Bergab geht es bald an der *Bärenhöhle* vorbei. Heute lebt Meister Petz nicht mehr im Harz, doch einst mag hier eine Bärenfamilie ihr Zuhause gehabt haben. Weiter geht es bis zum *Granestausee.* Die Straße führt jedoch nicht direkt am See entlang, denn dieser enthält Trinkwasser. Wenden Sie sich nach rechts bis wieder ein Forstweg rechts bergauf führt. Am nächsten Abzweig ist der **Parkplatz Unter den Eichen** schon ausgeschildert und über den *Großen Königsweg* geht es zurück zum Ausgangspunkt. Hier lockt die Einkehr in die **Steinbergalm!**

➲ *38644 Goslar. Länge: 4 km Rundwanderung, teilweise steil. Auto: In Goslar über Clausthaler Straße, Nonnenweg, Claustorwall (Stadtteil Steinberg) geradeaus (Nonnenberg) bis Parkplatz Unter den Eichen. Rad: Ab Bhf Astfelder Straße, links Am Nordberg, gleich wieder rechts, 2. Weg links.*

Der Oberharz 1:30.000. Karte aus dem Schmidt-Buch-Verlag. 4 €.

Steinbergalm, Nonnenberg 11, Goslar. ✆05321/6856524. www.steinbergalm.de. Mo – Fr ab 11, Sa, So ab 8.30 Uhr mit Almfrühstück.

Kloster-Kornbrennerei

Die Zisterziensernonnen wussten, was gut ist! Schon 1682 brannten sie in ihrem Kloster in **Wöltingerode** bei Vienenburg Liköre, Magenbitter und Edelkorn. Dieser Tradition ist man bis heute verpflichtet, wovon sich Besucher bei einer **Führung** nicht nur mit eigenen Augen, sondern auch dem Gaumen überzeugen dürfen. Im romanischen Gewölbe der Klosterkirche erfährt man dann interessante Einzelheiten zur Geschichte des Klosters und der Herstellung der edlen Tropfen. Verarbeitet wird übrigens der klostereigene Weizen, der zusammen mit dem Brunnenwasser dem Korn zu einer so erlesenen Qualität verhilft. Natürlich sind die Produkte

☀ Während der Brennsaison im Jan und Feb läuft während der Besichtigung die 100 Jahre alte Dampfmaschine.

✕ Klosterkrug, Wöltingerode 3, Vienenburg. ✆05324/774460. www.klosterhotel-woeltingerode.de. Di – So 11 – 22 Uhr. Mit Biergarten. Auf der Speisekarte: Blaubeerenschnitzel, Harzer Bachforelle oder Wildroulade.

in den Klösterläden auf dem Gelände zu erwerben, im **Klosterladen** im Gewölbe unter der Kirche Mo – Fr 13 – 16.30 Uhr, im Haus Nr. 10 in der übrigen Zeit oder im **Klosterkrug.** Hier verführen Sie zum Beispiel der Kirschlikör Äbtissin Marie, der Bierlikör Pfaffenhütchen oder der Kloster-Edelkorn. Bierfreunde können sich am im Haus gebrauten *Wölti-Bräu* laben. Einen Überblick über das gesamte Areal erhalten Sie auf dem **Kloster-Erlebnisweg.** Er bringt Sie auf 1500 m Länge auch zur Klosterbäckerei, zum Bienenhaus, zum Damwildgehege und zum 2011 eröffneten **Lachs-Center.** Hier erfahren Sie, warum der Atlantische Lachs in unseren Gewässern so gut wie ausgestorben ist und mit welchen Maßnahmen man versucht, den Fisch z.B. in der *Oker* wieder anzusiedeln.

*☉✕ **Klostergut Wöltingerode,** Wöltingerode 1, 38690 Vienenburg. ✆05324/5880, www.woeltingerode.de. **Bahn/Bus:** Bus 822. **Auto:** A395, Ausfahrt 12 Vienenburg, B241 durch Vienenburg bis Abzweig rechts. **Rad:** Harzvorlandradweg. **Zeiten:** Brennerei-Führungen Do 15.30, Sa, So 14 Uhr, Klostergut frei zugänglich, Lachs-Infocenter April – Sep täglich 11 – 17, Okt – März 11 – 16 Uhr. **Preise:** Führung Do 3, Sa, So 4 €, Lachs-Infocenter Eintritt frei.*

Unterwegs in Goslar

Innerhalb von Goslars Altstadt sind alle Sehenswürdigkeiten zu Fuß erreichbar. Wollen Sie eine Strecke abkürzen oder in einen der Vororte fahren, bis Oker oder auch zum Rammelsberg, bringt Sie der Stadtbus hin. Es gibt sechs Linien: 801 bis 806.

❯ **Stadtbus Goslar GmbH,** Stapelner Straße 6, 38644 Goslar. ✆05321/553-0, www.stadtbus-goslar.de.

BERGBAU IM OBERHARZ

Pause für den Lokführer: Gleich geht es mit viel Dampf durch den Harz.

© pmv, Kirsten Wagner

DUNKLE FICHTEN, LICHTE HÖHEN

Der westliche, höher gelegene Teil des Harzes wird allgemein als Oberharz bezeichnet. Geprägt wurde die Region viele Jahrhunderte lang vom Bergbau, der die Landschaft mit seinen Teichen und Gräben bis heute kennzeichnet.

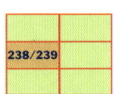

238/239

Ebenso typisch ist die dunkelgrüne Färbung der Wälder, die fast ausschließlich aus Fichten bestehen. Das für den Bergbau benötigte Holz ersetzte man durch diesen schnell wachsenden Nadelbaum. Heute versucht man, die alte Vielfalt durch Aufforsten mit Mischwald, wiederherzustellen. **Tradition** wird im Oberharz nach wie vor großgeschrieben. So finden zu Pfingsten in mehreren Orten Gesangswettbewerbe von Buchfinken, die sogenannten Finkenmanöver statt, in der Walpurgisnacht feiern ausgelassene Hexen in vielen Orten und im Frühsommer wird das Vieh in großen Umzügen auf die Weiden getrieben. Zahlreiche Brauchtumsgruppen pflegen Musik, Tanz und Gesang. Im Winter ist der Oberharz erste Anlaufstelle für Skifahrer und Rodler.

FESTKALENDER

Januar/Februar: Ende Januar – Ende Februar, Wildemann: **Winters(p)ass** mit vielen Veranstaltungen wie Hüttenabenden, Bingo, Rodelparty, Kinderprogramm.

Februar: Clausthal-Zellerfeld, Bockswieser Höhe in Zellerfeld: **Internationales Schlittenhunderennen.**

März/April: Gründonnerstag – Ostermontag, Wildemann: **Osterprogramm mit Osterfeuer und Osterwasserwanderung.** Nach altem Brauch wird schweigend zu einer Quelle gewandert. Dem dort geschöpften Wasser wird eine Heilwirkung zugeschrieben. Ostersamstag, Schulenberg, Lautenthal: **Osterfeuer.**

April: 30. April: Hahnenklee, Lautenthal, Bad Grund: **Walpurgisfeier.**

CLAUSTHAL-ZELLERFELD – EHEMALIGE BERGBAUSTADT

Unzählige Teiche, Wasserläufe und begrünte Halden prägen noch heute die Landschaft rund um Clausthal-Zellerfeld. Sie zeugen von der regen **Bergbautätigkeit,** die hier jahrhundertelang herrschte. Im 16. Jahrhundert erhielten erst Zellerfeld und dann Clausthal die Bergfreiheit und somit zahlreiche Privilegien. 1924 wurden beide Städte zusammengeschlossen, 1930 kam der Bergbau zum Erliegen.

Zellerfeld im Norden wurde nach einem verheerenden Stadtbrand, der rund ein Drittel der Häuser und Bauten vernichtete, 1672 mit einem symmetrischen Grundriss rund um den *Thomas-Merten-Platz* wieder aufgebaut. Hier befinden sich auch das *Bergwerksmuseum* im ehemaligen Rathaus, die *St.-Salvatoris-Kirche,* die Fratzenapotheke mit 64 geschnitzten Gesichtern und das alte Postamt mit einem **Glockenspiel.** Die *Bornhardtstraße* ist zwischen Mai und Oktober an jedem Donnerstag

Mai – Oktober:	Jeden Do-Abend 18 – 22 Uhr, Clausthal-Zellerfeld: **Oberharzer Bergbauernmarkt** entlang der Bornhardtstraße.
Mai:	1., Bad Grund: **Viehaustrieb** ab 14 Uhr durch den Ort zum Teufelstal.
Juni:	Pfingstsonntag, Wildemann: **Viehaustrieb.** Erstmals nach dem langen Winter wird das Harzer Rotvieh auf die Weiden gebracht., 24., Bad Grund: **Johannisfest** mit geschmücktem Johannibaum.
Juli:	Letzter Sa, Hahnenklee: **Sommerfest mit Feuerwerk.**
August:	1. So, Clausthal-Zellerfeld: **Harzer Jodlerwettstreit.** 2. So, Buntenbock: **Vieh- u. Weidetag** mit Kuhaustrieb.
Dezember:	4 Adventswochenenden, Clausthal-Zellerfeld: **Weihnachtsmarkt.**

Das **Glockenspiel** am Thomas-Merten-Platz erklingt täglich um 9.10, 12.10 und 17.35, Fr – So auch 15.10 Uhr. Computergesteuert ertönen die Glocken, während sich zwei Bergleute an einer Fahrkunst in Bewegung setzen.

Treffpunkt von Einheimischen und Touristen, denn dann findet der *Bergbauernmarkt* statt, ↗*Festkalender*. Wer der Straße bis zum Ende folgt, erreicht den *Kunsthandwerkerhof* in der Alten Münze.

Eine natürliche Senke trennt Zellerfeld von **Clausthal** mit seiner *Technischen Universität*. Diese ging aus einer Bergakademie hervor und ist mit 3000 Studenten eine der kleinsten Universitäten in Deutschland. Zur Hochschule gehört auch die berühmte *Geosammlung,* eine der größten mineralogischen Sammlungen Europas. Die *Adolph-Roemer-Straße* ist die Haupteinkaufsstraße des Ortsteils und mündet auf den Hindenburgplatz. Dort steht die *Marktkirche,* die größte Holzkirche Deutschlands.

❶ *Tourist-Information Clausthal-Zellerfeld, Bergstraße 31 (Dietzelhaus), 38678 Clausthal-Zellerfeld. ✆05323/81024, www.oberharz.de. Bahn/Bus: Bahn bis Goslar, Bus 830. Auto: A7 Ausfahrt 67 Seesen, B243, B242 oder B241 Goslar – Osterode. Zeiten: Mo – Fr 9 – 17, Sa 9 – 13, Fei 10 – 13 Uhr.*

Sehenswertes in Zellerfeld

St.-Salvatoris-Kirche

☀ **Tipp:** Mai – Okt kann man in der St.-Salvatoris-Kirche am letzten Do im Monat 19 – 20 Uhr Orgelklängen lauschen.

Mit dem **Flügelaltar** von *Werner Tübke* (1929 – 2004) besitzt die St.-Salvatoris-Kirche in Zellerfeld ein zwar nicht unumstrittenes, aber in jedem Fall viel beachtetes und wertvolles Kunstwerk. Tübke, berühmt für sein Bauernkriegspanorama in Bad Frankenhausen, ↗*Panorama Museum,* arbeitete drei Jahre an seinem Alterswerk, ehe es 1997 geweiht wurde. Das Triptychon zeigt aufgeklappt Geburt, Kreuzigung und Auferstehung Jesu. Zur Passionszeit und im Advent wird das Altarbild geschlossen, sodass nun das Paradies, ein grüner Urwald ohne Adam und Eva, sichtbar wird. Der spitzbogige Abschluss greift die Formen der Kirche auf. Zur Einweihung 1997 beschwor Tübkes Altarbild lobende wie auch kritische Stimmen. So äußerte man sich positiv zur Farbgebung und der Abstimmung auf die bestehende Architektur der Kirche. Bemängelt wurden die fehlende moderne Komponente in der Form sowie mangelnde Auseinandersetzung mit der jüngeren Geschichte.

Die **Kirche** wurde ab 1675 erbaut, nachdem bei einem Stadtbrand fast die gesamte Stadt niedergebrannt war. Städtebauliche Gegebenheiten führten dazu, dass die Kirche in der ungewöhnlichen Nord-Süd-Ausrichtung errichtet wurde. Der tonnengewölbte Hallenbau im Stil der Renaissance wurde dann im 19. Jahrhundert zu einer dreischiffigen neugotischen Anlage umgebaut. Dabei wurde auch der Altar von der östlichen Längsseite an die südliche Querseite verlegt. Erwähnenswert ist die **Orgel,** deren Prospekt (Pfeifengehäuse) original von *Arp Schnitger* (1648 – 1719) stammt. Der berühmte Orgelbauer schuf sie 1701. Dahinter verbirgt sich heute eine klangvolle Schuke-Orgel.

Ein trauriges Kapitel in der Geschichte der Kirche wurde am 5. April 1945 geschrieben, als 450 KZ-Häftlinge während eines »Todesmarsches« über Nacht von der SS in der Kirche eingepfercht wurden. Eine weiße Stele am nördlichen Eingang erinnert daran. 21 Häftlinge wurden am nächsten Morgen erschossen, da sie in ihrer Verzweiflung ihre Notdurft in der Kirche verrichtet hatten.

🕐 *Thomas-Merten-Platz, 38678 Zellerfeld. ☎05323/ 81834, www.kirchengemeinde-zellerfeld.wir-e.de.* ***Bahn/Bus:*** *Bus 830.* ***Auto:*** *Über Goslarsche Straße.* ***Zeiten:*** *Renovierungsarbeiten bis voraussichtlich*

Prächtig: Gegenüber der Salvatoris-Kirche darf man die Berg-Apotheke von 1674 besichtigen – auch ohne Kopfweh
© Annette Sievers

🏠 **Waldhotel Untermühle,** Untermühle 1, Clausthal-Zellerfeld. ☎05323/983098. www.mountainbike-hotel-harz.de. Hotel in einer ehemaligen Kornmühle in idyllischer Lage am Spiegeltaler Forst. DZ 79 €, FeWo 4 Pers 80 €, MTB-Programm mit 4 Übernachtungen ab 149 € pro Person.

M Im Museum befindet sich ein UNESCO-Welterbe Info-Point, d.h. hier können **Erlebnisführungen** über und unter Tage gebucht werden.

Oberharzer Wilddieb, Bornhardtstraße 20a, Clausthal-Zellerfeld. ☎05323/ 9875214. www.zum-harzer.de. Fr – So, Fei 11.30 – 14 und 17 – 22 wie auch Mo – Do. Rustikal eingerichtetes Lokal mit Fleisch- und Wildgerichten, Nov – April Steak vom heißen Stein.

Der Oberbergrat **Herbert Dennert** *erfand die Informationstafel in Form einer gelben Tanne. Diese sind heute an vielen Stellen in Clausthal-Zellerfeld, aber auch in anderen Orten im Harz zu finden. Auf ihnen werden bergbauliche und geschichtliche Fakten kurz und prägnant erklärt.*

2015, dann wieder geöffnet: Beginn der Karwoche – Okt und Adventssonntage täglich 15 – 17 Uhr. **Preise:** *Eintritt frei.*

Glück auf im Bergwerksmuseum

Schon 1930 richtete man in Zellerfeld ein **Schaubergwerk** ein, indem man ein Schachtgebäude aus Lautenthal, einen Pferdegaipel aus Bad Grund, ein Feldgestänge, eine Schmiede und vieles mehr auf dem Freigelände hinter dem alten Rathaus wieder aufbaute. Auch unter Tage wurden Stollen geschaffen, sodass hier nun der Weg des Erzes nachvollzogen werden kann. Im Hauptgebäude sind eine Vielzahl an Modellen zu bewundern, die noch einmal die Funktionsweise bergwerklicher Anlagen erläutern. Im Museum kann man sich außerdem **EMIL** ausleihen, ein weiteres Angebot ist die Fahrt mit der **Tagesförderbahn** ab dem Altem Bahnhof.

🕐 *Oberharzer Bergwerksmuseum,* *Bornhardtstraße 16,* *38678 Clausthal-Zellerfeld-Zellerfeld.* ☎*05323/* *9895-0, www.bergwerksmuseum.de.* **Bahn**/**Bus:** *Bus* *830 ab Goslar ZOB bis Thomas-Merten-Platz.* **Auto:** *Von Goslar kommend 4. Straße rechts.* **Zeiten:** *täglich 10 – 17 Uhr.* **Preise:** *6 €, EMIL 6 €, jedes weitere Gerät 3 €; Kinder 6 – 16 Jahre 3 €; Familien 15 €, EMIL 9 €.*

Auf den Spuren des Bergbaus — mit EMIL über die Ringerhalde in Zellerfeld

EMIL nennt sich das Outdoor-Führungssystem, das im Oberharzer Bergwerksmuseum in Zellerfeld ausgeliehen wird. Ausgestattet mit einem **PDA,** einem kleinen, tragbaren Computer, begibt man sich auf einen rund 2-stündigen Rundgang auf den Spuren des Bergbaus. Start und Ziel ist das **Bergwerksmuseum,** von dem es durch den Kurpark in den Wald und zu den Teichen geht. An vielfältigen Stationen erhalten Sie Informationen und erfahren, was das kleine Häuschen im Wasser zu bedeuten hat, warum es hier überhaupt so viele Teiche gibt oder was ein Lachter ist. Dabei ist die Wanderung wie eine Rallye aufgebaut, denn an den gelben **Dennert-Tafeln** muss ein Code in das PDA eingegeben werden, ohne den sich der »Wissenstresor« nicht öffnet. Doch keine Sorge, selbst Technik-Unkundige bewältigen das ohne Probleme!

Zwei weitere Rundgänge sind mit EMIL möglich: Eine Führung durch das Bergwerksmuseum ist sogar im Eintritt enthalten. Außerdem kann auch das Gelände am **Kaiser-Wilhelm-Schacht II** (Erzstraße 24 in Clausthal, etwa 2 km vom Museum entfernt) mit EMIL erkundet werden.

❷ *Oberharzer Bergwerksmuseum, www.bergwerksmuseum.de.* **Länge:** *Rundwanderung, ca. 3 km, längere Variante 4 km.* **Bahn/Bus:** *↗Oberharzer Bergwerksmuseum.* **Zeiten:** *Täglich 10 – 17 Uhr. Rundgang Ringerhalde: ca. 2 Stunden.* **Preise:** *6 € für das erste Gerät, jedes weitere 3 €. Pfand: Personalausweis.*

Detektivisch: EMIL führt zu Orten der Bergwerksgeschichte

© pmv, Kirsten Wagner

Glashütte im Kunsthandwerkerhof

Freihand entstehen in der Glashütte von *Rolf Wiemers* feine Kunstwerke wie geschwungene Vasen, kleine Tierchen, bunte Teller oder hübsche Kugeln. Jede halbe Stunde laden die Glasbläser dazu ein, sich über die Schulter schauen zu lassen. Da können Sie genau verfolgen, wie aus einem unförmigen Klumpen flugs ein Kleinod wird, erfahren, wie Luftbläschen ins Glas kommen und warum das Glas langsam abkühlen muss. Sie wollen sich selbst als Glasmacher versuchen? Auch das ist möglich (Termine nach Vereinbarung)! Am gläsernen Glockenspiel dürfen Sie sich ebenfalls ausprobieren.

❷ *Bornhardtstraße 11, 38678 Clausthal-Zellerfeld-Zellerfeld. ☎05323/83638, www.glasblaeserei.de.* **Bahn/Bus:** *Bus 830 ab Goslar ZOB bis Thomas-Merten-Platz.* **Auto:** *Zellerfeld, von Goslar kommend 4. Straße rechts.* **Zeiten:** *Mo – Fr 9.30 – 13 und 14 –*

Ⓜ **Ausstellung am Kaiser-Wilhelm-Schacht,** Erzstraße 24, Clausthal-Zellerfeld-Clausthal. www.oberharz.de. Mi und Sa 15 – 17 Uhr.

Café Sti(e)lbruch im Kunsthandwerkerhof, Clausthal-Zellerfeld. ☎05323/82077. www.cafe-stilbruch.harz.de. Mi – Mo 14 – 18, Mai – Okt täglich 11 – 18 Uhr und Weinstube Do 18 – 22 Uhr.

18, Sa 9.30 – 17, So, Fei 11 – 17 Uhr, März – Okt Do
bis 20 Uhr, Nov – Feb Mo – Fr 10 – 13 und 14 – 17,
Sa 10 – 17, So 11 – 17 Uhr, Führung alle 30 Min bis
1 Std vor Schließung. **Preise:** 3,50 €; Schüler ab 7
Jahre 2,50 €; Glaskugel blasen 16,50 €.

Mit der Tagesförderbahn zum Ottiliae-Schacht

Über grüne Wiesen mit Blick auf den *Eulenspiegler-teich* und durch hohe Fichten tuckert die Tagesför-derbahn ihrem Ziel entgegen: dem Ottiliae-Schacht mit Deutschlands ältestem erhaltenen eisernen För-dergerüst. 1876 wurde es über dem Hauptförder-schacht der Region erbaut, der Teil eines giganti-schen unterirdischen Erztransportsystems war. 1899 – 1905 vertiefte man den Schacht, der an-schließend zu einer der modernsten Erzwäschen Europas gehörte. Für die Erzförderung stand der Schacht in dieser Zeit nicht zur Verfügung und so brachte man das Erz vom östlich gelegenen Kaiser-Wilhelm-Schacht per Tagesförderbahn zur Aufbereitung zum Otti-liae-Schacht. Auf der teil-rekonstruierten Strecke von 2 km (von ursprüng-lich 2,3 km) lässt sich nun während der 15-mi-nütigen Fahrt die Natur genießen, anschließend findet eine Führung in den Übertage-Anlagen statt. Die alte Förderma-schine wird im Betrieb vorgeführt und eine **Aus-stellung** zeigt den Weg *Vom Wasserrad zur elek-*

Harzer Industriekultur: Das Fördergerüst des Ottiliaeschachtes
© pmv, Kirsten Wagner

trisch angetriebenen Fördermaschine. 1930 kam der Bergbau in Clausthal-Zellerfeld zum Erliegen, weil die Erzvorkommen erschöpft waren. Zwischen 1940 und 1980 wurde das Gefälle im Schacht noch für ein Wasserkraftwerk genutzt, seitdem ist der Schacht mit einer Betonsäule verschlossen.

Alter Bahnhof, Bahnhofstraße 5, 38678 Clausthal-Zellerfeld. ✆05323/98950, www.bergwerksmuseum.de. Bahn/Bus: Bus 440 von Osterode, Bus 831 von Goslar, Bus 840 von St. Andreasberg. Auto: Goslarsche Straße, Telemannstraße, scharf rechts in die Bahnhofstraße. Zeiten: Mai – Okt Sa 14.30, So, Fei 11 und 14.30 Uhr. Dauer: 1 Std. Preise: 6 €; Kinder 3 €; Familien 15 €.

Ernst Hermann Ottiliae war der erste preußische Berghauptmann in Clausthal-Zellerfeld, nachdem das Königreich Hannover 1866 an Preußen angeschlossen wurde.

Clausthal und die Marktkirche

Die Marktkirche von Clausthal ist dem *Heiligen Geist* gewidmet und wurde zu Pfingsten 1642 geweiht, nachdem der Vorgängerbau bei dem Stadtbrand wenige Jahre zuvor zerstört worden war. Nicht nur die Tauben über dem Taufstein und an der Kanzel nehmen Bezug auf den Heiligen Geist, auch die drei Wetterfahnen und die Innenraum-Proportionen verweisen auf die Heilige Dreifaltigkeit aus Vater, Sohn und Heiligem Geist. Kanzel, Altar und Taufengel sind bedeutende Beispiele barocker Schnitzkunst, gestaltet von dem Bildhauer **Andreas Gröber,** der dafür ein spezielles Verfahren einsetzte: Das Holz wurde stundenlang gekocht, um es anschließend, »weich wie Butter«, bearbeiten zu können. Ein sehr rationelles, kraftsparendes Verfahren.

Der graublaue Farbanstrich aus Leinölfarbe, den sie seit der aufwändigen Renovierung 2008 trägt, die großen Sprossenfenster und die vollständige Auskleidung mit Fichten- und Eichenholz geben der Kirche ihr markantes Aussehen, auch die beiden Türme mit welschen Hauben tragen dazu bei. Der größere dient als Glockenturm, der kleinere als

Auch der Altar der Goslarer Marktkirche stammt von Andreas Gröber (um 1600/1610 – 1662).

Strahlt mit dem Blau des Himmels um die Wette: Marktkirche von Clausthal

© Annette Sievers

Da Mario, Adolph-Römer-Straße 33, Clausthal. ✆05323/5630. www.damario-clausthal.de. Täglich, auch an Fei 11.30 – 15 und 17.30 – 23 Uhr. Freundliches italienisches Restaurant.

Dachreiter mit Uhr. Sie gilt als die größte Holzkirche Deutschlands; 2000 Menschen finden in ihr Platz, so z.B. bei den vielen in der Kirche stattfindenden Konzerten.

🕐 *Hindenburgplatz, 38678 Clausthal. ✆05323/7005, www.marktkirche-clausthal.de. Bahn/Bus: Bus 840 bis Adolph-Roemer-Straße. Auto: Parkplatz Adolph-Roemer-Straße. Zeiten: März – Nov Mo – Sa 10 – 17,*

DER BESONDERE TIPP Ziegenkäse im Polsterberger Hubhaus

Mit Hilfe zweier im *Polstertal* befindlicher Wasserräder wurde im Polsterta-ler Hubhaus einst die hölzerne Hubpumpe betrieben, die das Wasser des Dammgrabens auf das Niveau des Tränkegrabens anhob. Heute ist die ehemalige Wohnung des Hubmeisters von 1801 ein beliebtes Ausflugsziel, das auch zu Fuß von Clausthal oder Altenau aus erreicht werden kann. Die **Speisekarte** bietet Fri-sches aus der Region, dabei viel von den in Buntenbock gehaltenen Ziegen: Basili-kumquark aus Ziegenmilch mit marktfrischem Salat und Bratkartoffeln, gebrate-ner Ziegenfrischkäse, Wildschwein-Currywurst oder Braten vom Harzer Roten Höhenvieh mit Möhrengemüse und Rosmarinkartoffeln. Der selbst gebackene Apfel- oder Käsekuchen schmeckt im Sommer auch auf der netten **Terrasse** vor dem Haus.

Polsterberger Hubhaus, Beate Engel, Polsterberg 1, 38678 Clausthal-Zellerfeld-Clausthal. ✆05323/5581, www.polsterberger-hubhaus.harz.de. Bus 840 bis Polsterberg. B242 Clausthal Richtung St. Andreasberg. Juni – Sep täglich 11 – 19, Okt – Mai Mi – So 11 – 19 Uhr, Dez geschlossen.

*So nach dem Gottesdienst bis 17 Uhr, Adventssonntage 12 – 16 Uhr. Führung So 11 Uhr. **Preise:** Eintritt frei, Führung 3 €. **Infos:** www.kirchengemeinde-clausthal.de.*

Weihnachtsmarkt Clausthal

Klein, aber fein präsentiert sich der Clausthaler Weihnachtsmarkt neben der Marktkirche. Harzer Spezialitäten, allerhand Leckereien und Holzschnitzarbeiten sind hier zu finden. Den Eingang zum Markt bildet ein über 4 m hoher und 8 m breiter Schwibbogen mit typischen Figuren aus dem Harz allgemein oder Clausthal im Besonderen. Gleiches gilt für die fast 6 m hohe Weihnachtspyramide, die sich Jahr für Jahr hier dreht.

🕐 *Kronenplatz, 38678 Clausthal-Zellerfeld-Clausthal. **Zeiten:** Fr vor 1. Advent – 23. Dez Mo – Do 13 – 19, Fr – So 11 – 20 Uhr.*

KURORT BAD GRUND

Der Name von Bad Grund ist eng verbunden mit der **Iberger Tropfsteinhöhle,** deren markante Stalaktiten und Stalagmiten jährlich tausende von Besuchern anziehen. Weniger bekannt ist der **Knesebecker Schacht,** dessen Hydrokompressorenturm weithin sichtbar ist. Der Bergbau spielte lange Zeit eine gewichtige Rolle in der ehemals freien Bergstadt. Erst 1992 wurde die Erzförderung eingestellt. Das **Uhrenmuseum** und der **WeltWald** sind weitere interessante Ziele. Zentral liegt das *Kurzentrum* mit Solebad, ein Eisensteinstollen verspricht Linderung bei Atemwegserkrankungen.

ℹ️ ***Tourist-Information Bad Grund GmbH,*** *Schurfbergstraße 2, 37539 Bad Grund. ☎05327/700710, www.bad-grund.de. **Bahn/Bus:** Bahn bis Osterode, Bus 460. **Auto:** A7 Ausfahrt 67 Seesen, B243, B242. **Zeiten:** Mo – Fr 10 – 20, Sa 10 – 16, So 10 – 13 Uhr.*

➜ Unterhalb des Mittleren Pfauenteichs am südwestlichen Stadtrand beginnt in Clausthal der **Wanderweg** zum Polsterberger Hubhaus. Der Rote Punkt leitet am Jägersbleeker Teich vorbei zum Ziel. **Länge:** 3 km.

➜ Im **WeltWald Harz,** einem Arboretum, wachsen 600 exotische Baum- und Gehölzarten, z.B. ein japanischer Fächerahorn oder die Gurken-Magnolie. Im Herbst ist der Park durch die Laubfärbung besonders anziehend! Oberhalb von *Nordamerika* gibt es eine indianische Kultstätte. Parkplatz am Hübichenstein.

Alles rund um die Uhr: Uhrenmuseum

1600 Uhren aus sechs Jahrhunderten hat Familie Berger im Laufe der Zeit gesammelt – von der kleinsten Taschenuhr bis zur gewaltigen Kirchturmuhr. Auf 800 qm zeigt das Uhrenmuseum neben Sonnen-, Sand-, Wand- und Schwarzwalduhren auch so seltene Exemplare wie eine Flötenuhr, eine Harfenuhr, eine Rolling-Ball-Clock oder eine Augenwender-Schnappuhr. Letztere stammt aus dem Jahr 1830. Die Augen der dargestellten Person bewegen sich im Takt, regelmäßig schnappt außerdem der Mund nach der Zeit. Alle Uhren sind voll funktionsfähig und dokumentieren neben der Vielfalt gleichzeitig die Entwicklung der Zeitmessung. Eine ganze Abteilung ist eigens den Turmuhren gewidmet. Eine komplett eingerichtete Werkstatt zeigt, mit welchen Präzisionsgeräten Uhrmacher um 1900 arbeiteten.

🅜 *Uhrenmuseum Bad Grund, Elisabethstraße 14, 37539 Bad Grund. ✆05327/1020, www.uhrenmuseum-badgrund.de. Bahn/Bus: Bus 460 bis Kurzentrum. Zeiten: Di – So 10 – 18 Uhr. Preise: 6 €; Kinder 6 – 13 Jahre 3,50 €.*

Bergbaumuseum Knesebecker Schacht

1912 wurde der Hydrokompressorenturm am Knesebecker Schacht errichtet. Heute ist der 47 m hohe Koloss das Wahrzeichen des Bergbaumuseums und steht unter Denkmalschutz. Mit seiner Hilfe wurde einst Druckluft erzeugt, die dann die Maschinen tief im Berg antrieb. Bis 1992 wurde in Bad Grund Erz gefördert. Neben der Befahrung des Stollens mit Steigerbucht, dem Pausenraum für die Steiger, und Kehrradstube gehört zu einem Besuch eine Besichtigung der Maschinen auf dem Außengelände sowie der Ausstellungen in den Nebengebäuden.

🅜 *Knesebeck 1, 37539 Bad Grund. ✆05327/2858, 2826 (Büro), www.knesebeckschacht.de. Bahn/Bus: Bus 460 bis Knesebecker Weg. Auto: Zufahrt von der*

☕ Café Antique, Markt 12, Bad Grund. ✆05327/3006. Di – So 10 – 18 Uhr. Selbst gebackene Torten, antikes Mobiliar.

*Clausthaler Straße. **Zeiten:** April – Okt Di – So 11 und 14, Nov – März So 11 und 14 Uhr. **Preise:** 5 €, mit Kurkarte 4,50 €; Kinder 6 – 12 Jahre 3 €, mit Kurkarte 2,50 €; Familien 14,50 €, mit Kurkarte 12,50 €.*

HöhlenErlebnisZentrum an der Iberger Tropfsteinhöhle

Schon die Iberger Tropfsteinhöhle an sich ist ein Muss unter den Harzer Attraktionen. Mit der Eröffnung des neuen HöhlenErlebnisZentrums im Sommer 2008 ist jedoch ein in Deutschland einmaliges Projekt realisiert worden. Neben der Führung zu den faszinierenden Stalagmiten und Stalaktiten, die nicht nur die Fantasie von Kindern beflügeln, ist nun auch ein modernes Museum über und unter Tage zu besichtigen. Höhepunkt darin ist die authentische Nachbildung der **Lichtensteinhöhle.** 40 Skelette aus der Bronzezeit (3000 – 1000 v.Chr.) hat man in dieser kleinen Höhle bei Förste im Südharz vor einigen Jahren entdeckt, mitsamt ihrem erhaltenen Erbgut. Darüber konnte ein Stammbaum erstellt werden, der bis zu heute in der Gegend lebenden Nachfahren reicht! Die Besucher können sich aber auch über **Höhlenarchäologie** und die **Geologie** des Harzes und des *Ibergs* informieren. Dabei kommt Erstaunliches zutage, denn der Iberg war vor 385 Mio Jahren ein Korallenriff, und zwar dort, wo heute der afrikanische Kontinent liegt. Tektonische Bewegungen brachten das Riff nach Norden, wo es sich schließlich auffaltete. So kann man in der Iberger Höhle tatsächlich versteinerte

Attraktion unter der Erde: Führung durch die Iberger Tropfsteinhöhle
© Höhlenerlebniszentrum

BERGBAU IM OBERHARZ

45

Korallen finden. Vor 200 Mio Jahren entstanden die Erzlagerstätten, auf deren Suche Bergleute dann im 16. Jahrhundert die Höhle entdeckten. Metallführendes, heißes Wasser war damals in die Spalten des Riffs eingedrungen. Aus dem so entstandenen Eisenkarbonat wurde später das Eisenerz.

🕐 *An der Tropfsteinhöhle 1, 37539 Bad Grund. ℂ05327/829391, www.hoehlenerlebniszentrum.de.* **Bahn/Bus:** *Zug bis Gittelde, Bus 460 bis Bad Grund-Kurzentrum, 20 Min Fußweg.* **Auto:** *B242 (Harzhochstraße), großer Parkplatz.* **Rad:** *Mountainbikestrecke durchs Teufelstal.* **Zeiten:** *Ganzjährig, Juli, Aug, Okt, Ferien Nds. täglich 10 – 17 Uhr, Nov teilweise nur Sa, So, Dez – Juni und Sep Di – So 10 – 17 Uhr.* **Preise:** *8 €; Kinder 6 – 16 Jahre 6 €; Familien 22 €.*

Das Bergwerk von Wildemann

Der Sage zufolge benannt nach einem wilden Mann, der die Gegend unsicher machte, geht es in Wildemann heute eher beschaulich zu. Die *Innerste* schlängelt sich mit der Hauptstraße durch das enge Tal, Freibad und Kureinrichtungen sind im Spiegeltal zu finden. Hauptattraktion ist der **19-Lachter-Stollen**, ein Besucherbergwerk mit Erlebnischarakter. Auf dem *Bergbauernhof Klein-Tirol,* an der Straße Richtung Lautenthal, wird das **Harzer Rotvieh** gezüchtet.

www.harzer-rotvieh.de.

ℹ️ **Tourist-Information Wildemann,** *Bohlweg 5, 38709 Wildemann. ℂ05323/6111, www.oberharz.de.* **Bahn/Bus:** *Bahn bis Goslar, Bus 831.* **Auto:** *A7 Ausfahrt 67 Seesen, B242 Bad Grund – Clausthal-Zellerfeld Abzweig Wildemann (3 km) oder Ausfahrt 66 Rhüden, B82 Langelsheim, Lautenthal.* **Zeiten:** *Mo 9 – 17, Di – Fr 9 – 13 Uhr.*

Besucherbergwerk 19-Lachter-Stollen

19 Lachter, also 36,48 m unter dem alten Wasserlösungsstollen grub man in Wildemann einen neuen Stollen, der das Wasser aus den höher gelegenen

Gruben ableiten sollte. So kam der Stollen und mit ihm schließlich das Besucherbergwerk zu seinem Namen. Zwischen 1551 und 1690 arbeiteten sich die Bergleute 8,8 km vor. Gleichzeitig wurde jederzeit Erz abgebaut und mit dem **Abteufen** des Schachts Ernst August entwickelte sich ein vollständiges Bergwerk. Ein Blick in die gähnende Tiefe dieses Schachts gehört zur Führung im Bergwerk dazu. Rund 500 m sind begehbar, zunächst im mit Holz ausgebauten Stollen, später direkt in der festen Grauwacke. In der Radstube steht noch immer das mehr als 100 Jahre alte Kehrrad, über Treppen geht es in die alte Kunstradstube, die später als Turbinen- und Kompressorenraum diente. Die Arbeit mit Schlägel und Eisen oder das Schieben eines Hunts werden anschaulich vorgeführt.

🕐 *Im Sonnenglanz 18, 38709 Wildemann. ☎05323/ 6628, www.19-lachter-stollen.de. Bahn/Bus: Bus 831. Auto: Oberhalb Bohlweg. Zeiten: Führung Di – So, Fei (Mo nur an Fei und in den Ferien) Mai – Okt 11, 14, 15.30 Uhr, Nov – 24. Dez Sa 14, So 11, 25. Dez – 6. Jan 11 und 14 Uhr, 7. – 31. Jan 11, Feb – April 11, 14 Uhr. Preise: 6 €, mit Kurkarte 5,50 €; Kinder 4 – 17 Jahre 3,50 bzw. 3 €.*

LUFTKURORT LAUTENTHAL

Eine der sieben **freien Bergstädte** im Harz war Lautenthal, benannt nach dem Flüsschen *Laute,* das im Ort in die *Innerste* fließt. Diese wiederum mündet Richtung Langelsheim in den *Innerstestausee.* Die Talsperre wurde 1966 in Betrieb genommen und dient der Trinkwasserversorgung und dem Hochwasserschutz. Da Wassersport hier erlaubt ist, tummeln sich in den Sommermonaten Schwimmer und Boote im See. Wer ein **Freibad** vorzieht, kann direkt in Lautenthal baden gehen. Zu den Hauptattraktionen des staatlich anerkannten Luftkurortes gehört das **Bergwerksmuseum Lautenthals Glück.**

※ *Abteufen bedeutet in der Bergmannssprache, einen Schacht senkrecht nach unten zu bauen.*

※ *Zu den freien Bergstädten im Harz gehörten Altenau (1617), Bad Grund (1524), Clausthal (1554), Lautenthal (1538), St. Andreasberg (1521), Wildemann (1534) und Zellerfeld (1524).*

**Bürgerbad Berg-
stadt Lautenthal
e.V.,** Wildemanner Straße 20, Lautenthal. ☏05325/54711. www.buergerbad-berg-stadt-lautenthal.de. Mai – Sep täglich 10 – 19 Uhr. 3 €, 4 – 17 Jahre 1,50 €.

✹ *Gruppen ab 15 Pers können in Lautenthals Glück die* **Bergbau-Olympiade** *in 10 Disziplinen absolvieren. Bei der Lokfahrschule, dem Bohrhammerstemmen oder am Pumpenknecht ist Geschicklichkeit gefragt!*

ℹ️ *Tourist-Info Lautenthal, Kaspar-Bitter-Straße 7b, 38685 Lautenthal. ☏05325/4444, www.lautenthal-harz.de. Bahn/Bus: Bahn bis Goslar, Bus 831. Auto: A7 Ausfahrt 66 Rhüden, B82 bis Langelsheim, dann Richtung Innerstestausee/Lautenthal oder Abzweig zwischen Bad Grund – Clausthal-Zellerfeld. Zeiten: Mo – Sa 9 – 17, So 9.30 – 14 Uhr, im Winter eingeschränkt.*

Lautenthals Glück: Kahnfahrt unter der Erde

Welch Glück mag es bedeutet haben, als man im 13. Jahrhundert Silbererz in Lautenthal fand? Der Name des Bergwerksmuseums zeugt bis heute davon und erinnert an die Zeit, als hier von 1524 bis 1946 Silber, Blei und Zink zu Tage gefördert wurden.

Den Eingang des **Museums** bildet ein markantes Schachthaus mit Förderturm, in dem eine funktionierende Fahrkunst und eine Hängebank den harten Alltag der Bergleute schon erahnen lassen. Noch deutlicher wird dies nach der **Grubenfahrt,** die über den *Tiefen Sachsenstollen* direkt in den Berg hinein führt. Vor Ort wird vorgeführt, wie das Erz abgebaut wurde und wie sich die Techniken im Laufe der Zeit veränderten. Ein Blick in die **St.-Barbara-Kapelle** rundet den Ausflug ins Berginnere ab.

Ein wahrlich einzigartiges Erlebnis ist die Fahrt mit dem **Erzkahn** durch einen Wasserlösungsstollen. Per Armkraft wird das Gefährt fortbewegt. Über viele Kilometer wurde das Erz einst in solchen Kähnen zur Verhüttung transportiert.

Auf dem **Freigelände** haben eine Sammlung historischer Loks sowie das hölzerne Wasserrad ihren Platz. Bergbauliche Exponate und Modelle, eine geologische Sammlung und historische Filme sind in der alten **Elektro-Zentrale** zu sehen.

Ⓜ️ *Wildemanner Straße 11 – 21, 38685 Lautenthal. ☏05325/4490, www.lautenthals-glueck.de.*

Bahn/Bus: Bus 831, 832 ab Goslar ZOB. **Auto:** *Direkt an der Durchgangsstraße.* **Zeiten:** *April – Okt täglich 10 – 17, Nov – März Sa, So, Fei, Ferien ab 10 Uhr.* **Preise:** *9 €; Kinder bis 10 Jahre 5 €, bis 16 Jahre 6 €; Gruppen ab 20 Pers 7,50 €, Familie (2 Erw, 1 Kind 2 – 16 Jahre) 21 €, jedes weitere Kind 4 €, 1 Erw und 1 Kind 12,50 €.*

DOPPELORT AM BOCKSBERG: HAHNENKLEE-BOCKSWIESE

Der Sage nach fand ein Hahn hier unter wildem Klee Silber und gab dem Ort so seinen Namen. Tatsächlich rührt die ursprüngliche Bedeutung wohl von »hoher Klippe« her. Heute verbindet man Hahnenklee in ganz Deutschland mit seiner einzigartigen **Stabkirche.** Von der einstigen Bergbautätigkeit zeugen noch die vielen Teiche rund um den heutigen Doppelort, die zu ausgiebigen Wanderungen einladen. Der 2007 angelegte **Liebesbankweg** führt rund um den 726 m hohen *Bocksberg,* dessen Gipfel ebenfalls mit Wanderschuhen erobert werden kann. Bequemer hinauf geht es mit der Kabinenseilbahn, die im Winter die Skiläufer zu den fünf Abfahrten bringt. Fahrspaß im Sommer bietet auch die neue **Sommerrodelbahn.**

Hotel Niedersachsen, Wiesenstraße 12, Goslar-Hahnenklee-Bockswiese. ✆05325/52860. www.hotel-niedersachsen-harz.de. Mit Café-Restaurant und Wellnessbereich inkl. Schwimmbad; Tagesgäste und Wanderer willkommen. DZ mit Frühstück 93 €, Kinder bis 7 Jahre frei.

ℹ *Tourist-Information Hahnenklee,* Kurhausweg 7, 38644 Hahnenklee. ✆05325/5104-0, www.hahnenklee.de. **Bahn/Bus:** *Bahn bis Goslar, Bus 830, 832.* **Auto:** *A7 Ausfahrt 66 Rhüden (Harz), B82 bis Goslar, B241 Richtung Clausthal-Zellerfeld, Abzweig Hahnenklee-Bockswiese.* **Zeiten:** *Mai – Sep Mo – Fr 9 – 17, Sa, So 10 – 14, Okt – April Mo – Fr 9 – 16, Sa 9 – 12 Uhr.*

Gustav-Adolf-Stabkirche in Hahnenklee

Wie ein Wikingerschiff ragt die Stabkirche von Hahnenklee am Hang auf und zieht die faszinierten Blicke auf sich. Stabkirchen wurden vor allem im 12. Jahrhundert in Norwegen und Schweden erbaut. Sie

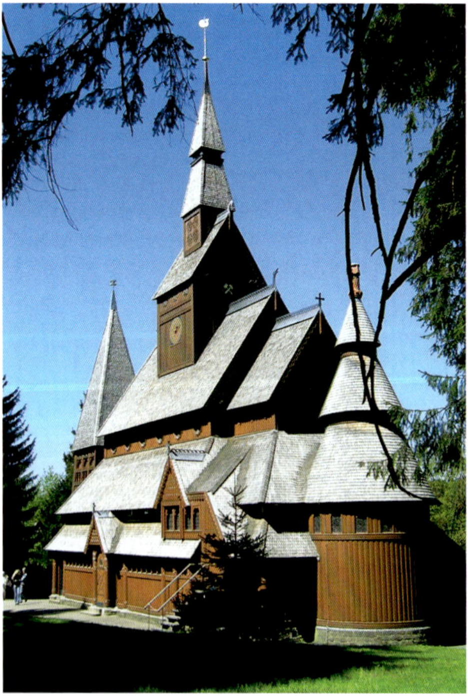

bestehen aus einer Holzkonstruktion mit einem mehrfach gestuften, steilen Dach, das im Inneren von Masten getragen wird. Nach diesem Vorbild entstand 1907/08 die Kirche in Hahnenklee und ist damit die einzige ihrer Art in ganz Deutschland. Benannt wurde sie nach dem schwedischen König *Gustav Adolf*. Der Baurat *Karl Mohrmann* entwarf die Kirche, als der Betraum des Ortes zu klein wurde. Er war der Meinung, dass die Holzbauweise am besten zur Oberharzer Landschaft passt und lehnte seinen Entwurf an die norwegische Stabkirche von Borgund an.

*Eine **Midgardschlange** ist eine die Erdenwelt Midgard umspannende Seeschlange aus der germanischen Mythologie. Sie verkörpert das Weltmeer und die Ewigkeit.*

12 Holzsäulen stützen das dreifach gestufte Dach, das wiederum Basis für einen dreifach gestuften Turm ist. Der Eindruck eines Wikingerschiffes wird durch viele kleine Details verstärkt. So finden sich Drachenköpfe an den Giebeln und **Midgardschlangen** am Dachfirst. Auch die bleigefassten Fenster sind mit nordischen Symbolen geschmückt, der Kronleuchter im einschiffigen Innern ist einem Steuerrad nachgebildet, die runden Fenster erinnern an Bullaugen. Für Irritationen sorgen die Swastika-Kreuze in den kleinen Fenstern neben den Seitentüren. Das von den Nationalsozialisten missbrauchte Sym-

Nach nordischem Vorbild: Die Stabkirche von Hahnenklee

© pmv, Kirsten Wagner

bol ist ursprünglich ein Sonnenrad, das in vielen alten Kulturen zu finden und ein Zeichen des Lebens und der Wiedergeburt ist. In der germanischen Kultur symbolisiert es den wirbelnden Hammer des Thor und somit die Kräfte der Natur.

Der getäfelte **Chorraum** weist erkennbar Jugendstileinfluss auf, der Altar ist mit seiner goldverzierten Ornamentik und Symbolik der byzantinischen Kunst nachempfunden. Erstaunen ruft regelmäßig hervor, dass am ganzen Bau nicht ein einziger Nagel zum Einsatz kam: Alles wird durch Nut und Feder bzw. Zapfen zusammengehalten! Seit 1994 ist die Kirche mit einer Goll-Orgel mit 27 Registern auf zwei Manualen und dem Pedal ausgestattet. Die Tasten sind mechanisch mit den Pfeifenventilen verbunden (mechanische Spieltraktur).

Der **Glockenturm** an der Westseite des Baus dient auch als Aufgang zur Empore. Seit 2002 besitzt die Stabkirche ein **Carillon.** Das große, computergesteuerte Turm-Glockenspiel ist täglich um 8.56, 11.56 und dann stündlich ab 14.56 bis 19.56 Uhr zu hören. Live gespielt werden die 49 Glocken am Samstag um 15 Uhr und am Sonntag um 9.15 Uhr vor den Gottesdiensten.

🕐 *Bockswieser Straße, 38644 Hahnenklee. Pfarrbüro ✆05325/2378, www.stabkirche.de. **Bahn/Bus:** Bus 830, 832 ab Goslar. **Auto:** Bockswieser Straße. **Zeiten:** Mai – Okt Mo – Sa 10.30 – 17, So 9.30 – 10.45 und 12 – 17 Uhr, Nov – April Mo – Fr 11 – 12.30 und 14 – 16, Sa 11 – 16, So 9.30 – 10.45 und 12 – 16 Uhr. Gottesdienst So 11 Uhr. **Preise:** Es wird um eine Spende von 1 € gebeten. **Infos:** jeden Do 11.15 Uhr Besichtigung von Orgel und Carillon (Jan – Okt).*

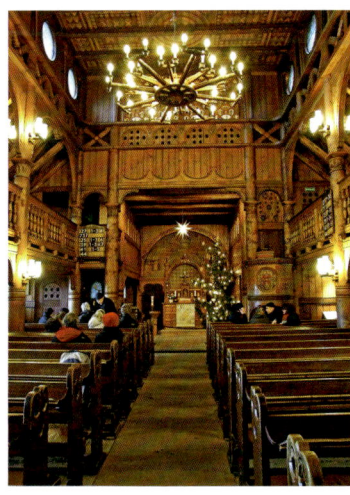

Falls beten nicht hilft: Einfach auf Holz klopfen
© Annette Sievers

✺ *Ein **Carillon** ist ein Turm-Glockenspiel, dessen Glocken an einem Spieltisch mittels Seilzügen angeschlagen werden. Dafür benutzt man nicht die Finger, sondern die Faust, weil das viel Kraft erfordert.*

🔼 **Hotel njord,** Parkstraße 2, Hahnenklee. ✆05325/528937-0. www.hotel-njord.com. Nordisches Hotel am Kranichteich.

Kitzel: Die Sommer-rodelbahn lädt zu rasanten Abfahrten ein
© pmv, Kirsten Wagner

Board'n Bikes, Rathausstraße 6, Bocksbergseilbahn Talstation, Hahnenklee. ✆0179/2740477 (Handy). www.boardnbikes.de. Täglich 9 – 17.30 Uhr nach Wetterlage. Tourenmountainbikes, Verschiedene Bikes, Monsterroller, Mountainboards sowie Protektoren und Helme zum Verleih und Verkauf sowie Kurse und Guides. MTB 4 Std 10 €, Kinder 6 €, Monsterroller (ab 7 Jahre) 1 Fahrt 9 €, Tourenbikes 2 Erw und 1 Kind 30 €, 2 Kinder 40 € ganztags.

Downhill 1100 m, Freeride 1250 m, Singletrail schwer/mittel 500 m, Singletrail mittel/leicht 1250 m, Northshore 500 m, 4X bzw. Biker Cross 150 m, Übungsparcours 130 m.

Rodeln auch im Sommer: BocksbergBob

Mit einer Länge von 1250 m ist der im Winter 2012 eröffnete BocksbergBob die »längste Sommerrodelbahn in Nordeuropa«. Die Rennschlitten für 1 oder 2 Personen werden auf Schienen geführt, die sich bis 6 m über dem Boden den Hang entlang Richtung Tal schwingen – Sprünge, Wellen und Kurven inklusive. Die Geschwindigkeit bestimmt jeder Fahrer selbst. Auf der Hälfte des Berges werden die Bobs gebremst und automatisch wieder nach oben gezogen.

Erlebnisbocksberg, *Rathausstraße 6, 38644 Hahnenklee. ✆05325/2576, www.erlebnisbocksberg.de. **Bahn/Bus:** Bus 830. **Auto:** Im Zentrum. **Zeiten:** Mo – So 9 – 17.30 Uhr, bei Skibetrieb ab Tagesanbruch bis zur Dämmerung. **Preise:** 3 €, 6er Karte 15 €; Kinder 4 – 14 Jahre 2 €, 6er Karte 10 €; Kombiticket mit Seilbahn 8,50 bzw. 5 €.*

Der Bikepark auf dem ErlebnisBocksberg

Mountainbiker kommen in Hahnenklee voll auf ihre Kosten, denn am Bocksberg wurde ein großer Bike-Park eingerichtet. Hoch geht es mit der Seilbahn, die die Räder – alternativ auch Monsterroller – in separaten Gondeln nach oben bringt. Bergab führen dann sieben verschiedene Strecken in allen Schwierigkeitsstufen und mit einer Länge von 150 bis 1600 m. Zu den Elementen gehören Sprünge, Tables, Drops und Jumps. Ein Übungsparcours befindet sich unweit der Talstation.

➡ *Bocksberg-Seilbahn: Sommer 9.30 – 17.30, Winter 8.45 – 16.45 Uhr. Preise: Seilbahn halber Tag 18, ganzer Tag 25 €; Kinder 4 – 14 Jahre halber Tag 13 €, ganzer Tag 18 €.*

✠ *Bocksberghütte, Bocksberg 1, Hahnenklee. ℡05325/2309. www.erlebnisbocksberg.de. Täglich 9.30 – 17 Uhr. Rustikales Selbstbedienungslokal im Stil Tiroler Skigaudi-Hütten mit 130 bzw. 150 Sitzplätzen drinnen und draußen auf der Terrasse mit Blick auf die norddeutsche Tiefebene. Preise für warme Speisen um 10 €, auch Kuchen und Eis. Achten Sie mal auf die Beine der Barhocker!*

➡ Nur 2 Stunden brauchen Sie für die circa 9 km lange Wanderung über den Bocksberg und durch Wald und Flur bis nach Goslar; ausgeschildert. Von dort bringt Sie der Bus wieder zurück.

Nicht nur für Verliebte: Wandern auf dem Liebesbankweg

Nicht nur für Verliebte ist der Liebesbankweg gedacht, aber für die ist der romantische Weg besonders schön. Überall auf dem 7 km langen Rundweg um Hahnenklee laden 25 Bänke zu einer Rast ein – Küssen erlaubt! Alle Bänke sind individuell gestaltet und führen symbolisch vom Kennenlernen bis zur Kronjuwelenhochzeit. Pausen bieten sich an einem der *Ge(h)dichtsteine* an, deren Aufschriften nicht nur Poeten zum Rezitieren reizen. Anziehend wirken zudem die *Quelle der Liebe* am Bocksberghang (Trinkflasche auffüllen), mehrere Kunstobjekte, der Wasserspielplatz am Oberen Flößteich und die Wassertretanlage an der Bockswiese. So bietet die Wanderung schon durch

Bruderliebe: Die Söhne der Autorin ganz innig im Tor der Liebe
© pmv, Kirsten Wagner

Halten an ihrer Liebe fest: Auf dem Liebesbankweg am oberen Teich

© Annette Sievers

ihre Objekte viel Abwechslung, daneben lässt sich die wunderbare Natur genießen.

Ausgangspunkt ist das *Tor der Liebe* an der *Stabkirche* in **Hahnenklee.** Über den *Walk of Fame* führt der Weg unter der Seilbahn hindurch und über den Parkplatz Auerhahn. Am *Camping Kreuzeck* und im **Café Egerland** am Oberen Grumbacher Teich sowie in Bockswiese am Schluss der Runde bieten sich etliche Einkehrmöglichkeiten an.

Unterwegs werden interessante Technikdetails zur Anlage der 6 Teiche erklärt, die zum Wasserkraftsystem des hiesigen Bergbaus gehörten und seit

Café Egerland, Kreuzeck 4, Goslar-Hahnenklee. ℭ05325/2293. www.kaffeehaus-egerland.harz.de. Täglich ab 11 Uhr, warme Küche bis 18.30 Uhr, Ruhetage bitte telefonisch erfragen. Warmer Apfelkuchen mit Vanilleeis.

▶ *95 Teiche, 310 km Gräben und 31 km Wasserläufe gehören zur Oberharzer Wasserwirtschaft. Dieses weltweit einmalige Wasserleitsystem*

UNESCO WELTKULTURERBE: DAS OBERHARZER WASSERREGAL

wurde 2010 in das UNESCO-Welterbe aufgenommen. Entstanden ist es mit dem Bergbau im Harz. Man machte sich die Wasserkraft nutzbar, um Pumpen und Wasserräder der Erzminen anzutreiben. Heute lädt diese einzigartige Landschaft zur Erholung ein. Die meisten Anlagen befinden sich rund um Clausthal-Zellerfeld und Hahnenklee-Bockswiese. ◀

2010 als **Oberharzer Wasserregal** zum UNESCO Weltkulturerbe zählen.

> ❯ *38644 Hahnenklee. www.liebesbankweg.de. **Länge:** 7 km, mäßig bergauf und bergab, bei Start an der Stabkirche gegen Ende meist eben, gut zu gehen, durch Ausweichstrecken kinderwagentauglich und rollstuhlgerecht. **Bahn/Bus:** ↗Stabkirche.*

SCHULENBERG AM OKERSTAUSEE

Bis 1954 lag Schulenberg dort, wo sich heute der **Okerstausee** ausbreitet. Die einstige Bergbau- und Waldarbeitersiedlung musste dem Projekt *Staudamm* Platz machen und auf den Kleinen Wiesenberg umziehen. So blicken Einwohner und Touristen heute auf die schöne Seekulisse hinab. Unten am See lädt die *Aquamarin* zu einer Dampferfahrt ein, oben auf dem *Großen Wiesenberg* kommen im Winter Skifahrer und Snowboarder im *Ski-Alpinum* zusammen. Im Sommer verwandelt es sich in einen Racepark für Mountainbiker.

> ❶ **Verkehrsverein Schulenberg,** *Wiesenbergstraße 16, 38707 Schulenberg. ✆05329/848, www.oberharz.de. **Bahn/Bus:** Bus 841 von Clausthal-Zellerfeld. **Auto:** B498 Oker – Altenau Abzweig Schulenberg am Okerstausee oder Clausthal-Zellerfeld Richtung Goslar, am Ortsausgang rechts. **Zeiten:** Mo – Do 9 – 12.30, Fr 14 – 17 Uhr.*

Die Okertalsperre

1956 wurde die Okertalsperre nordöstlich von Clausthal-Zellerfeld fertiggestellt und dient seitdem dem Hochwasserschutz und der Stromerzeugung, außerdem gibt sie seit einigen Jahren Trinkwasser an die *Granetalsperre* ab. **Wassersport** ist erlaubt, mit Genehmigung darf getaucht werden und sogar ein kleiner Dampfer dreht seine Runden. Für den Bau der Talsperre wurden zwei Waldarbeitersied-

@ www.schulenberg-harz.de.

🄲 **Café Muhs,** Richard-Böhm-Straße 11, Schulenberg. ✆05329/805. www.cafe-muhs.de.
Mi – So 14 – 18 Uhr. Spezialitäten: Buchweizen-Preiselbeer-Quarktorte, Brocken-Hexen-Torte, Makronentorte.

❯ **Okersee-Schifffahrt,** Anleger Weißwasserbrücke, Schulenberg. ✆05329/811. www.okersee.de. April – Okt täglich 13 und 14.30, März, Nov, Dez nur Sa, So, Mitte Mai – Aug auch 10, 11.30 und 16 Uhr. Rundfahrt 10 €, Kinder 4 – 14 Jahre 5 €. Auch Krimidinner, Brunch- und Schlemmerfahrten.

lungen, Mittel- und Unterschulenberg, verlegt. Die Menschen wurden auf den *Kleinen Wiesenberg* oberhalb des neuen Sees umgesiedelt. Auf dessen Grund befinden sich noch immer die Fundamente und Treppenstufen der alten Häuser.

@ www.harzwasser-werke.de.

Die **Bogenstaumauer** ist bis zum Talboden 75 m hoch und 260 m lang. Durch die Rundung wird der Druck des Wassers auf die Berghänge übertragen. Nur im oberen Bereich trägt das Eigengewicht die Last. Gefüllt nimmt der Stausee 47,4 Mio Kubikmeter Wasser auf, dann ragt die Dammkrone nur noch 1,60 m über die Wasserfläche hinaus. Imposant ist der Blick in das Tosbecken, in das bei gefüllter Talsperre das Wasser über 8 Hebeanlagen nach unten stürzt.

Unterwegs im Oberharz

Bahn: Im Oberharz fahren seit vielen Jahren keine Züge mehr, doch ringsum liegen Bahnhöfe, von denen aus weiterführende Buslinien nahezu alle Orte erreichen. Seesen, Langelsheim, Goslar und Bad Harzburg werden von RB und RE angefahren. Richtung Norden führt die Strecke nach Vienenburg und Schladen.

@ www.db.de.
RB = Regionalbahn-
RE = Regionalexpress.

Bus: Informationen zu Bussen im Oberharz gibt es beim *Verbundtarif Region Braunschweig (VRB)*, Am Hauptgüterbahnhof 28, 38126 Braunschweig, ©0531/3832050, www.vrb-online.de, info@vrb-online.de. Außerdem verkehren Busse der *Regionalbus Braunschweig GmbH (rbb)*, Geschäftsstelle Goslar, Hildesheimer Straße 53, 38640 Goslar, ©05321/3431-0, Fax 3431-60. www.rbb-bus.de, rbb.goslar@rbb-bus.de.

Nationalpark Harz,
1:35:000. Barthel.
5,90 €.

BROCKEN & NATIONALPARK HARZ

DER NATIONALPARK HARZ

Der Nationalpark Harz erstreckt sich rund um den Brocken und berührt an seinen Ausläufern die Orte Bad Harzburg, Ilsenburg, Drei-Annen-Hohne, Schierke, Braunlage, St. Andreasberg und Altenau. Wald und Moore, Klippen und Bergbäche prägen die Landschaft hier, die darum auch das traditionelle Wandergebiet des Harzes ist.

Umfassende Informationen zu Wandermöglichkeiten und der Natur geben auch die Nationalparkhäuser und Ranger-Stationen. Doch nicht nur wandern kann man in der Region – auch kulturell haben die Orte rund um den Brocken einiges zu bieten, etwa das über 1000 Jahre alte Kloster Ilsenburg sowie verschiedene Museen.

MONDÄNER KURORT MIT BURG: BAD HARZBURG

Spielbank, Golfplatz, Badepark und Galopprennbahn geben dem Kurort Bad Harzburg bis heute einen mondänen Anstrich. Alte Villen aus der Grün-

FESTKALENDER

Januar/Februar:	Ende Jan oder Anfang Feb, Sa, So, Braunlage: **Skispringen Continental Cup.**
Februar:	Letzter Sa, Braunlage, Eissporthalle: **Deutsche Meisterschaften im Setzbügeleisen-Schießen,** einer von den Oberharzern abgewandelten Form des Eisstockschießens, bei dem Großmutters Haushaltsutensil als Sportgerät dient.
April:	30. April, Altenau, Bad Harzburg, Braunlage, St. Andreasberg: **Walpurgisfeier.**
Juni:	So Anfang Juni, St. Andreasberg: **Wiesenblütenfest** mit Kuhaustrieb. St. Andreasberg: **Buchfinken-Gesangswettstreit.**
Juli:	1. Sa, Hohegeiß: **Lichterfest** mit Höhenfeuerwerk. Mitte/Ende, Altenau: **Schützen- und Sommerfest.** Mitte, Bad Harzburg: **Galopprennwoche.** Mitte, Ilsenburg: **Forellenfest** und Internationaler Bobanschub.

derzeit tragen ebenfalls zu diesem Charakter bei. Doch auch den Erwartungen sportlich-aktiver Gäste wird die Stadt am nördlichen Harzrand gerecht. Mehrere Schwimmbäder, ein großes Wanderwege- und Nordic-Walking-Netz sowie ein Hochseilgarten halten vielfältige Möglichkeiten bereit. So darf sich Bad Harzburg zu Recht »Wellness-Wanderland« nennen.

Von der namensgebenden **Harzburg,** die *Heinrich IV.* auf einem markanten Bergsporn errichten ließ, sind nur noch Ruinen vorhanden, doch eine Fahrt mit der Seilbahn hinauf gehört zu den beliebten Beschäftigungen der Harzburger und ihrer Gäste. Auch für Wanderungen ist der *Große Burgberg* ein guter Ausgangspunkt, der den steilen Aufstieg spart.

1569 wurde zur Regierungszeit von Herzog *Julius zu Braunschweig-Lüneburg* eine **Sole-Quelle** entdeckt, die für eine Saline erschlossen und ab 1820 für Solebäder verwendet wurde. So begann die rasante Entwicklung des Fremdenverkehrs. Heute kommen fünf der sieben Heilquellen zur Anwendung. Sie sind

➲ Die Tourist-Information verleiht GPS-Geräte mit vorinstallierten Wanderrouten, Nordic-Walking-Strecken und Mountainbike-Touren. 5 € pro Tag. Routen können vorab online ausgewählt werden unter: www.bad-harzburg.de/gps.html.

@ www.nationalpark-harz.de.

August:	3. Wochenende, Bad Harzburg: **Salz- und Lichterfest,** mit 10.000 Lichtern.
September:	2. Wochenende Sa – So, Bad Harzburg (Westerode): **Artischockenblütenfest.**
	4. Wochenende So, Bad Harzburg: **Kastanienfest.**
Oktober:	St. Andreasberg: **Kunstausstellung.**
	1. Wochenende Sa – So, Bad Harzburg (Westerode): **Kürbisfest.**
November:	Mitte – Ende Nov, St. Andreasberg: **Harzer Meisterschaft der Harzer Roller,** Schausingen im Kurhaussaal.
Dezember:	Ilsenburg, Altenau, Braunlage, St. Andreasberg: **Weihnachts- und Wintermärkte.**
	Vor dem 2. Advent – Anfang Jan, Bad Harzburg: **Wintermarkt.**

Sole-Therme, Nord-häuser Straße 3, Bad Harzburg. ✆05322/75360. www.sole-therme-bad-harzburg.de. Mo – Sa 8 – 21, So 8 – 19 Uhr. 2,5 Std 7,50 €.

angezeigt bei Rheuma, Asthma oder Rückenbe-schwerden. In der Trink- und Wandelhalle – auch die-se ein Bau aus der Zeit um 1900 und Symbol der Kurstadt – werden drei der Heilwasser ausge-schenkt.

🛈 *Tourist-Information Bad Harzburg, Nordhäuser Straße 4, 38667 Bad Harzburg. ✆05322/75330, www.bad-harzburg.de. Bahn/Bus: RB oder RE ab Hannover. Auto: A395 und B4 von Braunschweig. Rad: Harzrundweg, An der Rennbahn Richtung Zentrum. Zeiten: Mo – Fr 8 – 18 (Winter bis 17 Uhr), Sa, So, Fei 10 – 16 Uhr.*

Die Harzburg

Zu Fuß oder bequem per **Seilbahn** ist der *Große Burgberg* von Bad Harzburg aus zu erreichen. Von dem 482 m hohen Plateau bietet sich ein herrlicher Blick auf die Stadt. Hier errichtete *Heinrich IV.* zwi-schen 1065 und 1068 eine Burg an strategisch günstiger Stelle hoch über dem Tal, das in den Ober-harz führt. So sollten die nahe Kaiserpfalz in Goslar und das Silber im Rammelsberg geschützt werden, gleichzeitig diente die Burg der Sicherung gegen die Sachsen. Nur wenige Jahre später jedoch kam es zum Krieg gegen die Sachsen. Heinrich wurde in sei-ner Burg belagert und floh angeblich durch den Burg-

brunnen. 1074 musste er sich dennoch den Sachsen beugen und stimmte der Schleifung der Burg zu. Unter *Friedrich Barbarossa* wurde die Burg bis 1180 wieder aufgebaut und unter *Otto IV.* vollendet. Ihren Status als Reichsburg verlor sie jedoch, weil Otto die Reichsinsignien, die Heinrich hierher gebracht hatte, an die Staufer übergab.

Wechselnde Besitzer führten über die Jahrhunderte zum Verfall der Burg, von der heute nur noch **Ruinen** stehen. Gut zu erkennen ist die alte Zweiteilung der Anlage durch einen tiefen Burggraben. Burgbrunnen und Umfassungsmauern haben die Zeit ebenfalls überdauert. In der Ostburg sind die ehemaligen Standorte von Rundturm und Palas markiert, Tafeln erläutern das einstige Aussehen der Burg. Der Nachbau des mächtigen Pulverturms im Westteil ermöglicht einen guten Überblick. Nicht weit entfernt erhebt sich die **Canossasäule,** die 1877 zu Ehren von Reichskanzler *Bismarck* errichtet wurde. Dieser hatte im Reichstag mit Bezug auf einen Konflikt zwischen dem Deutschen Reich und dem Vatikan gesagt: »Nach Canossa gehen wir nicht.« Der Obelisk trägt diesen Spruch und verweist so gleichzeitig auf Heinrichs berühmten **Gang nach Canossa.**

🕐 *38667 Bad Harzburg. www.bad-harzburg.de.*
Bahn/Bus: Bus 871 bis Berliner Platz. Auto: Vom Parkplatz an der B4 zu Fuß 2 km über die Brücke am Märchenpark vorbei oder mit der Seilbahn. Zeiten: Seilbahn April – Okt 9 – 17, Nov – März 10 – 16 Uhr. Preise: Berg- und Talfahrt 3 €; Kinder 4 – 12 Jahre 1,50 €; Gruppen ab 10 Pers 2,50 € pro Person.

Wanderung zu Luchs und Wasserfall

Erste Station dieser Rundwanderung ist die Rabenklippe, die von **Bad Harzburg** aus über *Antoniusplatz, Säperstelle* und das *Kreuz des Deutschen Ostens* erreicht wird. Wer sich den steilen Anstieg erleichtern will, kann die Seilbahn zum Burgberg nehmen, ansonsten folgt man dem Weg am *Mär-*

☀️ *Heinrich IV. war bis 1105 Kaiser des Heiligen Römischen Reiches Deutscher Nation und entstammte dem Geschlecht der Salier. Berühmt ist er wegen seines **Ganges nach Canossa.** Papst Gregor VII. belegte Heinrich mit dem Kirchenbann, weil dieser an der Einsetzung von Bischöfen und Äbten durch den König festhielt. Erst durch den Bittgang nach Canossa im Büßergewand 1077 löste Gregor den Bann.*

Waldgaststätte Rabenklippe(n),
Bad Harzburg. ✆05322/ 2855. www.rabenklippe.de. Di – So 10 – 18 Uhr.

Im Winterpelz: Der Luchs ist in den Harz zurückgekehrt

© Annette Sievers

Schaufütterungen am **Luchsgehege** finden Mi und Sa 14.30 Uhr statt. Über die Tourist-Info Bad Harzburg ist das Luchsticket buchbar (28,90 €, Kinder 21,90). Darin enthalten: Haus der Natur, Fahrt zur Luchsfütterung, Essen in der Waldgaststätte, Rückfahrt.

chenwald vorbei. Hat man das große Kreuz passiert, folgt bald der Weg zur **Rabenklippe** nach rechts. Nach einer Rast an der gleichnamigen Waldgaststätte mit schöner Aussicht und vielleicht einem Blick auf *Attila, Pamina* oder einen der anderen Luchse im **Schaugehege** geht die Wanderung weiter auf einem breiten Weg, den von April bis Oktober auch ein Bus befährt (Linie 875). Am **Molkenhaus** (↗Auf dem Teufelsstieg zum Brocken) mit weiterer Einkehrmöglichkeit vorbei, zweigt links der Weg zum **Radauwasserfall** ab (Markierung Rotes X). Die *Radau* wurde künstlich umgeleitet und ergießt sich nun 23 m in die Tiefe. Im Winter erstarrt das kühle Nass häufig zu einem wunderschönen Eisgebilde. Über den *Philosophenweg* geht es zurück nach **Bad Harzburg** (Grünes Dreieck).

*38667 Bad Harzburg. www.bad-harzburg.de. **Länge:** 16 km Rundwanderweg. **Bahn/Bus:** Bus 871 bis Burgbergbahn. **Auto:** Parkplatz an der Seilbahn oder Großparkplatz an der B4. **Infos:** Busfahrplan unter www.zgb.de.*

Auf leisen Pfoten: Der Wildkatzenpfad

Nur selten zeigt sich die scheue Wildkatze dem Wanderer. Wer trotzdem mehr über die Samtpfoten erfahren möchte, kann dies seit 2012 auf dem Wildkatzenpfad. Vom Großparkplatz aus geht es ins *Riefenbachtal* hinein. An den Infotafeln erfahren Sie allerhand über die wilden Katzen und ihre Lebensweise. Nicht nur Kinder haben außerdem viel Spaß an den Mitmachstationen. Wer findet die fünf versteckten Wildkatzen in den Bäumen? Und können Sie schleichen wie eine Wildkatze?

↪ *38667 Bad Harzburg. **Start:** Großparkplatz. **Länge:** 2,5 km. **Bahn/Bus:** Bus 871 bis Berliner Platz. **Auto:** Großparkplatz B4. **Rad:** Harzrundweg/R1.*

Auf dem Teufelsstieg zum Brocken

Das Grüne Symbol mit dem Weißen Teufel weist den Weg von Bad Harzburg zum Brocken. 13 km sind auf der Tour hinter sich zu bringen, doch der knapp vierstündige Weg lohnt sich, nicht nur, weil man abseits der üblichen Wanderströme den Gipfel erklimmt. Startpunkt ist die **Seilbahnstation,** an der eine Brücke zum Märchenwald und zum Hochseilpark führt. Nach einem ersten steileren Anstieg wird das **Molkenhaus** erreicht, das zur Einkehr einlädt. Von hier geht es am Spielplatz vorbei zur *Eckertalsperre* und weiter zum **Scharfenstein.** Über *Hermanns- und Bismarckklippe* führt der Weg direkt zum **Brocken** hinauf. Der **Rückweg** erfolgt auf der gleichen Strecke oder alternativ: Goetheweg Richtung Torfhaus bis Eckersprung, dort zum Eckerstausee und weiter auf dem Teufelsstieg.

↪ *38667 Bad Harzburg. www.bad-harzburg.de. **Länge:** Hin und zurück 26 km, gute Kondition erforderlich. **Bahn/Bus:** Bus 871 bis Burgbergbahn. **Auto:** Parkplatz an der Seilbahn oder Großparkplatz an der B4. **Infos:** GPS-Gerät an der Tourist-Info Bad Harzburg erhältlich, 5 €.*

Winuwuk: Worpsweder Kunst am Waldesrand

Welch wundersame Bauten erheben sich da am Waldrand von Bad Harzburg! Das **Kaffeehaus Winuwuk** und der **Kunsthandwerkerhof Sonnenhof** wurden 1922 von dem Worpsweder Künstler **Bernhard Hoetger** erbaut. Die Künstler *Walter und Dore Degener* hatten ihn engagiert, weil sie eine Ausstellungsfläche für moderne Kunst schaffen wollten. Das Café war als »Beiwerk« notwendig, weil die

Lässt sich nur als Markierung blicken: Wildkatze auf dem Wildkatzenpfad

© pmv, Kirsten Wagner

 Molkenhaus, Molkenhaus 1, Bad Harzburg. ℂ05322/ 784344. www.molkenhaus.de. April – Okt 10 – 17.30, Nov – März 11 – 16 Uhr, Nov – Juli Do Ruhetag.

 Bernhard Hoetger (1874 – 1949) war expressionistischer Maler und Bildhauer und autodidaktisch als Architekt tätig. Er gestaltete die Bremer Böttcherstraße neu.

*Kreativ: Im Café Winu-
wuk genießen Sie Kunst
und Köstlichkeiten*
© pmv, Kirsten Wagner

Kunst allein nur wenige Menschen in die damals einsame Lage gezogen hätte. Welch ein Glück, denn so lassen sich nun köstliche Torten in einer ganz besonderen Atmosphäre genießen. Nicht nur der Blick aufs Umland ist wunderbar, auch die Architektur der beiden Häuser lässt immer Neues entdecken. Holz und rote Ziegel dominieren ebenso wie runde und dreieckige Formen, angelehnt an nordische Gestaltung. Obwohl die Nationalsozialisten die Degeners 1939 zwangen, die Bemalungen zu überstreichen und den Figurenschmuck der Balken zu entfernen, hat der Bau seine Faszination nicht eingebüßt. Den Namen erklärt Hoetger so: Weg Im Norden Und Wunder Und Kunst.

Waldstraße 9, 38667 Bad Harzburg. ℂ05322/ 1459, www.winuwuk.de. Bahn/Bus: Bus 873 bis Lärchenweg. Auto: Golfstraße, Am Breitenberg, Lärchenweg oder: Am Schlosspark, Silberbornstraße, Am Breitenberg, Im Bleichetal, Lärchenweg. Rad: Harzrundweg. Zeiten: Di – So 11.30 – 18 Uhr; Nov, Dez Di geschlossen.

Sonnenhof, Waldstraße 9, Bad Harzburg. ℂ05322/50200. Di – So 14 – 18 Uhr. Kunsthandwerkliches aus Glas, Holz, Filz und vielem mehr.

Marienteichbaude: Wild füttern und futtern …

Aus nächster Nähe lassen sich bei der Wildfütterung in der **Marienteichbaude** Reh, Wildschwein und Dachs beobachten. Nach dem Umbau und der Neueröffnung im Herbst 2013 strahlt die **Gaststätte** bei Bad Harzburg in neuem Glanz. Lecker zu essen gibt es natürlich auch. So kann man gemütlich schmausen und auf die Ankunft der Waldtiere warten. Wer etwas aus dem Harz mit nach Hause nehmen möchte, wird in Leistes **Hofladen** garantiert fündig. Neben Produkten aus der eigenen Fleischerei gibt es Ziegenkäse, Whisky, Wein und vieles mehr aus der Region.

❌ *Marienteichbaude, An der Bundesstraße 4, 38667 Bad Harzburg. ✆05322/5549544, www.marienteichbaude.de. **Bahn/Bus:** Bus 820 ab Bad Harzburg. **Auto:** B4 Bad Harzburg Richtung Torfhaus, nach dem Radau-Wasserfall auf der rechten Seite. **Zeiten:** Gaststätte täglich 11 – 22, Hofladen 11 – 19 Uhr, Wildfütterung täglich, Nov – März gegen 16 Uhr. Rollstuhl geeignet.*

🔼 **Plumbohm's,** Herzog-Wilhelm-Straße 97, Bad Harzburg. ✆05322/3277. www.plumbohms.de. Bio-Suiten-Hotel und FeWo. DZ 95 €, Suite ab 130 €.

ZIEHT WANDERER AN: ILSENBURG

Ilsenburg ist Ausgangspunkt wunderschöner **Wanderungen.** Besonders beliebt sind die Strecken zum *Brocken,* entlang den *Ilsefällen* und zum *Ilsestein* und der Plessenburg. Doch auch Richtung Scharfenstein führt ein Weg zu aussichtsreichen Punkten. In Ilsenburg beginnt außerdem der *Harzer Grenzweg,* auf dem sich bis Walkenried am *Grünen Band* entlangwandern lässt.

Die Stadt entwickelte sich nordwestlich der Elysinaburg, einer königlichen Jagdpfalz, aus der im 11. Jahrhundert das **Kloster** hervorging. Es zieht mit seiner Klosterkirche und dem kostbaren Estrichboden jährlich zahlreiche Besucher an.

ℹ️ *Tourismus GmbH Ilsenburg, Karl-Marx-Straße 1, 38871 Ilsenburg. ✆039452/19433, www.ilsenburg.de. **Bahn/Bus:** RE, HEX; Bus 260, 288. **Auto:** A395, B6 Vienenburg – Wernigerode. **Rad:** Harzrundweg/R1, Ilseradweg. **Zeiten:** Mo, Mi, Fr 8 – 16, Di, Do 8 – 18, Sa 9 – 13 Uhr.*

Ⓜ️ **Hütten- und Technikmuseum,** Marienhöfer Straße 9b, Ilsenburg. ✆039452/2222. www.ilsenburg.de. Mi – Sa 13 – 16 Uhr. 2 €, Schüler 1 €.

Kloster Ilsenburg

Auf dem Grund einer königlichen Jagdpfalz wurde im Jahre 1003 ein **Benediktinerkloster** gegründet,

*Vom benediktinischen Kloster in Cluny ging im 11. Jahrhundert eine Reform aus, die als **cluniazensische Reform** Eingang in die Geschichte fand. Sie wandte sich gegen die Verweltlichung des klösterlichen Lebens und forderte strenge Frömmigkeit. Architektonisch wirkte sich die Reform auf den Kirchenbau aus. Es entstanden flach gedeckte, dreischiffige Pfeilerbasiliken mit zwei Türmen. Als erstes deutsches Beispiel dieser Architektur diente das Kloster Hirsau. Auch die Ilsenburger Klosterkirche wies ursprünglich Merkmale dieser **Hirsauer Schule** auf, die Einwölbung erfolgte erst später*

nachdem *Heinrich II.* die Burg der Halberstädter Kirche geschenkt hatte. Im 11. Jahrhundert erfasste die **cluniazensische Reformbewegung** das Kloster Ilsenburg, was sich auch auf den Bau der (zweiten) Klosterkirche auswirkte. Sie wurde 1078 bis 1087 errichtet und wies in ihren Bauteilen typische Merkmale der **Hirsauer Schule** auf, und zwar zu einem Zeitpunkt, an dem die Hirsauer Kirche bei Calw selbst noch im Bau war. Während des Bauernkrieges wurde das Kloster 1525 zum großen Teil zerstört, später bauten die Grafen zu Stolberg-Wernigerode die Anlage zu ihrem Wohnsitz um. 1862 entstand unter *Graf Botho* auf den Fundamenten der alten Wirtschaftsgebäude das **neoromanische Schloss,** das im 20. Jahrhundert ein Hotel beherbergte.

Die Zerstörungen zur Zeit der Reformation führten dazu, dass der Nordflügel der Klosterkirche abgebrochen wurde. Von den ursprünglich zwei Türmen ist nur noch einer rudimentär vorhanden und von den Stolberger Grafen fantasievoll mit einem Dach versehen worden. Eine besondere Kostbarkeit verbirgt sich im **Inneren:** Der mit Ornamenten versehene Gipsestrichboden stammt aus dem 12. Jahrhundert. Im Chor, dessen Gewölbe als Himmel ausgestaltet ist, befindet sich der barocke Hochaltar. Von den romanischen Säulen im **Refektorium,** dem Speisesaal der Mönche, sind jeweils zwei gleich gestaltet. Durch ein Fenster an der Stirnseite sind zwei Wandreliefs erkennbar. Im Ostflügel befanden sich der Kapitelsaal und darüber das Dormitorium.

*38871 Ilsenburg. ☏039452/80155, Handy 0160/93768816 (Bernd Minnich). www.klosterilsenburg.de. **Bahn/Bus:** Bus 260. **Auto:** Schlossstraße oder Parkplatz Blochhauer mit 5 Min Fußweg. **Rad:** Harzrundweg. **Zeiten:** Di – Fr 10 – 16, Sa, So 10 – 12 und 13 – 16 Uhr, Führungen Di – Fr 10.30, 12.30, 14.30, Sa, So 14 Uhr. **Preise:** Eintrittsspende 1 €, Führung 3 €; Kinder 1,50 €.*

Ilsefälle, Plessenburg und Ilsestein

Das *Ilsetal* ist wohl unbestritten eines der schönsten Täler im Harz. Wildromantisch schlängelt sich die von *Heinrich Heine* (1797 – 1856) verehrte *Ilse* durch ihr zerklüftetes Flussbett und lässt ihr Rauschen weithin vernehmen. Ausgangspunkt der Wanderung ist der **Blochhauer** oder der Wanderparkplatz am **Nationalparkhaus.** Der *Heinrich-Heine-Weg* zum Brocken verläuft zunächst identisch, parallel führt die breite Forststraße, die gern von Mountainbikern genutzt wird. Viel schöner ist jedoch die Strecke direkt an der Ilse, die über Stock und Stein führt, aber auch wunderschöne Ausblicke auf die fließende Naturschönheit freigibt. Mehrmals wechselt der Waldweg die Seite, quert Brücken und den Zanthierplatz und erreicht schließlich die **Unteren** und anschließend die **Oberen Ilsefälle.** Am **Hei-**

DER BESONDERE TIPP Landhaus Zu den Rothen Forellen

Gute Restaurants gibt es viele, aber exquisite Gourmetküche, noch dazu mit einem der begehrten Michelin-Sterne ausgezeichnet, die findet sich im Harz nur im Landhaus Zu den Rothen Forellen. Im Gourmetrestaurant Forellenstube kann man ein vom Maître de cuisine Thomas Barth kreiertes 7- oder 5-Gang-Menü zu sich nehmen. Köstlichkeiten wie Rinderfilet, Lammrücken und natürlich Regenbogenforelle werden im Landhaus-Restaurant serviert. Im Sommer lassen sich die Leckereien auch auf der Seeterrasse genießen. Als drittes Restaurant wurde 2011 die gemütliche, in Holz gehaltene Kutscherstube eröffnet, in der regionale Spezialitäten zu moderaten Preisen angeboten werden.

Zu den Rothen Forellen, Marktplatz 2, 38871 Ilsenburg. ℗039452/9393, www.rotheforelle.de.
Bahn/Bus: Bus 288 bis Kurpark. **Auto:** Zentrum am Forellenteich/Marktplatz. **Zeiten:** Forellenstube Mi – Sa ab 19 Uhr, Reservierung erbeten, Sommerpause Juli, Aug; Landhaus-Restaurant mit Seeterrasse und Kutscherstube: täglich 12 – 14 und 18 – 22 Uhr, kleine Karte und Kuchen am Nachmittag.
⬆ 2012 entstanden zwei neue Hoteltrakte mit 24 Zimmern und Suiten sowie ein Wellness- und Beautybereich. ÜF DZ 190 – 250 €, Suite 300 – 350 €.

© Zu den Rothen Forellen

nedenkmal lädt ein Rastplatz zur Pause ein. Stetig bergan geht es, bis die Bremer Hütte an der Roten Brücke erreicht ist. Während sich die Brockenwanderer an der Kreuzung nun nach rechts wenden, gehen alle, die zur Plessenburg wollen, **links** hinauf. Der nun breitere Weg führt zunächst steil bergauf, um dann etwas sanfter fortzuführen, ehe der letzte Anstieg zum **Waldgasthaus Plessenburg** erfolgt. Eine Burg sucht man hier allerdings vergeblich, die Gaststätte gehörte einst als Küchen- und Personalhaus zum Jagdhaus der Grafen zu Stolberg-Wernigerode. Dieses wurde 1776 erbaut.

Nach einer verdienten Rast geht es zur Bushaltestelle hinunter, wo ein schmaler Weg Richtung Ilsestein abzweigt. Nach 1,2 km ist die **Paternosterklippe** erreicht, die gute Aussichten ins Tal ermöglicht. Nach weiteren 800 m kommen die Waldgaststätte **Ilsestein** (wegen Umbauarbeiten zur Zeit geschlossen) und der gleichnamige Felsen in Sicht.

 **Waldgasthaus Plessenburg,**
Plessenburg 1, Ilsenburg. ℭ03943/607535. www.plessenburg.de. Mai – Okt täglich 10 – 18, Nov – April 10 – 17 Uhr und Mi Ruhetag.

@ www.wandern-im-harz.de, www.grünes-band-wandern.de.

▶ *Entlang der ehemaligen innerdeutschen Grenze führt heute das sogenannte Grüne Band durch ganz Deutschland. Wegen der abgesperrten Grenzanlagen konnte sich hier zwangsläufig unberührt von Menschenhand über 1393 km eine wertvolle Biotopkette erhal-*

AM GRÜNEN BAND VON ILSENBURG NACH WALKENRIED

ten und entwickeln, die in Deutschland einmalig ist. Vom Aussterben bedrohte Tier- und Pflanzenarten fanden in dem unter Naturschutz gestellten Gelände ein Rückzugsgebiet. Im Harz verläuft dieser alte Grenzstreifen zwischen Ilsenburg und Walkenried. Die 75 km lange Strecke kann in drei Tagesetappen erwandert werden: 1. Ilsenburg, Brocken, Braunlage, 23 km. 2. Braunlage, Hohegeiß, 14 km. 3. Hohegeiß, Walkenried, 19 km. Natürlich ist es auch möglich, einzelne Streckenabschnitte zu gehen. Auf dem Weg begegnen Ihnen zahlreiche Relikte der Grenze wie das Grenzmuseum bei Sorge, eine Grenzsteinsammlung bei Hohegeiß oder alte Kolonnenwege entlang der gesamten Strecke. ◀

Dieser ragt 150 m steil aus dem Tal in die Höhe und ist bis zu seinem Gipfelkreuz am Ende begehbar. Auf der einen Seite fällt der Blick auf den *Brocken,* auf der anderen tief hinunter bis nach *Ilsenburg.* Auf dem Felsen gab es einst sogar eine Burg von 10 x 50 m Größe.

Der **Abstieg** erfolgt auf dem mit dem Roten Punkt gekennzeichneten Weg, der an der neuen Schutzhütte scharf links abzweigt und nun das Rote Dreieck trägt. Er trifft wieder auf das Ilsetal, wo nach einem kurzen Wegstück der Parkplatz erreicht ist.

Tosender Wildbach: Die Ilse fällt wie sie will
© pmv, Kirsten Wagner

➔ *38771 Ilsenburg. www.ilsenburg.de.* **Länge:** *12,5 km Rundwanderung.* **Bahn/Bus:** *Mai – Okt Di, Do, Sa Bus 288 ab Wernigerode oder Drübeck bis Ilsetal oder Plessenburg.* **Auto:** *Parkplatz Blochhauer oder Wanderparkplatz am Eingang Ilsetal.*

Auf dem Heinrich-Heine-Weg zum Brocken

Einer der landschaftlich reizvollsten Aufstiege zum Brocken ist der *Heinrich-Heine-Weg,* der im **Ilsetal** beginnt. Immer entlang dem sprudelnden Fluss führt der Weg durch den Buchenwald zunächst mäßig bergan. Auf dem *Bremer Weg* geht es an den *Unteren* und *Oberen Ilsefällen* vorbei bis zur Schutzhütte *Bremer Hütte.* Das Ziel vor Augen, wenden Sie sich nun nach rechts, kommen an der Stempelbuche vorbei, passieren die *Hermannsklippe* sowie die *Bismarckklippe* und erreichen nach steilem Anstieg schließlich den **Brocken.** Unterhalb des Brockenbahnhofs beginnt der **Rückweg** auf der Brockenstraße. Während alle, die zurück nach Torfhaus wol-

✹ *Die* **Paternosterklippe** *erhielt ihren Namen von einem Felsen, der die Form eines betenden Mönches zu haben scheint. Die Sage erzählt, dass vor Raubrittern fliehende Nonnen aus Drübeck bei einem Mönch in Ilsenburg Zuflucht suchten. Schließlich mussten alle zusammen fliehen und stürzten sich einen Felsen hinab, nachdem sie das Paternoster (Vaterunser) gebetet hatten. Der Felsen aber nahm die Gestalt eines betenden Mönchs an.*

Auch ihm gefiel die Ilse:
Heinrich Heine-Gedenk-
tafel an einem Findling
© pmv, Kirsten Wagner

len, bald rechts abbiegen, gehen Ilsenburg-Wanderer geradeaus. Nachdem *Ilsequelle* und *Urwaldstieg* passiert sind, geht es an der Wegekreuzung nach links in den Gelben Brink bis die Bremer Hütte wieder erreicht ist. Von hier an folgt die Wanderung dem bekannten Hinweg.

➲ *38771 Ilsenburg. www.ilsen-burg.de.* **Länge:** *24 km, Rundwanderung, Markierung: Grüner Balken.* **Bahn/Bus:** *Mai – Okt Di, Do, Sa Bus 288 ab Wernigerode oder Drübeck bis Ilsetal.* **Auto:** *Parkplatz Blochhauer oder am Ilsetal.*

Harzer Wandernadel: Von Königen und Kaisern

Im Harz kann jeder König und gar Kaiser werden! In einem in Deutschland einmaligen Projekt lassen sich 222 Stempelstellen erwandern. Wer 8 Stempel in seinem Wanderpass nachweisen kann, erhält die Wandernadel in Bronze, bei 16 Stempeln gibt es Silber, bei 24 Stempeln Gold. 50 Stempel berechtigen zum Tragen des Titels »Harzer Wanderkönig« und wer tatsächlich alle 222 Stempel holt, ist ein Wanderkaiser. Ebenfalls erhältlich sind Wandernadeln für den **Harzer Hexenstieg,** den **Harzer Grenzweg** und **Goethe im Harz.** Kinder bis 11 Jahre, die elf Stempel gesammelt haben, werden Wanderprinz oder -prinzessin! Wer meint, dass solche Abzeichen von gestern seien, wird beim Kaiser- und Königstreffen eines Besseren belehrt. Alt und Jung, Familien und Paare, Großeltern und Enkel beweisen, welch großen Anklang die Idee bei allen Altersklassen findet. Der jüngste Wanderkaiser ist übrigens erst 7 Jahre alt!

Die Standorte der Stempelstellen, Adressen und Strecken erfahren Sie auf der Internetseite.

> ❯ *Servicestelle Harzer Wandernadel, Markt 3, 38889 Blankenburg. ☏03944/9547148, www.harzerwandernadel.de. Zeiten: Büro Mo – Fr 8 – 16.30 Uhr. Preise: Die Pässe sind für 2,50 € in vielen Tourismuseinrichtungen erhältlich.*

LUFTKURORT SCHIERKE

Wofür ist Schierke bekannt? Natürlich für den *Schierker Feuerstein,* den *Willy Drube* 1924 in seiner Apotheke Zum Roten Fingerhut erfand und nach den nördlich des Ortes liegenden *Feuersteinklippen* benannte, dessen rötlicher Granit in seiner Farbe dem Kräuterlikör ähnelt. Noch heute werden im Schierker Stammhaus die Rohstoffe gelagert und aufbereitet, die Herstellung erfolgt in Bad Lauterberg. Vielfach besucht wird Schierke von Brockenfahrern, denn der letzte Halt der **Schmalspurbahn** vor dem Gipfel bietet sich als Startpunkt für die Fahrt hinauf an. Auch mit Kutsche oder zu Fuß ist der *Brocken* von Schierke zu erreichen. Sportlich Aktive finden in und um den Luftkurort zahlreiche Möglichkeiten zum Wandern, Klettern, Skifahren und Eislaufen.

> ❶ *Kurverwaltung Schierke am Brocken, Brockenstraße 10, 38879 Schierke. ☏039455/8680, www.schierke-am-brocken.de. Bahn/Bus: Bahn bis Wernigerode, weiter mit Brockenbahn oder Bus 257. Auto: B4 Braunlage – Elbingerode über Elend oder von Elbingerode (Brockenstraße) über Drei-Annen-Hohne oder Wernigerode (Friedrichstraße, Amtsfeldstraße, Drängetal). Zeiten: Mo – Fr 9 – 18 (Nov – April 9 – 17), Sa 10 – 16, So 10 – 15 Uhr.*

Torfhaus: Nationalpark-Besucherzentrum

Spannende Ein- und Ausblicke ermöglicht die neue Ausstellung über den Nationalpark Harz im Torf-Haus. Ein Landschaftsmodell verschafft einen Über-

Torfhaus Harz-resort, Torfhaus 2, Altenau-Torfhaus. ℂ05320/22900, kostenlose Hotline ℂ0800/5353500. www.torfhausharzresort.de. 2013 eröffnetes Boutique-Hotel und Berg-Lodges. DZ ab 50 € pro Person, Lodge für 4 Pers ab 155 € pro Nacht.

*Fast täglich macht sich **Benno Schmidt**, liebevoll Brocken-Benno genannt, auf den Weg zum Brocken und hat den Gipfel inzwischen weit mehr als 7000 Mal erstürmt. www.brocken-benno.de.*

blick über die Region, im Kino reisen Sie schon einmal virtuell zum Brocken und ein Prismenwender zeigt die Entwicklung des Moores. Interaktive Modelle laden zum Mitmachen ein. Im Außengelände informiert der 180 m lange **WaldWandelWeg** über die Entwicklung der Natur. Zu den Angeboten gehören auch Naturerlebniswanderungen und Moorführungen.

ⓘⓂ *Torfhaus 38b, 38667 Altenau-Torfhaus. ℂ05320/331790, www.torfhaus.info. **Bahn/Bus:** Bus 820 ab Bhf Bad Harzburg. **Auto:** B4. **Zeiten:** April – Okt täglich 9 – 17 Uhr, Nov – März Di – So 10 – 16 Uhr. **Preise:** Eintritt frei.*

Unter Dampf zum Brocken

Schon seit 1899 fährt die Brockenbahn von **Drei-Annen-Hohne** über *Schierke* auf den höchsten Harzgipfel, den Brocken. Die 700 PS starken Dampfrösser haben auf der 19 km langen Strecke einiges zu tun, denn 582 Höhenmeter müssen überwunden werden bis der höchst gelegene Bahnhof Deutschlands erreicht ist. Als direkte **Abfahrtsorte** dienen auch Wernigerode und Nordhausen, von allen anderen Bahnhöfen der Harzer Schmalspurbahnen kommt man mit Umsteigen zum *Brocken*.

⊙ *Harzer Schmalspurbahnen GmbH (HSB), Friedrichstraße 151, 38855 Wernigerode. ℂ03943/558-0, www.hsb-wr.de. **Bahn/Bus:** Bus 1, 4 bis Bhf Westerntor. **Auto:** Parkplatz Anger, Fußweg zum ZOB. **Rad:** Harzrundweg. **Zeiten:** Mehrere Abfahrten täglich zwischen 9 und 16.30 Uhr, zurück ab Brocken bis etwa 18 Uhr, im Winter zum Teil früher. **Preise:** Einfache Fahrt 21 €, Hin- und Rückfahrt 32 €; Kinder 6 – 11 Jahre die Hälfte; BrockenCard, gültig für 1 Fahrt zum Brocken und eine weitere im Streckennetz 42 €, Kinder 21 €, HSB-MinigruppenCard, gültig auf dem gesamten Streckennetz 81 € (2 Erw, 3 Kinder), 3-Tages-Karte für das gesamte Streckennetz der HSB 64 €, Kinder 32 €.*

Auf dem Goetheweg zum Brocken

Die am häufigsten gewählte Route zum Brocken beginnt in **Torfhaus** und hat einen berühmten »Vor-Gänger«: *Goethe.* 1777 begab sich der Dichterfürst (1749 – 1832) zum ersten Mal auf diesem Weg auf den Berg, seitdem haben es ihm Tausende nachgemacht. An der **B4** Richtung Braunlage zweigt bald links der Wanderweg ab. Die letzten Häuser von Torfhaus zurücklassend, geht es auf einem Bohlenstieg am *Großen Torfhausmoor* vorbei. Bald fließt rechter Hand der 1827 für den Bergbau angelegte *Abbegraben.* Die auffällige rostrote Färbung des Wassers stammt von aus dem Torf gelösten Huminstoffen, die durch die starke Strömung oftmals aufschäumen. Am *Quitschenberg* beginnt neben den vom Borkenkäfer vernichteten Fichten neues Leben: Kleine Ebereschen und junge Fichten bahnen sich ihren Weg zum Licht. Nach dem Eckersprung mit Rastmöglichkeit führt der Weg parallel zur Brockenbahn bergauf. Während die Bahn den

Dampf ablassen: Die Brockenbahn bringt Sie auf den höchsten Berg im Harz

© Annette Sievers

*Launisch: Mal hüllt sich
der Brocken in Wolken,
dann wieder reißt es
plötzlich auf*

© pmv, Kirsten Wagner

Gipfel umrundet, bringt die *Brockenstraße* die Wanderer direkt nach oben.

> 38667 Altenau-Torfhaus. www.torfhaus.info. **Länge:**
> gesamt 16 km, Hin- und Rückweg auf gleicher Stre-
> cke. **Bahn/Bus:** Bus 820 bis Torfhaus. **Auto:** B4.

Brockenmuseum im Brockenhaus

Das viereckige Brockenhaus mit seiner markanten
Kuppel war 1986 – 1989 die Abhörzentrale der Sta-
si. Das Ministerium für Staatssicherheit nutzte die
strategisch günstige Stelle – nahe am Westen und
in einer Höhe von 1142 m – um Nachrichten aus
der Bundesrepublik abzuhören. Belauscht wurde
zum Beispiel der Funkverkehr von Polizei, Bundes-
grenzschutz und Bundeswehr. Im Dreischicht-Be-
trieb verrichteten die Stasi-Mitarbeiter ihren Dienst
in der Führungsstelle mit dem Decknamen »Urian«.
Mindestens 100 km betrug die Abhör-Reichweite.
Heute beherbergt das Brockenhaus das Brocken-
museum. Nach einem Hexenflug über den Harz
kann man sich über die Flora und Fauna des Bro-

ckens, seine Geschichte, seine Landschaft, seine berühmtesten Besucher und natürlich seine Wet- terrekorde informieren. Welche Spuren des Klima- wandels sich im Harz finden, erfahren Sie im neu- esten Teil der Ausstellung. Ein Aufstieg in die Kup- pel ermöglicht Einblicke in die historischen Sendeanlagen, während der Tritt auf die Terrasse schöne Aussichten bietet. In der Cafeteria sitzt man gemütlich bei Kaffee und Kuchen.

*Gelauscht wurde übrigens auch aus dem Westen. Auf dem **Stöberhai,** nordwestlich von Wieda, richtete man seine Antennen in Rich- tung Osten, um vor al- lem über die Truppenbe- wegungen im Warschauer Pakt infor- miert zu sein.*

M *38879 Schierke. ℂ039455/50005, www.national- park-brockenhaus.de. **Bahn/Bus:** ↗ Brockenbahn. **Zeiten:** Täglich 9.30 – 17 Uhr. **Preise:** 4 €; Kinder 6 – 16 Jahre 2 €, Schüler 3 €; Familien 8,50 €, Rentner 3,50 €, Gruppen ab 15 Pers 3 € pro Person, Kinder- gruppen 1,50 €.*

Wandern über die Hohneklippen

Nach Überqueren der Gleise und der Straße führt ein breiter Forstweg geradewegs in den Wald hinein. Die Markierung Roter Strich leitet zum **Trudenstein.** Der Granitfelsen kann erklommen werden und bie- tet eine schöne Fernsicht. Direkt gegenüber beginnt

Der Kräuterhof, Drei-Annen-Hohne. ℂ039455/840. www.ho- telkraeuterhof.de. DZ ab 45,50 €.

ein schmaler Pfad, der auf den **Hohnekopf** führt. Steil geht es bergauf, doch die Fernsicht lohnt die Anstrengung. Weiter geht es zur *Bärenklippe* und zur *Leistenklippe,* die ebenfalls mit Leitern erstiegen werden können. Nun folgt der Abstieg auf dem *Beerenstieg,* der schließlich auf die *Eschwegestraße* mündet. Über den *Hohnepfahl,* einen Wanderpunkt mit Schutzhütte, und den zum Natur-Erlebniszentrum umgebauten **HohneHof** gelangt man wieder zum Ausgangspunkt.

➲ *38875 Drei-Annen-Hohne. **Länge:** 9 km, teils steile An- und Abstiege. **Bahn/Bus:** Schmalspurbahn. **Auto:** Parkplatz Drei-Annen-Hohne.*

BRAUNLAGE – STADT AM WURMBERG

Mit dem *Wurmberg* besitzt Braunlage nicht nur den höchsten Berg in Niedersachsen, sondern auch ein hervorragendes Wintersportgebiet, ↗Wintersport im Oberharz. So zieht es in den Wintermonaten zahlreiche Skisportler zur **Wurmberg-Seilbahn,** aber auch an die Schlepplifte im Ort und am *Hasselkopf.* Schlittschuhläufer finden in der Eissporthalle geeignetes Terrain. Doch der heilklimatische Kurort ist auch im **Sommer** eine Reise wert. Nicht nur der Wurmberg lässt sich erwandern, sondern auch *Achtermann* und *Brocken* sind nah. Ruhe und Erholung findet man im Kurpark, wo das *Ski- und Heimatmuseum* sich den Anfängen des Skisports widmet. Ortsteil von Braunlage ist das 642 m hoch gelegene **Hohegeiß.** Artenreiche **Bergwiesen** umgeben den Ort, der mit den *Dicken Tannen* außerdem ein einzigartiges Naturdenkmal vorzuweisen hat.

*Der vom Aussterben bedrohte Lilagold-Feuerfalter wurde auf den **Bergwiesen** von Hohegeiß gesichtet!*

Karten-/Lesetipp: *Der Harz, Wintersportkarte,* 1:50.000. Schmidt-Buch-Verlag, 6,80 €.

ℹ *Braunlage Tourismus GmbH, Elbingeröder Straße 17, 38700 Braunlage. ✆05520/93070, www.braunlage.de. **Bahn/Bus:** Bahn bis Bad Harzburg, Bus 820. **Auto:** A395 bis Bad Harzburg, B4 oder A7 Ausfahrt*

DER BESONDERE TIPP Waldgaststätte Forellenteich

Melitta Richters selbst gebackene Torten und Kuchen haben das Café Forellenteich zu einem Geheimtipp gemacht. Selbst die Lage tief im Wald schreckt weder im Winter noch im Sommer ab; im Gegenteil – der Fußweg durch den Wald gehört zu einem Ausflug unbedingt dazu und lässt ein paar Kalorien der süßen Last wieder schmelzen. Kommt man zur Mittagszeit, braucht man ebenfalls nicht zu schmachten. Forellen aus dem namensgebenden Teich nebenan gibt es im Kräutersud, blau oder gebacken, auch die Sülze mit Bratkartoffeln ist den Weg wert. Melitta Richter, 38700 Braunlage. ☎05520/1688, **Bahn/Bus:** Bus 850 bis Waldmühle. **Auto:** B27 Richtung Bad Lauterberg, gegenüber von der Waldmühle Parkplatz, 1 km Fußweg. **Zeiten:** Mi – So 11 – 18 Uhr, warme Küche bis 14 Uhr.

© Annette Sievers

72 Göttingen-Nord, B27. Zeiten: Mo – Fr 9 – 17, Sa 9.30 – 12.30 Uhr.

Mit der Seilbahn auf den Wurmberg

Mit 971 m Höhe ist der *Wurmberg* nördlich von Braunlage der höchste Berg in Niedersachsen und der zweithöchste im Harz. Schon seit 1967 führt eine Seilbahn bis zur Mittelstation mit dem Rodelhaus und ohne Umsteigen weiter bis auf den Gipfel. 2001 wurde die Seilbahn komplett erneuert. Nach 15 Minuten ist das Plateau mit Tiergehege und Spielplatz erreicht. In der **Wurmbergbaude** gibt es Essen und Trinken, der Turm der **Sprungschanze** dient zugleich als Aussichtsturm und bietet Fernsicht aus 1001 m. Unweit finden sich die Überreste der **Hexentreppe,** Steinstufen aus Hornfelsblöcken, die auf einer Länge von 80 m zum Gipfel aufsteigen und dort an einem Zentralbau mit Steinwall endeten. Wahrscheinlich handelte es sich um eine Kultstätte der Germanen.

⮕ *Am Amtsweg 5, 38700 Braunlage. ☎05520/ 9993-0, 9993-28 (Info-Telefon), www.wurmberg-*

⮕ Bergauf mit der Seilbahn, bergab mit dem Monsterroller! Die luftbereiften Gefährte werden am Parkplatz neben der Talstation verliehen. **Infos:** www.monsterroller.de.

✗ **Wurmbergalm – Bergstation,** Braunlage. ☎05520/ 721. www.wurmbergalm.de. Täglich 9 – 18 Uhr.

@ www.skiharz.de,
www.schneenews.de

Sommerrodelbahn,
Alberti-Lift GmbH,
Matthias-Schmidt-Berg 4,
St. Andreasberg.
℃05582/265. www.al-
berti-lift.de. April – Okt
bei trockenem Wetter
9.30 – 17.30 Uhr.
Die Bahn am Matthias-
Schmidt-Berg bringt ra-
santen Rutschspaß,
wenn kein Schnee mehr
liegt. Einzelfahrt 2,50 €.

*Weiße Pracht: Sie bietet
sportliche Herausforde-
rungen für Jung und Alt*
© pmv, Kirsten Wagner

seilbahn.de. **Bahn/Bus:** *Bus 820 bis Eisstadion.*
Auto: *Über Harzburger Straße, Großparkplatz an der
Seilbahn.* **Zeiten:** *Dez – April 9 – 17, Mai – Nov
9.45 – 17.30 Uhr.* **Preise:** *Gestaffelt von 4,50 € (einfache, halbe Strecke) bis 12 € (hin und zurück, ganze
Strecke); Kinder 6 – 15 Jahre 3 – 8 €, Schüler, Studenten 4 – 10 €; Familie (2 Erw, 3 Kinder) 11 – 30 €.*

Wintersport im Oberharz

Das nördlichste Skigebiet Deutschlands ist zwischen Dezember und März, manchmal bis in den
April hinein, Ziel zahlreicher Skifahrer, Snowboarder
und Rodler, sobald die weiße Pracht die Hänge über-
zieht. Zentren für **Abfahrtsski** sind vor allem *Braunlage* mit dem *Wurmberg* (971 m) und *St. Andreasberg* mit dem *Matthias-Schmidt-Berg* (663 m) sowie
dem nahen *Sonnenberg* (853 m). Schneesichere Lagen, Seilbahnen und lange Abfahrten machen diese
Orte besonders attraktiv. **Snowboarder** zieht es ins
Ski-Alpinum nach *Schulenberg* oder in die *Snow-
board-Area* von **Bad Sachsa. Loipen** werden im gesamten Gebiet gespurt, beliebte Einstiege sind z.B.
Torfhaus und *Oderbrück.* Wer lieber **rodeln** will, hat
die Qual der Wahl: Die längsten Bahnen finden sich
in *Bad Harzburg* (3 km ab Molkenhaus) und *Braunlage* (ab Mittelstation
der Wurmberg-Seil-
bahn). In *St. Andreas-
berg* rodelt man auch
auf Reifen ins *Teich-
tal* und in *Torfhaus*
zieht ein Rodellift mü-
de Schlittenfahrer
wieder nach oben.

**❶ Harzer Verkehrs-
verband,** *38700
Braunlage.
℃05321/34040,
www.harzinfo.de.*

Eine Tanne für Feinschmecker

»Feines frisch genießen« lautet das Motto im **Gourmetrestaurant Zur Tanne.** Dem Restaurantführer *Gault Millau* war das immerhin 14 Punkte wert. Koch *Rüdiger Fleischhacker* hat typische Harzer Gerichte kunstvoll verfeinert, etwa die Braunlager Kartoffelsuppe mit Bachkrebsen oder die Roulade vom Harzer Höhenvieh. Fischfreunde greifen zu Harzer Forelle oder Filet von der Dorade. Die umfangreiche Karte bietet auch Rumpsteak, Kaninchenkeule und Rehrücken. Als Nachspeise unbedingt zu empfehlen: Tannenspitzenparfait mit Baumkuchen.

Eine Mittagskarte wird in der traditionellen **Bierstube** ab 11.30 Uhr gereicht.

✉ *Gourmetrestaurant Zur Tanne, Herzog-Wilhelm-Straße 8, 38700 Braunlage.* ✆ *05520/93120, www.tanne-braunlage.de.* **Bahn/Bus:** *Bus 820, 850.* **Auto:** *Zentrum.* **Zeiten:** *Di – So ab 18 Uhr, Bierstube 11.30 – 14 Uhr, nachmittags Kaffee und Kuchen.*

Im **Hotel Zur Tanne** können Sie auch übernachten: im Stammhaus, im Bachhaus und in der Tanne am Kurpark. DZ 80 – 199 €.

KLEINE STADT MIT GRUBE: ST. ANDREASBERG

Gerade einmal 2000 Einwohner hat die kleinste selbstständige Stadt in Niedersachsen. Haupterwerbszweig in dem heilklimatischen Kurort ist heute der Tourismus. In den Wintermonaten drängen die Skisportler und Rodler zum *Matthias-Schmidt-Berg,* dem nahen *Sonnenberg* und dem *Teichtal* am Ortsrand. Ganzjährig ein Magnet ist hingegen die **Grube Samson,** die die einzige noch betriebene Fahrkunst ihr Eigen nennt. Ab 1521, mit Erlassung der Bergfreiheit, boomte der Bergbau rund um St. Andreasberg. Denn nun war es jedem erlaubt, unter der Erdoberfläche nach Erz zu suchen – ob ihm der Grund und Boden nun gehörte oder nicht. Viele Bergleute aus dem Erzgebirge siedelten sich im Oberharz an, was zur Ausbildung einer eigenen

Oberharzer Mundart führte, die heute fast in Vergessenheit geraten ist. Bis ins 20. Jahrhundert hinein wurde in rund 300 Gruben Erz abgebaut. Im Gaipel, dem Schachthaus des Bergwerksmuseums, zwitschert es im einzigartigen **Harzer-Roller-Museum,** das sich ganz den Kanarienvögeln widmet.

❶ *Tourist-Information St. Andreasberg, Am Kurpark 9, 37444 St. Andreasberg. ℂ05582/80336, www.oberharz.de. Bahn/Bus: Bahn bis Goslar, Bad Harzburg, Herzberg oder Bad Lauterberg; Bus 840 von Clausthal-Zellerfeld, Bus 850 von Braunlage, Bus 450 von Herzberg. Auto: A7 Ausfahrt 72 Göttingen-Nord, B27 bis Herzberg. Zeiten: Mo – Fr 9 – 17, Sa 10 – 13, Fei 10 – 13 Uhr.*

Silbererzbergwerk Grube Samson

Die letzte originale, funktionstüchtige und tatsächlich noch benutzte Fahrkunst der Welt befindet sich in der **Grube Samson.** Nach ihrer Erfindung durch den Oberbergmeister *Georg Dörell* und ihrem Einbau 1837 kamen die Bergleute in rund 45 Minuten an ihren Arbeitsplatz unter Tage. Über Leitern dauerte dies wesentlich länger, bis zu 2,5 Stunden.

Eine Führung durch das schon 1951 eingerichtete **Bergwerksmuseum** offenbart noch weitere Kostbarkeiten. So ist das 12 m hohe hölzerne Kunstrad in Betrieb zu sehen. Es trieb einst mit dem Wasser, das vom Oderteich über den **Rehberger Graben** floss, die Fahrkunst an. Ein Schiebegestänge und zwei Kunstkreuze übersetzten die Kreis- in eine Auf- und-Ab-Bewegung. Heute hat ein Elektromotor die Funktion des Wassers übernommen, sodass auch in heißen Sommern, wenn das Wasser knapp wird, die Turbinenwärter mit der Fahrkunst in die Tiefe gelangen. Im Schacht befinden sich nämlich zwei Wasserkraftwerke zur Stromerzeugung.

Ein zweites hölzernes Rad, das Kehrrad, ist 9 m hoch und besitzt zwei gegenläufige Schaufelkränze, kann also in beide Richtungen gedreht werden. Es

☀ Das äußerst seltene Mineral Samsonit wurde erstmals in der Grube Samson gefunden und nach seinem Fundort benannt. Wegen ihrer schönen und seltenen Minerale genießt die Grube einen herausragenden Ruf.

☀ Rund 80 Prozent der Energie wird in St. Andreasberg mit Hilfe von sechs Wasserkraftwerken erzeugt, die alle durch das Wasser des Rehberger Grabens angetrieben werden.

diente einst dazu, die Förderanlage in Bewegung zu versetzen. Durch einen Stollen gelangt man vom Museum unter Tage zurück ans Tageslicht, wo man noch dem Heimatmuseum oder dem **Harzer-Roller-Museum** im Gaipel einen Besuch abstatten kann.

🕐 Ⓜ *Am Samson 2, 37444 St. Andreasberg. ℂ05582/ 1249, www.harzer-roller.de. **Bahn/Bus:** Bus 840 von Clausthal-Zellerfeld, 820 von Braunlage, bis Clausthaler Straße, Fußweg 10 Min. **Auto:** Clausthaler Straße, Obere Grundstraße, rechts Katharina-Neufang-Straße. **Zeiten:** Führungen täglich 11 und 14.30 Uhr, Nov, Dez eingeschränkt. **Preise:** 4,50 €, mit Kurkarte 4 €; Kinder ab 6 Jahre und Schüler 2,25 €, mit Kurkarte 2 €.*

Harzer Roller: Museum für Kanarienvögel

Ein ganz besonderes Museum ist das Harzer-Roller-Kanarien-Museum. Dass es sich in St. Andreasberg befindet, hat seinen Grund, denn hier war Mitte bis Ende des 19. Jahrhunderts ein Zentrum der **Kanarienvogelzucht.** Auch mit der Herstellung von Vo-

Gute Stube: So mag es bei einem Andreasberger Harzer-Roller-Züchter ausgesehen haben
© pmv, Kirsten Wagner

gelbauern und Transportkäfigen, die zu sogenannten *Reffs* zusammengestellt wurden, verdienten
sich viele Bergmannsfamilien einen Nebenerwerb.
Unter Tage zeigten die kleinen Gesangskünstler
das Fehlen von Sauerstoff an, indem sie aufhörten
zu singen, doch auch als Stubenvögel waren sie
sehr beliebt. Die Geschichte der Harzer Roller, die
Zucht vom wilden Kanarengirlitz zu verschiedensten
Farb- und Positurkanarien (Vögel mit bestimmten
Farben oder Körperhaltungen) sowie die Haltung
der Vögel zeigt das Museum auf drei Etagen direkt
im Gaipel der **Grube Samson.** Zu sehen sind Käfige,
Pokale, ein typisches Andreasberger Zimmer eines
Züchters und die Werkstatt eines Reffbauers. Natürlich darf auch dem Zwitschern lebendiger Harzer
Roller gelauscht werden. Vielleicht sind ja sogar die
typischen Laute des Hohlrollens, Knorrens, Pfei-
fens oder Klingelns herauszuhören. Bis heute finden Wettbewerbe statt, bei denen die gefiederten
Sänger ihr Bestes geben, um ihrem Besitzer eine
Medaille zu bescheren. Rund 70 Liebhaber züchten
bis heute den Harzer Roller.

☀ *Um 1880 züchte-
ten mehr als 350
Familien in St. Andreas-
berg **Kanarienvögel.***

Ⓜ ***Harzer-Roller-Kanarien-Museum,** Am Samson 2,
37444 St. Andreasberg. ✆05582/1249, www.harzer-
roller.de. **Bahn/Bus:** ↗Grube Samson. **Zeiten:** Mo –
Sa 9 – 12.30 und 13 – 16, So 10.30 – 12.30 und 14
– 16 Uhr; Nov, Dez eingeschränkte
Zeiten. **Preise:** 2,75 €; Kinder 2 €.*

MITTEN IM OBERHARZ: ALTENAU

Mitten im Oberharz gelegen war Altenau eine der
freien Bergstädte. In der waldreichen Umgebung
wurde viel Holz geschlagen, das für die Verhüttung
der Erze benötigt wurde. So wuchs der Ort und dehn-
te sich in seine fünf Täler aus. Heute lebt der Kurort
vor allem vom Tourismus. Wanderwege, Loipen, ein

Skilift und ein Badesee laden ganzjährig zu sportlicher Betätigung ein. Die **Therme Heißer Brocken** lädt zu anschließender Entspannung ein. Ein weiterer Anziehungspunkt ist der **KräuterPark** mit seiner Vielfalt an Pflanzen und einer Gewürzpagode.

Zu Altenau gehört der Ortsteil **Torfhaus,** der vor allem als Ausgangspunkt für Wanderungen zum Brocken auf dem ↗Goetheweg bekannt ist. Im Winter wird hier Ski gefahren und gerodelt. Das ↗Nationalpark-Besucherzentrum informiert in seiner Ausstellung über Nationalpark, Wildnis und Moor sowie das Grüne Band.

ⓘ *Hüttenstraße 9, 38707 Altenau. ℂ05328/802-0, www.oberharz.de. Bahn/Bus: Bahn bis Goslar, Bus 830 bis Clausthal-Zellerfeld, Bus 840. Auto: A395, B4 Bad Harzburg – Braunlage, B242, rechts B498 oder Oker Richtung Altenau (B498). Zeiten: Mo – Fr 9 – 17, Sa 9 – 13 Uhr.*

KräuterPark Altenau

Zu einem Fest für die Sinne wird der Besuch im KräuterPark Altenau, denn Riechen, Schmecken und Fühlen sind ausdrücklich erlaubt. Mehr als 1000 heimische und exotische Pflanzen wachsen in einem liebevoll gestalteten Park mit Wasserfall, Steingarten und Teich. Viele Kräuter sind zu sogenannten Schulen zusammengefasst, großen Beeten, in denen jeweils nur eine Art angepflanzt ist und die Vielfalt einzelner Kräuter wie Lavendel, Salbei und Melisse veranschaulicht wird. Was man aus den Pflanzen alles herstel-

Kristalltherme Heißer Brocken, Karl-Reinecke-Weg 35, Altenau. ℂ05328/ 91157-0. www.kristall-therme-altenau.de. So – Do 9 – 22, Fr, Sa 9 – 23 Uhr. Thermalbad und Saunalandschaft, Tageskarte 23,10 €.

Kräuterliebhaber: Erich Jürgens zeigt seinen Kräuterpark
© pmv, Kirsten Wagner

Ras El Hanout aus Afrika, Altenauer Gewürzlikör, Kräuterhexentee, Honigsenf, Bärlauchessig und China-Pfeffer sind nur ein kleiner Ausschnitt aus dem Sortiment des Kräuterparks. Alle Produkte können auch online erworben werden.

len kann, ist in der Gewürzgalerie zu sehen. Unter duftenden Kräuterbündeln haben unzählige Gewürzmischungen, Heilkräuter, Tees und Öle ihren Platz, die auch verkauft werden. Während einer der regelmäßig stattfindenden Schauverkostungen wird gleich vor Ort probiert.

In der nach asiatischem Vorbild entstandenen Gewürzpagode lässt sich eine Rundreise zu den Gewürzen aus aller Welt unternehmen und viel über ihre Herkunft und Geschichte erfahren.

Schultal 11, 38707 Altenau. ℂ05328/911684, www.kraeuterpark-altenau.de. **Bahn/Bus:** *Bus 831, 840.* **Auto:** *Zentrum Richtung Torfhaus, Parkplatz hinterm Ortsende, 200 m zu Fuß.* **Zeiten:** *Täglich 10 – 18 Uhr.* **Preise:** *April – Mitte Nov 3,50 €, mit Kurkarte und Rentner 3 €, im Winter frei; Kinder bis 12 Jahre frei, Schüler und Jugendliche 1 €.*

Von der Stieglitzecke zur Hanskühnenburg

Ein 8 km langer Bergzug erhebt sich zwischen Altenau und Lonau von Nord nach Südwest. Bequeme Wanderwege führen an beiden Hängen entlang und bieten weit reichende Blicke über den Harz. Vielleicht lassen sich sogar ein paar Auerhühner sehen. Einkehr bietet auf der Hälfte der Strecke die urige **Wanderbaude Hanskühnenburg** mit einem Aussichtsturm. Die Gaststätte ist nach der gleichnamigen Klippe benannt, die ganz in der Nähe als viereckiger Steinblock 8 m hoch aufragt. Die Burg des Ritters *Hans der Kühne* soll an dieser Stelle verwünscht und in einen Felsen verwandelt worden sein, weil er eine Jungfrau aus Sieber hierher entführt hatte.

Wanderbaude Hanskühnenburg, Herzberg. ℂ0170/8640348. www.hanskuehnenburg-im-harz.de. 9 – 17, Dez – März 9 – 16 Uhr, Do Ruhetag.

Der Name »Auf dem Acker« leitet sich ab von mittelhochdeutsch **agger** *= Kamm, Wall. Sein hartes Gestein, der Quarzit, verhindert die Verwitterung.*

Start für die Wanderung ist die **Stieglitzecke,** ein markierter Wanderpunkt, an dem der **Ackerstieg** zunächst mit dem Europäischen Fernwanderweg E6 identisch ist. Dieser verabschiedet sich bald nach links Richtung Sieber, während nun das **Blaue Drei-**

eck weiter durch den Wald leitet. Am *Teilungspfahl* geht es rechts hinauf – der einzige steilere Anstieg der Strecke. Nach einer Rast geht es auf dem nördlichen Weg, dem *Reitstieg,* zurück zum Ausgangspunkt. Dieser Abschnitt bietet besonders schöne Weitblicke.

➜ *38707 Altenau. www.oberharz.de. **Länge:** 14 km, fahrrad- und skilanglauftaugliche Strecke. **Bahn/Bus:** Bus 840 von Clausthal-Zellerfeld, Altenau oder St. Andreasberg bis Stieglitzecke. **Auto:** Parkplatz Stieglitz-ecke (B242 zwischen Abzweig nach Altenau und Sonnenberg).*

 **Kaminrestaurant Zur Kleinen Oker,** Kleine Oker 34, Altenau. ℂ05328/584. www.kaminrestaurant.de. Fr – Mi 11.30 – 14 und 17 – 22 Uhr. Der Küchenmeister Helmut Evers ist bekannt für seinen Altenauer Grünkohlschmaus, den er ganzjährig serviert.

Entlang dem Dammgraben und zur Wolfswarte

Kein Wolf erwartet Sie bei dieser Wanderung, sondern ein weiter Blick übers Land von 918 m Höhe aus. Zunächst aber folgt der Weg ab dem **Parkplatz** dem Verlauf des *Dammgrabens* (Roter Punkt), der das im Bergbau benötigte Wasser für den Antrieb der Fahrkünste aus den niederschlagsreichen Gebieten am Bruchberg-Acker-Höhenzug und der Torfhaus-Brocken-Region nach Clausthal-Zellerfeld leitete. Nach Passieren des Förster-Ludewig-Platzes ist bald die **Wiege** erreicht. Hier mündet das Wasser des Nabetaler Grabens in den Dammgraben und der *Magdeburger Weg* beginnt. Nach der **Schleuse** des Bergbachs *Nabe* geht es stark ansteigend hinauf zur *Steilen Wand,* einer Ansammlung zerklüfteter Klippen. An der Landstraße angekommen, zweigt scharf

Viele Wege führen in die Natur: Wandern im Nationalpark
© pmv, Kirsten Wagner

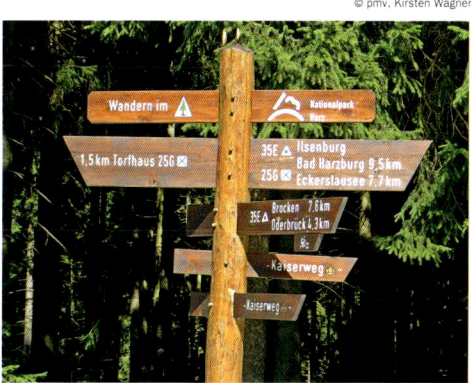

rechts der mit Rotem Strich markierte Wanderweg zur **Wolfswarte** (918 m) ab, wobei vorher die Straße einmal überquert werden muss. Nach Genießen der Aussicht folgen Sie dem Forstweg hinab zum **Okerstein,** einem Ensemble aus Quarzitfelsen. Der *Gustav-Baumann-Weg* führt nun Richtung Altenau weiter, bis rechts wieder der *Dammgraben* auftaucht. Entlang dem Wasserlauf geht es zurück zum Ausgangspunkt.

❷ *38707 Altenau. www.oberharz.de.* **Länge:** *14 km Rundwanderung, teils stärkere Anstiege.* **Bahn/Bus:** *Bus 462 von Osterode oder Torfhaus bis Dammgraben.* **Auto:** *Parkplatz an der Straße Altenau – Torfhaus.*

Unterwegs im Nationalpark Harz

Bahn: Mit der Bahn zu erreichen sind Bad Harzburg (RE und RB) und Ilsenburg (RE und HEX). Im Nationalpark selber fährt nur die Schmalspurbahn: über Drei Annen Hohne und Schierke bis zum Brocken. Infos erteilt die *Harzer Schmalspurbahnen GmbH,* Friedrichstraße 151, 38855 Wernigerode, ✆03943/558-0, Fax 558-112, www.hsb-wr.de, info@hsb-wr.de.

Bus: Braunlage, St. Andreasberg und Altenau gehören zum Landkreis Goslar. Zuständig sind der VRB: *Verbundtarif Region Braunschweig (VRB),* Am Hauptgüterbahnhof 28, 38126 Braunschweig, ✆0531/ 3832050, www.vrb-online.de, info@vrb-online.de und die *Regionalbus Braunschweig GmbH (rbb),* Geschäftsstelle Goslar, Hildesheimer Straße 53, 38640 Goslar, ✆05321/3431-0, Fax 3431-60. www.rbb-bus.de, rbb.goslar@rbb-bus.de.

DIE HARZER SONNENSEITE

*Witcenstein: Das Welfen-
schloss von Herzberg*
© Annette Sievers

GIPSKARST IM SÜDWESTEN

Während weiter im Norden Granit und Schiefer vorherrschen, zeichnet sich der Südharz durch seine Karstlandschaft aus. Das wasserlösliche Gestein – vor allem Gips und Dolomit – schuf Höhlen, Erdfälle und Quellen. Mild ist das Klima und sanfter sind auch die Berge, die von Mischwäldern überzogen werden

242/243

Rad- und Wanderkarte Südwestharz, 1:25.000. Kartografische Kommunale Verlagsgesellschaft. 4 €.

Prägend ist ebenfalls die ehemalige deutsche Teilung, denn entlang der Grenze entstand ein unberührter Streifen Natur. Unter dem Namen **Grünes Band** wird bundesweit daran gearbeitet, dieses zu erhalten und den Lebensraum für vom Aussterben bedrohte Tiere und Pflanzen zu erhalten. Am Grünen Band kann man ebenso entlangwandern wie auf dem Karstwanderweg, der im Landkreis Osterode gleich in zwei parallelen Routen verläuft. Darüber hinaus findet sich zwischen den Städten Osterode und Duderstadt viel Sehenswertes am Wegesrand: Vom Schloss in Herzberg über die Einhornhöhle bis zum Zisterzienserkloster gibt es einiges zu entdecken. Die beiden Kurorte Bad Lauterberg und Bad Sachsa laden mit verschiedenen Angeboten zur Erholung ein.

FESTKALENDER

März/April:	Gründonnerstag – Ostermontag, Bad Sachsa: **Buntes Osterprogramm** mit Osterfeuer in Steina und Tettenborn am Sa, Fackelumzug am So. Sa vor Ostern, Bad Lauterberg (auf dem Heikenberg), Lerbach (Ober- und Unterdorf), Walkenried (Geiersberg), Wieda und Zorge: **Osterfeuer.**
April:	30., Bad Sachsa: **Walpurgisfeier.**
Mai:	Ende Mai, Osterode: **Altstadtfest.**
Juni:	2. Wochenende, Herzberg: **Welfenspectaculum,** mittelalterliches Fest im Welfenschloss mit Gauklern, Magiern und Rittern.
Juli/August:	Duderstadt: **Kultursommer,** mit Musik, Theater, Höhenfeuerwerk zum Abschluss.

OSTERODE AM HARZ

Osterode liegt am südwestlichen Harzrand und ist mit 23.000 Einwohnern das Zentrum der Region. Durchflossen wird die Stadt von der *Söse,* die 5 km nordöstlich zur Sösetalsperre aufgestaut wird. Die Wege um den Stausee laden ebenso zum Wandern ein wie der *Harzer Hexenstieg,* der am Parkplatz Bleichestelle beginnt. Von hier zogen einst die Esel nach Clausthal, um die Bergleute mit Getreide und anderen Lebensmitteln zu versorgen. Denn in Osterode lagerte ab 1722 das wertvolle Gut im Harzkornmagazin, das heute das Rathaus und die Stadtverwaltung beherbergt. Ein Bummel durch die **historische Altstadt** führt nicht nur zu diesem imposanten Gebäude, sondern auch zu Fachwerkhäusern aus vier Jahrhunderten, wie dem Ritterhaus mit dem **Heimatmuseum** oder der Ratswaage. Ein Zeugnis aus noch älterer Zeit ist die Ruine der **Alten Burg.** Sie befindet sich heute inmitten eines Friedhofs und ist nur über diesen zu erreichen. Die Burg sicherte ab dem 12. Jahrhundert den Zugang zum Harz und gehörte *Heinrich dem Löwen.* Bis

 Stadtführungen Mai – Okt Di 10.30 Uhr. **Historische Abendspaziergänge** Juni – Sep 1. Do im Monat 18.30 Uhr. Jeweils 3 € pro Person, ab Tourist-Info. **Touren mit dem Esel** ab 49 €.

 Aloha Aqua-Land, Schwimmbadstraße 1, Osterode. ℂ05522/ 9064-15. www.aloha.osterode.de. Mo 13 – 22, Di – Fr 9 – 22, Sa 9 – 20, So 8 – 20 Uhr. Erlebnis-, Sport- und Freibad. Tageskarte 6,50 €, Kinder 3 – 14 Jahre 3,80 €.

August:	3. oder 4. Wochenende, Herzberg: **Juesseefest** mit Musik, Kinderfest, Sport-Revue und Papierboot-Regatta.	
September:	Walkenried: **Klostermarkt.**	
Dezember:	Sa vor dem 1. Advent – 23. Dez, Duderstadt: Großer **Weihnachtsmarkt** in der Unteren Marktstraße, täglich 11 – 19 Uhr.	
	Sa vor dem 3. – 4. Advent, Herzberg: **Weihnachtsmarkt** auf dem Marktplatz.	
	Fr vor dem 1. – 4. Advent, Osterode: Großer **Weihnachtsmarkt,** auf dem Kornmarkt, täglich 11 – 19 Uhr.	
	Sa vor dem 3. Advent, Bad Lauterberg: **Weihnachtsmarkt.**	
	3. Advent Fr – So, Bad Sachsa: **Weihnachtsmarkt**	

Hat einen dicken Bauch gekriegt: Das Bürgerhaus am Alten Schulhof aus dem 16. Jahrhundert ist besonders kunstvoll

© Annette Sievers

1513 war sie bewohnt, danach begann ihr Verfall, sodass heute nur noch ein halber Bergfried steht, der zum Wahrzeichen der Stadt wurde.

ℹ️ *Tourist-Information Osterode, Eisensteinstraße 1, 37520 Osterode. ☏05522/3183-33, 3183-32, www.osterode.de. Bahn/Bus: RB bis Osterode Mitte. Auto: A7 Ausfahrt 67 Seesen, B243. Rad: Harzrundweg. Zeiten: Mai – Okt Mo – Fr 9 – 17, Sa 9 – 13, Nov – April Mo – Fr 9 – 16, Sa 9 – 14 Uhr.*

Museum im Ritterhaus

Modelle, Exponate und Texte präsentieren im Museum im Ritterhaus die Stadtgeschichte Osterodes. Wer Näheres erfahren möchte über den Gipskarst im Südharz, Handwerk und Industrie in Osterode, die Bandkeramiker von Schwiegerhausen oder **Tilman Riemenschneider,** der in Osterode aufwuchs, wird hier fündig. Interessant ist auch das **Stadtmodell** von 1860, das einzelne Häuser kennzeichnet und anhand von Fotos zeigt, was aus ihnen geworden ist. Seinen Namen hat das Museum übri-

 *Tilman Riemenschneider (um 1460 – 1531) war ein berühmter Bildhauer und Holzschnitzer. Er wurde in Heiligenstadt im Eichsfeld geboren, wuchs aber in Osterode auf.*

gens von einer Ritterfigur, die die Hausecke ziert. Führungen finden jeden ersten Samstag im Monat um 14.30 Uhr statt.

M *Rollberg 32, 37520 Osterode. ℂ05522/919793, www.museum.osterode.de. Bahn/Bus: Bus 464 bis Badegarten. Auto: Parkplatz (P3) Im Badegarten. Rad: Harzrundweg, Krebecker Landstraße, Zentrum. Zeiten: Di – Fr 10 – 13 und 14 – 17, Sa, So 14 – 17 Uhr. Preise: 2,50 €; Kinder 7 – 18 Jahre 1,50 €; Familien 5 €.*

Ratskeller, Martin-Luther-Platz 2, Osterode. ℂ05522/505670. www.osterode-rats-keller.de. 11.30 – 14.30 und 17.30 – 22.30 Uhr, Mi Ruhetag. Im Erdgeschoss des Rathauses, aber mit Gewölbe!.

STADT MIT SCHLOSS & HÖHLE: HERZBERG

Nicht nur Herzbergs Gesicht wird von dem über der Stadt thronenden markanten *Welfenschloss* bestimmt, sondern auch die Geschichte des Ortes am südwestlichen Harzrand. 1154 wird das Schloss erstmals urkundlich erwähnt, 1158 kommt es in den Besitz *Heinrichs des Löwen* aus dem Geschlecht der Welfen. In deren Besitz blieb es bis

@ Weitere Harzer Rezepte finden Sie unter: www.harzer.koe-che.harz.de.

DIE HARZER SONNENSEITE

▶ *Ein einfaches und leicht nachzukochendes Gericht ist Hackus und Knieste. Hackus ist Mett aus Schweinefleisch, das roh gern auf Brötchen gegessen wird, hier aber als Kloß, mit Salz, Pfeffer und Zwiebeln ge-*

HACKUS UND KNIESTE – EIN TYPISCHES HARZER GERICHT

würzt, serviert wird. Dazu gibt es neue Kartoffeln, die Knieste. Gebürstet und halbiert werden sie mit der Schnittfläche auf ein gefettetes Backblech gelegt. Mit Öl bepinselt und mit Salz, Pfeffer sowie Kümmel oder Majoran gewürzt, kommen sie für etwa 40 bis 45 Minuten in den Ofen (180 Grad Umluft). Zutaten für 4 Personen: 1 kg Gehacktes vom Schwein, 1 kg kleine Kartoffeln. Wer kein rohes Hack mag, kann das Fleisch als Frikadellen braten oder einen Kräuterquark dazu reichen. Gut passt auch ein grüner, gemischter Salat. ◀

1866, dem Ende des Königreichs Hannover. Unterhalb des Schlosses entwickelte sich eine Siedlung, die 1929 Stadtrechte erhielt.

Zu Herzberg gehören mehrere Gemeinden im Umkreis, darunter **Scharzfeld,** das mit der *Einhornhöhle,* der Steinkirche und der *Burgruine* Besucher anzieht. **Pöhlde** war einst Standort einer wichtigen Königspfalz, zu der die Burg König Heinrichs Vogelherd gehörte. Von ihr lassen sich noch Überreste auf dem *Rotenberg* finden. Nicht weit entfernt liegt die *Rhumequelle.* Idyllisch geht es auch in **Sieber** und **Lonau** zu, die sich Anfang des 16. Jahrhunderts als Folge der Eisensteingruben entwickelten. In Lonau gibt es ein Auerhuhn-Schaugehege, in Sieber können sich Kinder auf einen riesigen Abenteuerspielplatz freuen.

🛈 *Tourist-Information Herzberg, Marktplatz 32, 37412 Herzberg. ℂ05521/852111, www.touristinformation-herzberg.de. Bahn/Bus: RB bis Herzberg oder – zentraler – Herzberg-Schloss. Auto: A7 Ausfahrt 67 Seesen, B243 oder B27 Gieboldehausen – Bad Lauterberg. Rad: Harzrundweg. Zeiten: Mo – Sa 9 – 12, Mo, Di, Fr auch 14 – 16.30, Do auch 13.30 – 17.30 Uhr.*

Museum Schloss Herzberg

Als *Friedrich I. Barbarossa* und *Heinrich der Löwe* im Jahre 1158 einen Gütertausch beschlossen, kam Schloss Herzberg in den Besitz der Welfen. Als vierflügelige Anlage wurde es 1510 nach einem Brand wieder aufgebaut und wacht noch heute als Renaissancebau im Fachwerkstil über der Stadt. Im Innenhof fällt der große Uhrenturm ins Auge. Neben Amtsgericht und **Restaurant** beherbergt es heute ein **Museum,** das über die Geschichte des Schlosses und die Wirtschaft Herzbergs informiert. So gab es neben einer Gewehrmanufaktur auch viele Mühlen und eine Orgelwerkstatt. Aktivstationen laden zum Ausprobieren ein: Wie viel wiegt ein Hufeisen, wie funktioniert eine Dezimalwaage? Im obersten

✖ **wm royal,** Schloss 2, Herzberg. ℂ05521/986986. www.welfenschloss.de. Mi – So 11 – 17 Uhr. Café und Restaurant im Welfenschloss.

Stockwerk befindet sich die Forstausstellung *Vom Urwald zum naturnahen Wirtschaftswald* mit liebevoll gestalteten Modellen, wie dem eines Urwalds und einer Köhlerei. Im Rittersaal finden häufig **Konzerte** und andere Veranstaltungen statt.

Ⓜ *Schloss 2, 37412 Herzberg. Ⓒ05521/ 4799, www.museum-schloss-herzberg.de. **Bahn/Bus:** Bahn bis Herzberg-Schloss oder Bus 450 bis Schützenstraße. **Auto:** Zufahrt bis zum Schloss oder Treppenaufgang beim Bahnübergang. **Rad:** Nähe Harzrundweg. **Zeiten:** April – Okt Di – So 10 – 13 und 14 – 17, Nov – März Di – Fr 11 – 13 und 14 – 16, Sa, So 11 – 13 und 14 – 17 Uhr, 10. – 24. Dez geschlossen. **Preise:** 2,50 €; Kinder 6 – 18 Jahre 2 €; Familien 6 €.*

Wem die Stunde hübsch schlägt: Der Uhrenturm ziert den Innenhof des Herzberger Schlosses
© Annette Sievers

Burgruine Scharzfels

Auf einem Dolomitfelsen erheben sich die Ruinen der Burg Scharzfels. Mit ihren steil aufragenden Mauern wirkt sie noch immer gewaltig und uneinnehmbar. Eine 20 m hohe Freitreppe bringt die Besucher zur Oberburg mit mehreren noch erhaltenen Gängen und Räumen.

Erbaut wurde die Burg wohl schon im 10. Jahrhundert und kam in den Besitz der Grafen von Scharzfeld, später derer von Hohnstein. Nach der Nutzung als Jagdschloss und hannoversches Staatsgefängnis sowie weiterer Um- und Ausbauten wurde sie schließlich 1761 im *Siebenjährigen Krieg* (1756 – 1763) durch französische Truppen erobert und gesprengt.

Ⓒ *37412 Herzberg-Scharzfeld. www.herzberg.de. **Bahn/Bus:** Fußweg vom Bhf Richtung Norden (Hasenwinkel) oder der Einhornhöhle 1 km. **Zeiten:** Frei zugänglich.*

 Burggaststätte Scharzfels, Herzberg-Scharzfels. Ⓒ05524/997099, Handy 0179/23745771. www.burgruine-scharzfels.de. 11 – 18 Uhr, Di Ruhetag, im Winter bis 17 Uhr und Mo, Di geschlossen. Große Terrasse. Brot mit Galloway-Schinken, Burger Scharzfels, Gulaschsuppe, Harzer Sommersalat.

*Der **Höhlenbär** Ursus spelaeus unterscheidet sich vor allem durch seine Zahnmerkmale von anderen Bären. Er hatte große Kauflächen und viele Schmelzhügel, mit denen er seine vorwiegend pflanzliche Kost zermalmte. Seine Länge betrug bis zu 3,50 m, die Schulterhöhe 1,70 m!*

 **Haus Einhorn – Wanderbaude,** Herzberg. ✆05521/ 997559. Geöffnet wie Einhornhöhle. Imbiss und Kiosk, im Sommer auch mit Terrasse.

Auf den Spuren des Höhlenbärs: In der Einhornhöhle geht es zurück in die Vergangenheit

© Einhornhöhle

Einhornhöhle

Nicht vom sagenhaften Einhorn, sondern vom **Höhlenbären** stammen die Knochenfunde, die man hier in großen Mengen machte. Viele Bären nutzten die Höhle im Pleistozän vor 400.000 – 13.000 Jahren als Winterschlafquartier oder letzte Ruhestätte. Ihre Knochen konnten sich in der Atmosphäre der Höhle gut erhalten. Vor allem im 17. Jahrhundert glaubte man, dass gemahlene Einhornknochen sich besonders gut als Medizin eigneten, und hielt die Überreste der Bären für solche. So kam die Höhle zu ihrem schönen Namen.

Schon vor rund 100.000 Jahren lebten hier Menschen, wie man bei Grabungen Mitte der 1980er Jahre herausfand. Der Neandertaler nutzte den Raum als Werkstatt. Viel später kamen die ersten Gelehrten: *Gottfried Wilhelm Leibniz* 1686, *Goethe* 1784, *Rudolf Virchow* 1872. Die alten Inschriften an den Wänden zeugen von einem regen Besucherverkehr. Heute darf sich hier natürlich niemand mehr verewigen … Während einer Führung durchwandern die Besucher den *Weißen Saal,* den *Schiller-Saal,* die *Leibniz-Halle* und schließlich die berühmte *Blaue Grotte,* die bei günstigem Lichteinfall vielleicht sogar blau schimmern.

🕐 *37412 Herzberg-Scharzfeld. ✆05521/ 997559, www.einhornhoehle.de.* **Bahn/Bus:** *Bhf Barbis oder Bus 450, Fußweg 40 bzw. 20 Min.* **Auto:** *B27/243 über Herzberg, ausgeschildert.* **Rad:** *Harzrundweg, Am Brandkopf, Im Rott.* **Zeiten:** *April – Okt Di – So 11 – 17, Weihnachtsferien 11 – 15 Uhr; Führungen stündlich bis 1 Std vor Schließung.* **Preise:** *8 €; Kinder unter 6 Jahre 2 €, 6 – 16 Jahre 5 €.* **Infos:** *Für Rollstuhlfahrer und Kinderwagen geeignet.*

Auf dem Karstwanderweg zur Einhornhöhle und der Burgruine Scharzfels

Durch Wiesen und Wald führt diese Tour auf dem **Karstwanderweg** von der Steinkirche in **Scharzfeld** in östliche Richtung. Die attraktiven Ziele sind die *Einhornhöhle* und die *Burgruine Scharzfels.*

Nach Unterqueren der B27 zweigt rechts ein schmaler Pfad ab, der hinauf zur **Steinkirche** führt.

Farbenspiel: Wandern im Herbst

© HVV

Es handelt sich dabei um eine frei zugängliche Höhle im Dolomitgestein. In der Steinzeit diente sie Rentierjägern als Rastplatz, in frühchristlicher Zeit wurde sie zu einer Kirche ausgebaut. Am Eingang ist deutlich eine Kanzel zu erkennen, im Inneren eine Altarnische und eine als Weihwasserbecken gedeutete Vertiefung.

Der Braune Punkt im Gelben Kreis begleitet Sie auf den **Schulberg,** wo an Felsüberhängen mittelalterliche Funde gemacht wurden, die auf eine Besiedlung hinweisen. Von hier geht es weiter zur *Kaiserklippe* und zur **Einhornhöhle.** Nach einer Besichtigung folgt man dem Weg hinter der Wanderbaude an der Höhle hinunter ins Goldborntal. Ein kurzes Stück auf dem Forstweg nach rechts und schon geht es links wieder bergauf zur **Burgruine Scharzfels.**

⊙ *37412 Herzberg-Scharzfeld. www.karstwanderweg.de. Länge: 8 km, Hin- und Rückweg auf gleicher Strecke. Bahn/Bus: Bus 450 bis Sattlergasse. Auto: Bremkestraße, Steingasse, Vor der Steinkirche, Parkplatz an der Unterführung der B27. Rad: Harzrundweg, Steingasse.*

⊙ Der **Karstwanderweg** erschließt von Förste im Kreis Osterode im Westen bis Pölsfeld nördlich von Sangerhausen zahlreiche Erscheinungen des Karstes, wie Höhlen und Erdfälle.

Rhumequelle

Eine auffallend **blau-grüne Färbung** zeichnet die Rhumequelle aus und macht den 30 x 20 m großen Quelltopf nahe dem nordöstlichen Ortsrand von Rhumspringe zu einer Attraktion. Der Ausgangspunkt der 48 km langen *Rhume* ist eine der größten und schönsten Quellen Europas. Bis zu 5000 l pro Sekunde schüttet sie aus, im Durchschnitt sind es 2000 l, rund 1 Prozent davon wird als Trinkwasser für das Eichsfeld aufbereitet. Als **Karstquelle** kennzeichnet sie der unterirdische Wasserzulauf durch die wasserlöslichen Karstgesteine Gips und Dolomit, die im südlichen Harz vorherrschen. Gespeist wird die Quelle vor allem durch die *Oder* und die *Sieber*.

Schon in der Jungsteinzeit (5000 – 1800 v.Chr.) befand sich hier eine Kultstätte, denn Quellen wurden

*Die **blau-grüne Färbung** entsteht durch die Streuungseigenschaften des stark kalkhaltigen Wassers.*

Fast schon kitschig bunt: Die blau-grüne Rhumequelle

© pmv, Kirsten Wagner

als mystische Orte verehrt. Heute ist sie mit dem sie umgebenden Wald vor allem ein wertvolles Biotop, in dem seltene Tiere und Pflanzen leben.

❯ *37434 Rhumspringe. www.karstwanderweg.de/rhumequelle. **Bahn/Bus:** Bus 454 von Herzberg. **Auto:** An der Straße Herzberg – Duderstadt. **Rad:** Harzvorlandradweg.*

Von der Rhumequelle zum Rotenberg

Von der Rhumequelle auf den östlichen Ausläufer des *Rotenberg*s führt diese 10 km lange Wanderung. Rechts an der **Quelle** vorbei geht es in sanftem Anstieg durch den Buchenwald bergauf (Fernwanderweg E6). An der **Schutzhütte** biegen Sie links ab auf den *Bohlweg,* der auch gern von Fahrradfahrern genutzt wird. Dieser mündet auf die Zufahrt des Jugendwaldlagers. Hier befindet sich der **Harzblick,** ein herrlicher Aussichtspunkt mit Rastmöglichkeit. Schöne Ausblicke ergeben sich auch im weiteren Verlauf des Weges, der am Waldrand entlang bergab führt. An den beiden Windkraftanlagen vorbei, kommt bald die Landstraße in Sicht. Scharf links führt der *Karstwanderweg* zurück zur Rhumequelle.

❯ *37434 Rhumspringe. **Länge:** 10 km, Rundwanderung. **Bahn/Bus:** Bus 454 von Herzberg. **Auto:** Rhumequelle-Parkplatz (Herzberg – Duderstadt). **Rad:** Harzvorlandradweg.*

DUDERSTADT – PERLE DES EICHSFELDS

Im südwestlichen Harzvorland liegt Duderstadt, das sich im späten Mittelalter durch seine Lage an zwei wichtigen Handelsstraßen zu einem wohlhabenden Ort entwickelte. Nur wenige andere Städte in Deutschland können noch heute ein solch geschlossenes mittelalterliches Stadtbild aufweisen

✕ Restaurant Calabria, Hauptstraße 29, Rhumspringe. ☏05529/914789. Di – Sa 17.30 – 23.30, So 11.30 – 17.30 und 17 – 23 Uhr.

wie die »Perle des Eichsfelds«. Ein komplett erhaltener Ringwall, die Stadtkirchen **St. Cyriakus** und *St. Servatius,* der *Westerturm* mit seiner gedrehten Spitze und natürlich die 600 Fachwerkhäuser prägen das Erscheinungsbild. Zu ihnen gehört auch das bekannte Rathaus mit seinen Türmchen, Erkern und Giebeln. Mehrmals täglich grüßt hier der *Anreis* während eines **Glockenspiels** (9, 11, 13, 15, 17 und 19 Uhr) die Bürger und Gäste der Stadt.

ⓘ *Gästeinformation der Stadt Duderstadt,* *Marktstraße 66, 37115 Duderstadt.* ℓ*05527/841200, 19433, www.duderstadt.de.* *Bahn/Bus: Bahn bis Göttingen, Bus 170 oder Bus 162 von Rhumspringe.* *Auto: A7 Ausfahrt 72 Göttingen-Nord, B27, B446.* *Rad: Harzvorlandradweg bis Rhumspringe, ab Hilkerode Richtung Duderstadt.* *Zeiten: Mo – Fr 9.30 – 16.30, Sa, So 10 – 16 Uhr.*

St. Cyriakus: Der Eichsfelder Dom

Mit ihren spitz aufragenden Doppeltürmen gehört die katholische St.-Cyriakus-Kirche unverkennbar der Gotik an. 1240 begann man mit dem Bau des mächtigen Westwerks, zunächst jedoch nur mit einem Turm, sein Gegenüber kam erst 1854 dazu. Der eigentliche Bau war 1490 beendet, das Kirchenschiff trägt spätgotische Züge. Besonders sehenswert sind der Flügelaltar von 1510, der barocke Taufbrunnen von 1694 und die von *Johannes Creutzburg* geschaffene Orgel (1733 – 35). An den Bankenden im Mittelschiff befinden sich die barocken Gildeleuchter aus den Jahren 1720 – 50. Sie wurden von einzelnen Handwerkergilden gestiftet und werden noch heute bei Prozessionen getragen.

🕐 *Bei der Oberkirche 2, 37115 Duderstadt.* ℓ*05527/ 84740, www.st-cyriakus.city-map.de.* *Auto: Zentrum.* *Zeiten: täglich 10 – 18 Uhr.* *Infos: www.kath-pfarrgemeinde-duderstadt.dekanat-untereichsfeld.de.*

Ein Infoblatt mit Anleitung für einen kleinen Rundgang durch Duderstadt ist bei der Tourist-Info erhältlich.

Grenzlandmuseum Eichsfeld

Das Grenzlandmuseum Eichsfeld am ehemaligen Grenzübergang Duderstadt – Worbis bewahrt ein Stück deutsche Geschichte. Die Anlagen der Grenze mit Wachturm, Grenzzaun, Sperranlagen und Zollabfertigung sind größtenteils im Original erhalten und dokumentieren eindringlich die Teilung Deutschlands. Der Geschichte der innerdeutschen Grenze, aber auch dem Leben im grenznahen Gebiet und in der DDR überhaupt, widmet sich die **Ausstellung** in der einstigen Zollabfertigung. Ein **Rundgang** führt weiter zum *Mühlenturm,* der einst als Wachturm fungierte. Heute werden darin die Auswirkungen der Grenze auf die Tier- und Pflanzenwelt gezeigt. Von der *Aussichtskanzel* sind die Grenzanlagen zu überblicken, zu denen auch der 6 km lange **Grenzlandweg** führt (Gehzeit etwa 2 Stunden).

🅜 *Duderstädter Straße 5, 37339 Teistungen. ✆036071/97112, www.grenzlandmuseum.de. Bahn/Bus: Bus 1 von Duderstadt oder Worbis. Auto: Zwischen Worbis und Duderstadt an der B247 gegenüber der Teistungenburg. Zeiten: Di – So 10 – 17 Uhr. Preise: 4 €; Kinder ab 6 Jahre und Schüler 3 €. Infos: Führungen können für Gruppen ab 15 Pers gebucht werden.*

WASSERHEILBAD BAD LAUTERBERG

Schon seit 1839 nennt sich Bad Lauterberg Wasserheilbad und verzeichnete in den folgenden Jahrzehnten einen schwunghaften Anstieg der Übernachtungszahlen. Vor allem auf Kneippsche Anwendungen und Schrothkuren spezialisierte man sich. Heute wird der Wellness der Nachfrage entsprechend mehr Platz eingeräumt. Entspannung finden Sie auch im **Vitamar,** einem Freizeitbad mit Saunabereich. Wanderungen zum **Großen Knollen,**

Vitamar, Masttal 1, Bad Lauterberg. ✆05524/850665. www.vitamar.de. Mo – Sa 9 – 22, So 9 – 21 Uhr. Tageskarte 10,90 €, Kinder 4 – 17 Jahre 8,30 €. Wellenbad, Wildwasserkanal, 2 Rutschen, Außenpool, Whirlpool, 4 Saunen, Sole-Dampfbad.

zum Bismarckturm, zum *Wiesenbeker Teich* oder eine Fahrt mit der Seilbahn auf den *Hausberg* bringen Naturgenuss. Einen Blick in die Vergangenheit Bad Lauterbergs liefern das Besucherbergwerk Scholmzeche, das Heimatmuseum und das Gelände der **Königshütte.**

ℹ️ *Kur- und Touristikbetrieb Bad Lauterberg, Ritscherstraße 4, 37431 Bad Lauterberg. ☎05524/92040, www.badlauterberg.de. **Bahn/Bus:** RB bis Barbis, Herzberg oder Bad Sachsa, Bus 450 oder 455. **Auto:** A7 Ausfahrt Göttingen-Nord, B27 oder B80 und B243 von Nordhausen. **Rad:** Harzrundweg. **Zeiten:** Mo – Fr 9 – 12 und 14 – 17, Sa 9.30 – 12, So 10 – 12 Uhr.*

Südharzer Eisenhüttenmuseum Königshütte

1733 gegründet, entwickelte sich die Königshütte in Bad Lauterberg zu einer der größten Eisenhütten des späteren Königreichs Hannover. Hier entstand nicht nur das erste Drahtseil der Welt, sondern es wurden auch Öfen, Gebrauchswaren und im Bergbau benötigte Eisenteile gegossen. Auf dem Gelände der Hütte sind einige der repräsentativen Gebäude vom Beginn des 19. Jahrhunderts erhalten. Während der Führung geht es auch ins Eisenmagazin, in die Maschinenfabrik, die historische Gießereihalle und ins Eisenhüttenmuseum. Dort zeigt ein Funktionsmodell, wie die Arbeit in der Hütte im Jahr 1736 vor sich ging.

☀️ *Der gusseiserne **Springbrunnen,** Treffpunkt für die Führung, wurde 1889 für die Weltausstellung in Paris hergestellt.*

Ⓜ️ *Königshütte, 37431 Bad Lauterberg. ☎0551/ 7700683 (Hans-Heinrich Hillegeist), www.koenigshuette.com. **Bahn/Bus:** Bus 450 bis Molkereistraße. **Auto:** Scharzfelder Straße, Molkereistraße, Philosophenweg. **Rad:** Harzrundweg. **Zeiten:** Führung Di 15 Uhr (Okt – April nur 2. und 4. Di im Monat), Treffpunkt am Brunnen. **Preise:** Eintritt frei, Spenden erbeten.*

Von Bad Lauterberg zum Großen Knollen

687 m hoch erhebt sich der *Große Knollen* nördlich von Bad Lauterberg. Oben erwartet Wanderer die

Gaststätte Knollenbaude mit Aussichtsturm. Unterhalb des Parkplatzes zweigt links die Straße *Am Heibeek* ab. Das Gelbe Dreieck führt rasch auf die Himmelshöhe und rechts weiter zum **Knollenkreuz.** Der Blaue Strich leitet Sie aufwärts bis zum Ziel. Zurück geht es ein kurzes Stück auf dem gleichen Weg, dann aber nach links auf den mit dem Blauen Punkt markierten Pfad. Er führt ins Tal der *Geraden Lutter* zurück.

◆ 37431 Bad Lauterberg. www.badlauterberg.de. **Länge:** 15 km Rundwanderung mit steilen Anstiegen. **Auto:** Parkplatz Luttertal (über Bahnhofstraße, Hauptstraße). **Rad:** Harzrundweg, Dr.-Bodo-Otto-Straße.

✕ **Knollenbaude,** Großer Knollen 1, Herzberg. ✆05585/222. www.grosserknollen.de. Di – So 9 – 17 Uhr.

KURORT AM RAVENSBERG: BAD SACHSA

Bad Sachsa liegt zu Füßen des 660 m hohen *Ravensbergs.* Dessen Gipfel ist auch motorisiert zu erreichen und beliebtes Ziel von Wanderern und Wintersportlern. Südöstlich des 9000-Einwohner-Ortes finden sich die Ruinen der *Sachsenburg,* die *Heinrich IV.* um 1070 auf den Klippen des Sachsensteins errichten ließ. Später befand sich die Grafschaft im Besitz der Hohnsteins und ging nach deren Aussterben an die Herzöge von Braun- schweig-Wolfenbüttel über. Nach dem Wiener Kongress 1816 wurde Sachsa dem Kreis Nordhausen zugeteilt und gehörte somit zu Thüringen. 1945 wurde von der britischen

Kuren mal anders: Skifahren in Bad Sachsa
© pmv, Kirsten Wagner

und der sowjetischen Besatzung ein Gebietstausch vorgenommen: Bad Sachsa und Tettenborn wurden der britischen Zone zugeschlagen, Blankenburg – das eigentlich zu Braunschweig gehörte – wurde sowjetische Zone.

Das milde Klima am Südrand des Harzes ließ den **Kurbetrieb** schon 1874 aufleben, seit 1905 darf sich der Ort als Bad bezeichnen. Am Kurpark befinden sich die dafür notwendigen Einrichtungen wie Gesundheits- und Kurzentrum, Freizeit- und Spielhaus, Kurhaus und der *Schmelzteich.* Dieser lädt im Sommer zum Bootfahren, im Winter zum Eislaufen ein. Ganzjährig im Wasser tummeln kann man sich im *Erlebnisbad* des Salztal-Paradieses, zu dem auch eine Eissporthalle gehört.

Auf dem **Harzfalkenhof** am Katzenstein zeigen Greifvögel ihr Können, ganz in der Nähe liegt ein Märchenpark. Im Ortsteil **Tettenborn** befindet sich das *Grenzlandmuseum.*

➔ **Flying Fox,** Bad Sachsa. ✆05523/9998070. So 15 – 17 Uhr. Der Schmelzteich lässt sich seit 2013 auch fliegend überqueren! 5 €.

➔ **Harzfalkenhof,** *Falknerei,* Katzentalstraße, Bad Sachsa. ✆05523/3291. http://harzfalkenhof. npage.de. März – Okt 10 – 17, Flugvorführungen Mai – Okt bei gutem Wetter 11 und 15 Uhr. 5 €, Kinder bis 14 Jahre 3 €.

🛈 **Bad Sachsa Information,** *Am Kurpark 6, 37441 Bad Sachsa. ✆05523/47499-0, www.bad-sachsa.de.* **Bahn/Bus:** *RB.* **Auto:** *A7 Ausfahrt 67 Seesen, B243, Abzweig Bad Sachsa.* **Rad:** *Harzrundweg.* **Zeiten:** *Mo – Fr 9 – 17 Uhr, Sa, Fei 10 – 14 Uhr.*

Grenzlandmuseum Tettenborn

Alarm! Wortwechsel, Befehle, die Soldaten an den Grenzsignalzaun schicken – so authentisch wird im Grenzlandmuseum Tettenborn eine Flucht aus der ehemaligen DDR simuliert, dass man schon eine Gänsehaut bekommen kann. Neben dem kompletten Nachbau der Führungsstelle eines Beobachtungsturms mit nachgestellten Tonbandaufnahmen haben die Vereinsmitglieder des Museums unzählige originale Objekte zum Thema Grenze zusammengetragen. Schließlich verlief diese nur wenige Meter entfernt. Ein Grenzmodell und Zeichnungen veranschaulichen deren Unmenschlichkeit genauso wie der originalgetreue Abschnitt eines Grenzzauns. Neben Orden, Uniformen, Waffen und Fotos ist der Heißluftballon eines gescheiterten Fluchtversuchs ein raumeinnehmendes Exponat mit interessanter Geschichte.

M *Hinterstraße 1a, 37441 Bad Sachsa-Tettenborn. ℗05523/999773, www.gm-badsachsa.de. Bahn/Bus: Bus 471 bis Tettenborn Neuhofer Straße. Auto: Im Ort Richtung Neuhof, vor Ortsende rechts; von Bad Sachsa kommend über Neuhof. Rad: Direkt am Harzvorlandradweg. Zeiten: So 10 – 12, Mi 13 – 16 Uhr, Juni – Okt auch Mo – Sa 13 – 16 Uhr, Sonderführungen ab 10 Pers nach Absprache. Preise: 3,50 €; Kinder 10 – 16 Jahre 2 €.*

WALKENRIED

Walkenried bildet mit **Zorge** und **Wieda** eine Samtgemeinde. In **Walkenried** ist das *Kloster* mit seinem modernen Museum ein besonderes Highlight. Doch auch die Landschaft fasziniert mit ihren vielen von den Mönchen geschaffenen Teichen und den **Zwergenlöchern,** die die Karstlandschaft geformt hat.

In **Zorge** kann man nicht nur im einzigen *französischen Restaurant* des Harzes speisen, sondern auch in der kleinsten *Spirituosenmanufaktur* einen Einblick in die Herstellung von Likören und Whisky erhalten.

In **Wieda** informiert das *Glas- und Hüttenmuseum* über die Vergangenheit des Ortes. Bei einer Wildfütterung können Sie im Bahnhof *Stöberhai* zuschauen.

ℹ *Tourist-Information Samtgemeinde Walkenried, Am Kurpark 4, 37449 Zorge. ℗05586/962991, www.walkenried-tourismus.de. Bahn/Bus: RB. Auto: A7 Ausfahrt 67 Seesen, B243, Abzweig Bad Sachsa/Walkenried; Zorge und Wieda je 5 km nördlich. Rad: Harzrundweg. Zeiten: Mo, Fr 9.30 – 17, Di – Do 9.30 – 13.30, Sa 9.30 – 12.30, Fei 9.30 – 13 Uhr.*

DIE HARZER SONNENSEITE

 *Als **Zwergenlöcher** werden im Volksmund Quellungshöhlen bezeichnet; blasenartige Aushöhlungen unterhalb von Gips- und Anhydritschichten, die durch die Volumenzunahme bei der Umwandlung von Anhydrit in Gips durch Aufwölbung nach oben entstehen.*

M **Glas- und Hüttenmuseum,** Otto-Haberlandt-Straße 49, Wieda. ℗05586/388. www.walkenried-tourismus.de. April – Okt Mi, Fr 13.30 – 15 und So 15 – 17 Uhr. Eintritt frei.

ZisterzienserMuseum
Kloster Walkenried

Visuelle und akustische Installationen erläutern im Kloster Walkenried auf faszinierende Weise die Geschichte der »weißen Mönche«. 1127 wird das Kloster gegründet, 1290 die gotische Klosterkirche geweiht. In der vollständig erhaltenen **Klausur** mit ihrem Kreuzgang betritt man eine andere Welt. Rote Elemente lenken die Aufmerksamkeit etwa auf die Büchernische oder den Lesegang. Nach einem Blick in den Kapitelsaal, der heute von der Kirchengemeinde Walkenried als Gotteshaus genutzt wird, geht es ins Abthaus und das Dormitorium. Von der Stiftung des Klosters durch *Adelheid von Walkenried* und den ersten 12 Mönchen, die aus Kamp am

➜ Sa Sep – Mai Führung bei Kerzenschein mit anschließendem Harzer Kniesteressen. 18,60 €, Kinder 6 – 12 Jahre 10 €, nach Voranmeldung im Klostercafé.

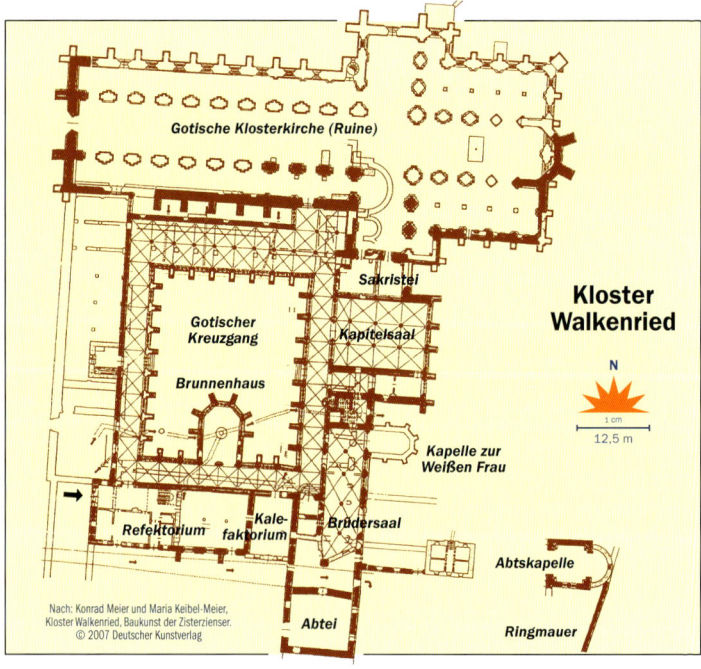

Gotische Klosterkirche (Ruine)

Gotischer Kreuzgang

Brunnenhaus

Sakristei

Kapitelsaal

Kloster Walkenried

N

1 cm
12,5 m

Kapelle zur Weißen Frau

Refektorium

Kale-faktorium

Brüdersaal

Abtskapelle

Abtei

Ringmauer

Nach: Konrad Meier und Maria Keibel-Meier, Kloster Walkenried, Baukunst der Zisterzienser. © 2007 Deutscher Kunstverlag

Rhein hierher kamen, bis zum Ende zisterziensischen Lebens in Walkenried nach dem Bauernkrieg, als die letzten Walkenrieder Mönche 1546 den lutherischen Glauben annahmen, führt der Zeitstrahl. Parallelen zur Moderne werden sinnfällig aufgezeigt: Da wird Adelheid ein Scheck anbei gelegt, so, wie sie heute wohl als Sponsorin auftreten würde – der Orden wird mit einem wirtschaftlichen Großunternehmen verglichen. Was es hieß, sich einem festgelegten, geistlich bestimmten Tagesrhythmus zu unterwerfen, machen die Gebetswürfel deutlich. Kleine Besucher freuen sich auf die Klappen, hinter denen Bruder Conrad kindgerecht vom Klosterleben erzählt, und dürfen sogar in eine Kinderkutte schlüpfen.

Im Freien warten die Ruinen der **Klosterkirche** noch auf einen Besuch. Viel ist nicht mehr erhalten, nachdem die Bauern 1525 den Dachreiter zerstörten, die Kirche langsam verfiel und schließlich für andere Bauten als Steinbruch diente. Dennoch – die ursprüngliche Größe von rund 90 m Länge ist erahnbar und ihre Ruinen können bis heute eine besondere Ausstrahlung nicht verhehlen.

Blick in den Himmel: Die Klosterkirche Walkenried wurde während der Bauernaufstände zerstört

© pmv, Kirsten Wagner

Klostercafé, Walkenried. ℂ05525/ 209879. Zeiten: Wie Kloster. Im Kloster-Café gibt es Mittagstisch und selbst gebackenen Kuchen, der auch im Kaffeegarten serviert wird.

Steinweg 4a, 37445 Walkenried. ℂ05525/ 9599064, www.kloster-walkenried.de. **Bahn/Bus:**

Bahn bis Walkenried; Bus 472 bis Bhf. **Auto:** Im Ort
ausgeschildert. **Rad:** Harzrundweg. **Zeiten:** Di – So
10 – 17 Uhr, Führungen: Sommer (Osterferien –
Herbstferien) Di – So 11.30, 14 Uhr, Winter nur Sa,
So, Fei. **Preise:** 6 €, Gruppen ab 10 Pers 5 €; Schüler
6 – 16 Jahre 4 €, Gruppen ab 10 Pers 2 €; Familien
16 €. **Infos:** Audioguide nach Verfügbarkeit im Eintritt
enthalten! Führung 2 €.

Wanderung von Walkenried nach Ellrich

Diese Wanderung führt von Walkenried nach Ellrich
und quert dabei die ehemalige deutsch-deutsche
Grenze. Hinter der Klosterkirche beginnt der Weg
ins **Himmelreich,** einem Gipsmassiv im Werraanhy-
drit. Am rechten Ufer der *Wieda* entlang wird eine
Brücke passiert, anschließend geht es über die Gleise und einen schmalen Pfad bergauf. Durch uralte
Buchenbestände schimmert unten der *Itelteich* hindurch. Der Weg führt oberhalb des Bahntunnels weiter entlang dem alten Grenzverlauf. Beim Bau des
Tunnels wurde 1868 eine riesige Höhle entdeckt,
die wegen Einstürzen jedoch nie für die Öffentlichkeit freigegeben wurde. Über die *Pontelteiche* geht
es weiter bis zu den Überresten des **KZ Juliushütte.**
Aus der ursprünglichen Gipsfabrik entstand am
1. Mai 1944 das KZ unter dem Decknamen *Erich.*

✴ *Im oberhalb der*
Werra gelegenen
*Gebiet, dem **Himmel-***
***reich,** wurde aus dem*
Anhydrit, aus dem das
Basisgestein des Massivs
eigentlich besteht, durch
Zufuhr von Wasser Gips.

✴ *In **Juliushütte***
befand sich
ursprünglich eine Gips-
fabrik, benannt nach
Julius Bergmann, dem
Begründer.

Es war wegen seiner besonders schlimmen Zustände gefürchtet. Anfangs schliefen die Häftlinge auf dem nackten Beton der alten Fabrikräume, später wurden Holzbaracken errichtet. Täglich starben so viele Menschen, dass selbst das neu erbaute Krematorium nicht mehr ausreichte. Im April 1945 wurde das Lager geräumt, die erschöpften Gefangenen auf den Todesmarsch geschickt. Tafeln und Gedenksteine erinnern heute an die Gräuel, die sich hier einst abgespielt haben. Nach einem Steilhang

▶ *Ora et labora – bete und arbeite – war der Leitsatz der Benediktiner. Sie nannten sich nach Benedikt von Nursia, der im 6. Jahrhundert ein Kloster bei Montecassino in Italien gegründet und die Benediktsregel verfasst hatte. Im 11. Jahrhundert*

DIE ZISTERZIENSER

war von dem einstigen Ideal allerdings nicht mehr viel zu spüren: Die Mönche lebten vom Zehnten, liebten Prunk und Reichtum und bauten prachtvolle Kirchen wie in Cluny. Das Ziel, einfach und von der eigenen Hände Arbeit zu leben, galt nicht mehr. Robert von Molesme, ein burgundischer Abt, forderte schließlich die Rückbesinnung auf die alten Werte. Er gründete im Jahre 1098 in Cîteaux ein Kloster, dessen Orden sich nach dem Gründungsort Zisterzienser nannte. Für die neuen Klosterbauten wurde die Schönheit des Einfachen propagiert, bunte Glasfenster oder üppiger Goldschmuck wurden verbannt. Als 1113 Bernhard von Clairvaux die Leitung übernahm, breitete sich das Gedankengut rasch aus und begeisterte viele junge Menschen. Nach ihm nennen sich die Zisterzienser auch manchmal Bernhardiner. 1123 wurde in Kamp am Rhein das erste deutsche Zisterzienserkloster gegründet. Von hier brachen 12 Mönche und ein Abt auf, um nur vier Jahre später das Kloster Walkenried zu gründen. Rein äußerlich unterschieden sich die Zisterzienser durch ihre weißen Kutten – die Benediktiner trugen hingegen Schwarz. Sieben Gebetszeiten regelten den Tagesablauf, im Übrigen wurde hart gearbeitet. Feldarbeit gehörte genauso dazu wie Fischwirtschaft und Engagement im Berg- und Hüttenwesen. ◀

stößt der Pfad, identisch mit dem *Karstwanderweg,* auf den alten *Kolonnenweg* und bald auf die Straße von Gudersleben nach **Ellrich.** In der kleinen Stadt an der *Zorge* kann man den Zug zurück nach **Walkenried** besteigen – und dabei den Himmelreichtunnel durchfahren – oder aber vor dem Flüsschen links abbiegen und den Rückweg zu Fuß antreten. Die Markierung Rotes Dreieck leitet zum *Rainberg* und zurück zum Kloster.

> ❍ *37445 Walkenried. www.walkenried-tourismus.de.* **Länge:** *12 km Rundwanderung.* **Bahn/Bus:** *↗Kloster Walkenried.*

Whisky aus der Schmiede

Harzer Whisky? Ja, auch den gibt es! Hergestellt wird die hochprozentige Spirituose in der Hammerschmiede in Zorge. Das alte Stammhaus des Betriebes befand sich in Wieda in der Hammerschmiede – daher rührt noch heute der Name. Der Zorger **Single Malt** wird wegen seines milden Aromas von Kennern geschätzt. In der kleinsten Spirituosenmanufaktur im Harz werden aber auch Liköre und Brände hergestellt, z.B. Wiesenkräuter, Zorger Bärwurz, Schmiedefeuer oder Obstgarten. Während der Öffnungszeiten erhalten Besucher einen Einblick in die Herstellung und haben die Möglichkeit der Verkostung. Ein kleiner Film informiert über das Unternehmen, an der Kräuterbar dürfen die verwendeten Kräuter und Fruchtansätze erschnuppert werden. Während der Führung erhalten die Besucher auch einen Einblick in den Produktionssaal und das Produktionslabor.

 *Single Malt* stammt aus einer einzigen Brennerei und ist im Gegensatz zu einem Blend kein Verschnitt mehrerer Sorten. Gemälzte Gerste dient bei der Herstellung als Getreidebasis. Single Malt wird meist pur getrunken.

> ⊙ ● **Hammerschmiede,** *Elsbach 11a, 37449 Zorge.* ℡*05586/8282, www.hammerschmiede.de.* **Bahn/Bus:** *Bus 470 bis Taubentalstraße.* **Auto:** *An der Hauptstraße.* **Zeiten:** *Mo – Fr 9 – 17, Sa 9 – 15 Uhr, Führung Mo – Sa 11 Uhr, Sa auch 13.30 Uhr.* **Preise:** *Führung 5 €; Rundgang auf eigene Faust kostenlos zu den Öffnungszeiten.*

DER BESONDERE TIPP Kleine Kommode: Französische Küche im Harz

Ein französisches Restaurant vermutet man nicht unbedingt im Harz – doch in Zorge gibt es die mit viel Liebe zum Detail eingerichtete Kleine Kommode von *Christiane Flache*. Zwiebelsuppe und Weinbergschnecken finden sich ebenso auf der Karte wie Escalope de Porc: In Kräuter-Senf-Eihülle gebackenes Schnitzel mit Sauce Robert. Lammfilet, Lotte de Mer oder Canard á l'Orange (Entenbrust) lassen sich in gemütlichem Ambiente ebenfalls genießen. Zum Dessert vielleicht ein Crêpe Cassis, Lebkuchenparfait oder ein wenig Fromage?

Besonders umfangreich ist die Weinkarte – natürlich mit französischen Tropfen. **Kleine Kommode,** Christiane Flache, Taubentalstraße 16, 37449 Zorge. ✆05586/1694, www.kleinekommode.de. **Bahn/Bus:** Bus 470 bis Taubentalstraße. **Auto:** Zentrum. **Zeiten:** Mi – So 11 – 14, Di – So ab 17 Uhr. ⌂ Übernachtung ab 32 € pro Person im DZ.

© Kleine Kommode

Wild am Stöberhai

Zwischen Braunlage und Walkenried verkehrte 1899 – 1963 die Südharz-Eisenbahn. In dem ehemaligen Bahnhof befindet sich heute eine **Waldgaststätte,** in der Sie nicht nur lecker essen, sondern aus den Fenstern heraus auch bei der **Wildfütterung** zuschauen können. Da kommen jeden Abend Hirsche, Wildschweine und Füchse zur Futterstelle, manchmal sogar ein Dachs.

⊠ *Waldgasthaus Historischer Bahnhof Stöberhai, Waldhaus 1, 37447 Wieda. ✆05586/8008055, www.stoeberhai-wieda.de.* **Bahn/Bus:** Bus 472 bis Wieda-Waldstraße. **Auto:** L106 von Wieda 1,5 km Richtung Braunlage, Parkplatz dort oder weitere

1,2 km bis zum Parkplatz unterhalb der Gaststätte.
***Zeiten:** Restaurant Di – Fr ab 12 Uhr, Sa, So ab 11 Uhr, Wildfütterung täglich etwa um 17 Uhr, im Sommer gegen 18 Uhr.*

Unterwegs im Südwesten

Bahn: Von Seesen kommend, verläuft die Bahnlinie über Osterode, Herzberg, Scharzfeld, Bad Sachsa (Bahnhof liegt außerhalb), Walkenried bis nach Ellrich und Nordhausen.

Bus: Die Orte in den Landkreisen Osterode und Duderstadt werden von Bussen des Verkehrverbunds Süd-Niedersachsen angefahren und sind so an den Oberharz angebunden. Der Übergangstarif verbindet die Landkreise Goslar und Osterode: Nur eine Fahrkarte wird benötigt. An den Wochenenden fahren mehrere solche Buslinien, zum Beispiel von Osterode nach Torfhaus (Linie 462) oder von Bad Sachsa nach Braunlage (Linie 470). Eine Broschüre über den Ausflugsverkehr im Harz kann auf der Internetseite heruntergeladen werden.

ℹ️ *Verkehrsverbund Süd-Niedersachsen,*
☏0551/5068429, www.vsninfo.de.

KUNST IN & UM HALBERSTADT

*Himmelhochjauchzend:
Imposante Höhen im
Halberstädter Dom*
© pmv, Kirsten Wagner

HALBERSTADT – VERKANNTES JUWEL

Halberstadt steht stets im Schatten seines Nachbarn, dem glanzvollen Quedlinburg. Dabei hat die Stadt einen reichhaltigen Schatz zu bieten – im wahrsten Sinne des Wortes! Denn nicht nur Quedlinburg besitzt einen wertvollen Domschatz, sondern auch Halberstadt.

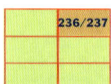

ADAC Karte
Sachsen-Anhalt,
1:250.000. 8,99 €.

Doch nicht nur das. Kleine Juwelen sind das Gleimhaus mit seinem Freundschaftstempel, das Heineanum mit seiner einzigartigen Vogelsammlung und der Landschaftspark Spiegelsberge. Weitere Schätze der Region gilt es zu entdecken, zum Beispiel in der Glasmanufaktur in Derenburg oder die Langensteiner Höhlen.

STADTBESICHTIGUNG

Weithin sichtbar überragen die beiden Türme des **Doms St. Stephanus und Sixtus** und die ungleichen Türme der nahen *Martinikirche* die ihnen zu Füßen liegende Stadt. Schon 804 erklärte *Karl der Große* Halberstadt zum **Bischofssitz**, in der Folge entstanden Siedlungen am Domplatz, am Fischmarkt und in der Altstadt. Das heutige Stadtbild ist vor allem Folge der alliierten **Bombenangriffe** im April 1945, die 82 Prozent der Stadt zerstörten. Während in den darauf folgenden Jahren die letzten Fachwerkhäuser verfielen, wurden gleichzeitig auch im Zentrum der alten Stadt Plattenbauten hochgezogen, um

FESTKALENDER

März/April:	Ostersonntag, Halberstadt: **Osterfest** im Tiergarten.
Juli:	2. Wochenende, Halberstadt: **Sommerfest.**
August:	Halberstadt: **Tiergartenfest,** mit buntem Bühnenprogramm und Tierparade.
September:	1. Wochenende, Halberstadt: **Altstadtfest.**
	Langenstein: **Erntefest** auf dem Schäferhof.
Dezember:	Halberstadt: **Weihnachtsmarkt.**
	Sa vor dem 1. Advent, Langenstein: **Adventsmarkt auf dem Schäferhof.**

Nicht zu übersehen: Der Halberstädter Dom hat eine Länge von 100 m
© Harzer Verkehrsverband

schnell neuen Wohnraum zu schaffen. Nach der Wende wurde Halberstadt Modellstadt für **Stadtsanierung.** Das alte Zentrum rund um den Fischmarkt wurde mit dem Neu- und Nachbau des alten Rathauses umgestaltet. In der Altstadt rund um Voigtei und Bakenstraße wurden die Fachwerkhäuser saniert und erstrahlen heute wieder in vollem Glanz.

Anziehungspunkte für Besucher sind neben dem Dom und seinem wertvollen Schatz auch die vielfältigen **Museen** der Stadt. Erholung findet man in den *Spiegelsbergen,* im Tiergarten, im modernen **Freizeitbad Sealand** und in der warmen Jahreszeit am Halberstädter See.

❶ *Halberstadt Information,* *Hinter dem Rathause 6, 38820 Halberstadt. ✆03941/551815, www.halberstadt.de.* ***Bahn/Bus:*** *RE, HEX.* ***Auto:*** *B79 von Quedlinburg, B81 von Blankenburg.* ***Rad:*** *Harzvorlandradweg, Mahndorfer Landstraße, Sternstraße, Zentrum.* ***Zeiten:*** *Mo – Fr 10 – 18, Sa 10 – 13, Mai – Okt Sa bis 14 und So 10 – 13 Uhr.*

◢ Sealand, Gebrüder-Rehse-Straße 12, Halberstadt. ✆03941/6878-10. www.fsz-halberstadt.de. Mo – Fr 7.30 – 22, Sa, So 10 – 21 Uhr. Tageskarte 9,80 €, Kinder 6,50 €, Familie 23 €. Erlebnisbad mit Wellness- und Sportangeboten.

Dom und Domschatz Halberstadt

Imposant: Das Domportal aus der Nähe
© pmv, Kirsten Wagner

☀ *Das **Bistum Halberstadt** wurde um 804 von Karl dem Großen gegründet und hatte Bestand bis 1648.*

☀ *Ein **Diptychon** ist eine zweiteilige Schreibtafel.*

Mit 100 m Länge und einer Gewölbehöhe von 26 m weist der **Halberstädter Dom** beeindruckende Maße auf. Zwischen 1236 und 1486 wurde er nach dem Vorbild französischer Kathedralen errichtet, die Bauzeit betrug also stolze 250 Jahre! Der gotische Bau ist gekennzeichnet durch hohe Gewölbe und spitzbogige Fenster, die im Chorumlauf farbige Glasmalereien tragen. Die ältesten davon sind in der Marienkapelle zu finden und stammen aus dem 14. Jahrhundert. Ein steinerner Lettner von 1505 teilt den Chor vom übrigen Langhaus ab, sodass die Geistlichen während des Gottesdienstes streng vom Volk getrennt waren. Er diente auch als Balkon für Chorgesänge und Lesungen. Darüber befindet sich die Triumphkreuzgruppe (um 1220), die aus dem Vorgängerbau übernommen wurde. Neben dem monumentalen Kreuz mit Christus sind Maria und Johannes dargestellt, umrahmt von zwei Engeln. Jesus steht mit seinen Füßen auf einem Drachen, er triumphiert über das Böse und den Tod. Berühmt ist der Bau wegen seines wertvollen und reichhaltigen **Domschatzes** – rund 650 bewegliche Ausstattungsgegenstände der Kirche, die nahezu vollständig in ihrem Besitz geblieben sind. So ist der Halberstädter Domschatz einer der weltweit umfangreichsten Kirchenschätze. Seit April 2008 werden in der dafür aus- und umgebauten Domklausur zahlreiche Stücke aus dem Schatz gezeigt. Zu ihnen gehören ein Wärmapfel, eine Weihbrotschale, der Christus-Apostel-Teppich aus der Zeit um 1170 und als ältestes Stück ein **Elfenbein-Diptychon** von 414. Es wird als Konsulardiptychon bezeichnet, weil ein römischer Konsul es zu seinem Amtsantritt herstellen ließ. Er ist in der Mitte der beiden Tafeln, die später als Buchdeckel für ein Gesangbuch dienten, dargestellt. In einem der vier Armreliquiare ist ein Finger des heiligen *Nikolaus* zu sehen, in einem anderen befinden sich Knochensplitter vom heiligen *Stephanus,* dem ersten Märtyrer der Christen und Namenspatron des Doms.

Domschatzverwaltung, Domplatz 16a, 38820 Halberstadt. ℂ03941/24237, www.dom-und-domschatz.de. Bahn/Bus: Stadtbus 11, 12, Straba 1, 2 ab Bhf bis Fischmarkt, Holzmarkt oder Hoher Weg. Auto: City. Rad: Harzvorlandradweg, Sternstraße, Westendorf, Domplatz. Zeiten: April – Okt Mo – Fr 10 – 17.30 (Mo nur Dom), Sa 9 – 18, So, Fei 11 – 17.30 Uhr; Nov – März Di – Sa 10 – 16, So 11 – 16 Uhr. Führungen: April – Okt Di – So 14 Uhr nur Domschatz, 11.30, 15.30 Uhr Dom und Domschatz; Nov – März Di – So 11.30, 14.30 Uhr. Preise: Eintritt Dom frei, Domschatz mit oder ohne Führung 8 €; Kinder bis 16 Jahre frei, Schüler, Studenten 6 €. Infos: E-Guide, auch für Kinder 1 €.

Museen & Sehenswürdigkeiten in Halberstadt

Städtisches Museum Halberstadt

Einblicke in die Geschichte Halberstadts bietet das Städtische Museum am **Domplatz.** Schon seit 1905 ist es hier in der *Spiegelschen Kurie* untergebracht, dem ehemaligen Wohnhaus des Domdechanten *Ernst Ludwig von Spiegel* (1711 – 1785). Von der Frühgeschichte bis ins 19. Jahrhundert reichen die Exponate. Zu ihnen gehören ein Grab

In der Spiegelschen Kurie befindet sich heute das Städtische Museum von Halberstadt

© pmv, Kirsten Wagner

➤ Audioguide *Spazier-gang rund um den Domplatz* pro Gerät 3 €, mit Eintrittskarte für das Museum 2 €, ab 2 Geräten 2 €, Guide für Kinder mit eigenem Programm 0,50 €.

aus der Glockenbecherkultur, ein sächsisches Kurzschwert und das Modell eines Grubenhauses. Solch einfache Behausungen mit einem abgesenkten Innenraum lagen im frühen Mittelalter rund um den Dom. Die Entwicklung der »Domburg« – denn wie eine Burg erhob sich der Platz rund um die Bischofskirche – wird mit Text und Bild ausführlich dargestellt. Weitere Stücke in der Ausstellung: Ein Modell des Rathauses, eine Glockengussanlage, ein Stadtmodell des 18. Jahrhunderts, eine historische Apotheke und eine Handschuhmacherei.

Ⓜ *Domplatz 36, 38820 Halberstadt. ✆03941/5514-70, -71, www.museum-halberstadt.de. **Bahn/Bus:** Straba 1, 2, Stadtbus 11, 14, 15 bis Holzmarkt. **Auto:** Parkplatz Martinikirche oder Düsterngraben. **Rad:** ↗Dom. **Zeiten:** Di – So 10 – 17, Nov – März 10 – 16 Uhr. **Preise:** Kombiticket Städtisches Museum, Heineanum und Schraube-Museum 6,50 €; Kinder 6 – 18 Jahre 2 €.*

Die Welt der Vögel im Heineanum

Gleich neben dem Städtischen Museum ist die bemerkenswerte Vogelsammlung von **Ferdinand Heine** untergebracht. Die Entwicklung der Vögel vom Saurier über den Archäopteryx wird ebenso erläutert wie die große Gefahr des Artenschwunds. Heimische Vögel werden in ihren Lebensräumen gezeigt und sind per Knopfdruck stimmlich zum Leben zu erwecken. Im ersten Stock werden Themen wie *die Sprache der Vögel, Eier und Nester* oder *Vogelflug* präsentiert. Vor allem aber wird hier die ungeheure Vielfalt der Vogelwelt deutlich. Unzählige Farben und Formen sowie die unglaublichsten Namen gibt es bei den *Vögeln der Welt* zu bestaunen: Türkisnaschvogel, Dreifarbentangare, Quetzal, Schlangenhalsvogel und Sekretär zeigen, welch Reichtum es in der Vogelwelt zu bewahren gilt.

Ⓜ ***Vogelkundemuseum,** Domplatz 36, 38820 Halberstadt. ✆03941/551474, www.heineanum.de.*

✴ *Ferdinand Heine (1809 – 1894) war leidenschaftlicher Vogelsammler: 18.000 Vögel, 2000 Skelette und 6000 Gelege gehören zu seiner Sammlung. 286 Präparate werden im Heineanum gezeigt, fast alle Exemplare sind 120 bis 170 Jahre alt, auch inzwischen ausgestorbene Arten gehören dazu.*

Bahn/Bus: Straba 1, 2, Stadtbus 11, 14, 15 bis Holzmarkt. **Auto:** Parkplatz Martinikirche oder Düsterngraben. **Rad:** Holtemme-Radweg. **Zeiten:** Di – So
10 – 17, Nov – März 10 – 16 Uhr. **Preise:** Kombiticket Städtisches Museum, Heineanum und Schraube-Museum 6,50 €; Kinder 6 – 18 Jahre 2 €.

Gleimhaus: Ein Freundschaftsstempel

Johann Wilhelm Ludwig Gleim (1719 – 1803) ist, anders als *Lessing, Herder* oder Wieland, als Dichter
des 18. Jahrhunderts kaum bekannt. Dabei geht
bis heute eine Faszination von seiner Person aus,
die in seinem Halberstädter Wohnhaus besonders
deutlich zu spüren ist. Hier lebte Gleim als Domse-
kretär und kam seiner großen Sammelleidenschaft
nach: Briefen, Büchern und Bildern galt seine Pas-
sion. Mit mehr als 500 Personen stand Gleim in
Korrespondenz, unzählige Bände füllten die Bü-
cherschränke des Fachwerkhauses. In den Bann
werden die Besucher aber vor allem von seiner **Ge-
mäldesammlung** gezogen – dem **Freundschafts-**

*Rund 10.000 Brie-
fe, 12.000 Bücher
und 150 Bilder umfasst
die **Sammlung Gleims.***

*Beeindruckend: Gleims
Sammlung großer Geis-
ter des 18. Jahrhunderts*
© pmv, Kirsten Wagner

KUNST IN & UM HALBERSTADT

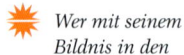 *Wer mit seinem Bildnis in den* **Freundschaftsstempel** *aufgenommen werden wollte, musste etwas Besonderes leisten. Was das war, notierte Gleim auf der Rückseite der Bildnisse.*

stempel. Gleims Wunsch war es, seinen Freunden ein Denkmal zu setzen und so ließ er rund 150 Gemälde anfertigen, von denen ein Großteil im Gleimhaus zu besichtigen ist. Da seine Wohnung ein bedeutender Ort der Geselligkeit war, versammeln sich hier nun so bekannte Namen wie *Klopstock* (↗Klopstockhaus Quedlinburg), *Jean Paul, G. A. Bürger, Lessing* und viele weitere Dichter und Gelehrte dieser Zeit. Der Freundschaftsstempel ist so zu einem einmaligen kulturgeschichtlichen Dokument geworden. Im Zeitalter von eMail und Digitalfotografie erhält die Sammlung heute eine ganz besondere Bedeutung – ein Facebook des 18. Jahrhunderts!

Besucher erfahren auch Näheres zu Leben und Werk des Dichters, außerdem zum Zeitalter der Aufklärung und zu Gleims Verhältnis zum 30 Jahre jüngeren *Goethe.* Zwei kleine Dioramen zeigen kunstvoll, wie sich das Leben im und vor dem Haus gestaltete. Interessant ist auch der originelle Schreibstuhl, auf dessen Nachbau man sich sogar niederlassen darf. Im modernen Erweiterungsbau sind neben dem Eingang zum Museum auch Gleims **Bibliothek** und eine Forschungsstätte untergebracht.

Ⓜ *Domplatz 31, 38820 Halberstadt. ✆03941/68710, www.gleimhaus.de.* **Bahn/Bus:** *Straba 1, 2, Stadtbus 11, 14, 15 bis Holzmarkt.* **Auto:** *Parkplatz Martinikirche oder Düsterngraben.* **Rad:** *↗Dom.* **Zeiten:** *Di – So 10 – 17, Nov – April 10 – 16 Uhr.* **Preise:** *5 €, für Besitzer der Eintrittskarte für das Städtische Museum 3 €; Kinder bis 16 Jahre und Schüler frei.*

Liebfrauenkirche Halberstadt

Im Jahre 1005 gründete der Halberstädter Bischof *Arnulf* ein Augustiner-Chorherrenstift, aus dem im 12. Jahrhundert die dreischiffige Pfeilerbasilika *Unser Lieben Frauen* hervorging. Burgartig erhebt sich die Kirche mit ihren auffälligen vier Türmen am

Westende des Domplatzes. In ihrer Gesamtheit ist sie ein herausragendes Beispiel romanischer Baukunst, errichtet nach dem Vorbild des *Hirsauer Klosters* bei Calw. Besondere Bedeutung kommt den *Chorschranken* zu, deren farbige Stuckreliefs (um 1200) Maria, Jesus und die 12 Apostel darstellen. Die Gesichter und die Gebärden der Figuren sind auffallend ausdrucksstark und lebensnah. Nur wenige Jahre jünger ist das im Vierungsbogen hängende *Triumphkreuz* (um 1230), das den Triumph des Glaubens über den Tod symbolisiert. In der um 1420 entstandenen **Barbarakapelle** sind die Fresken und der Flügelaltar nahezu im Original erhalten. Im **Kreuzgang** befindet sich eine Ausstellung von Fachwerkteilen aus ehemaligen Halberstädter Häusern. In den Sommermonaten ermöglicht der Aufstieg im nördlichen **Ostturm** einen herrlichen Blick auf den gegenüberliegenden Dom.

🕐 *Domplatz 46, 38820 Halberstadt.* ✆*03941/24210, www.liebfrauenkirche-halberstadt.de.* **Bahn/Bus:** *Stadtbus 11, 12 oder Straba 1 ab Bhf bis Fischmarkt, Holzmarkt oder Hoher Weg.* **Auto:** *City.* **Rad:** ↗*Dom.* **Zeiten:** *Täglich 10 – 17 (So ab 12 Uhr), Nov – April bis 16 Uhr, 13.30 Uhr öffentliche Führung.* **Preise:** *Kirchenschiff frei, Besichtigung der Chorschranken 2 €, Führung 2,50 €, Turmbesteigung 1 €.*

Berend-Lehmann-Museum

Viele Jahrhunderte lang war Halberstadt ein Zentrum jüdischen Lebens, im 17. Jahrhundert war jeder 12. Einwohner der Bischofsstadt Jude. Spuren davon finden sich an vielen Plätzen der Stadt, vor allem aber rund um die *Bakenstraße,* wo sich viele Juden niedergelassen hatten und Läden sowie Werkstätten besaßen. Auch **Berend Lehmann** (1661 – 1730) lebte hier. Das Wohnhaus des Bankiers und Hofjuden *August des Starken* wurde 1986 abgerissen, das wiedererrichtete Portal markiert heute den ehemaligen Standort. Nur ein Stück weiter befindet

🏠 **MuseumsKaffee Hirsch,** Bakenstraße 57, Halberstadt. ✆03941/583238. www.moses-mendelssohn-akademie.de. Di – So ab 11 Uhr. Hier gibt es israelischen Salat, frittierten Fisch auf jüdische Art oder Latkes (Kartoffelpuffer) mit Räucherfisch. Auch verschiedene Kaffeespezialitäten.

In dem rituellen Tauchbad einer jüdischen Gemeinde, der **Mikwe,** *erhielten Frauen nach einer Entbindung ihre Reinheit zurück. Auch wer zum Judentum konvertierte, musste sich in das Wasser der Mikwe begeben, das traditionell rein und fließend sein musste.*

sich in der *Judenstraße* der Zugang zu dem nach Lehmann benannten **Museum** für jüdische Geschichte und Kultur. Es ist das Gebäude der ehemaligen Gemeinde-**Mikwe.** Das Tauchbecken im Keller wurde 1891 ausgebaut, bis 1938 genutzt und später überbaut. Nun hat man es wieder zugänglich gemacht und so ist es über einen Steg zu besichtigen. Das Museum, das von der *Moses-Mendelssohn-Akademie* getragen wird, zeigt außerdem die Entwicklung der jüdischen Gemeinde in Halberstadt und informiert über das Leben und Wirken Berend Lehmanns. Eine **Fotogalerie** zeigt jüdische Bürger, die einst in Halberstadt ansässig waren.

Der Eingang des Museums liegt auf der Seite der ehemaligen **Barocksynagoge,** deren Bau ebenfalls Lehmann zu verdanken ist. Nur noch Fundamente zeigen den Standort an. Sie werden seit 2003 wieder freigelegt. Die **Klaussynagoge** im Rosenwinkel 18 hingegen blieb erhalten und wurde nach historischem Vorbild wieder hergerichtet. Sie war um 1700 als Lehrhaus für Rabbiner erbaut worden und

ist heute Sitz der Akademie. Sie dokumentiert die jüdische Geschichte in Halberstadt und Sachsen-Anhalt und vermittelt der Öffentlichkeit Wissen über die jüdische Kultur.

🅼 *Judenstraße 25/26, 38220 Halberstadt. ✆03941/ 567050, 606710, www.moses-mendelssohn-akademie.de.* **Bahn/Bus:** *Bus 15 oder Straba 2 bis Voigtei.* **Auto:** *Altstadt, Parkplatz Düsterngraben.* **Zeiten:** *Di – So 10 – 17, Nov – April 10 – 16 Uhr.* **Preise:** *4 €; Kinder 2 €.*

Schraube-Museum Halberstadt

Keine Sammlung historischer Schrauben erwartet Sie im Hinterhof der Voigtei 48, sondern bürgerliche Wohnkultur um 1900. **Margarete Schraube** vermachte ihrer Heimatstadt nicht nur ihr gesamtes Haus mit Inventar, sondern war auch selbst eine bemerkenswerte Frau, wie die ehrenamtlichen Museumsführer zu berichten wissen. Sie wurde 1903 geboren, machte ihr Abitur und wurde Lehrerin. Sportlich war sie sehr aktiv und vielleicht die erste Frau in Deutschland, die vom 10-m-Turm ins Wasser sprang. Neben der guten Stube und der Küche von anno dazumal – der Kühlschrank wurde mit Stangeneis gekühlt – ist das Prunkstück der Salon. Die bemalte Stuckdecke, der gasbefeuerte Kronleuchter, die goldbesetzte Tapete und der gusseiserne Ofen zeugen von dem großbürgerlichen Selbstverständnis des 19. Jahrhunderts, dessen Schätze Margarete Schraube als Ensemble bewahren wollte. Überall im Museum gibt es Wunderbares zu entdecken: Vom Meißner Porzellan über den filigranen Nähkasten bis zu den kunstvollen Sammelbildern, bei deren Anblick Panini nur neidisch werden kann. Ein kleines, aber anrührendes Museum, das einen Besuch unbedingt lohnt!

🅼 *Voigtei 48, 38820 Halberstadt. ✆03941/5514-70, -71, www.museum-halberstadt.de.* **Bahn/Bus:** *Bus 15*

🗡 **Alt-Halberstadt,** Voigtei 17 – 19, Halberstadt. ✆03941/ 600622. www.alt-halberstadt.de. Di – Sa ab 11, So 11 – 16 Uhr. Rustikales Restaurant mit idyllischem Biergarten. Deutsche Küche mit leckeren Bratkartoffeln.

oder Straba 2 bis Voigtei. **Auto:** Altstadt. **Zeiten:** Di – So 13 – 17, Nov – März 13 – 16 Uhr. **Preise:** Kombiticket Städtisches Museum, Heineanum und Schraube-Museum 6,50 €; Kinder 6 – 18 Jahre 2 €.

Kaffeerösterei Löper

Kaffeegenuss beginnt in *Steven Löpers* Café schon mit dem herrlichen Geruch nach frisch gerösteten Kaffeebohnen. Aus unzähligen Sorten vom Hochland-Kaffee über die edle Arabica-Mischung bis zum Spitzen-Espresso entstehen hier diverse Kaffeespezialitäten. In kleinen Mengen wird traditionell per Hand geröstet, wodurch der Kaffee erst sein wahres Aroma entfalten kann. Dazu genießen Kenner ein Stück Schoko-Royal-Torte, einen American Donut oder einen Apfel-Zimt-Muffin. Am Tresen erhalten Sie, außer natürlich Kaffee, süße Mitbringsel wie Schokolade und Pralinen.

✉ *Trillgasse 2, 38820 Halberstadt.* ☎*03941/621933, www.kaffeeroesterei-loeper.de.* **Bahn/Bus:** *Bus 15 oder Straba 2 bis Voigtei.* **Auto:** *Altstadt.* **Zeiten:** *Di – Sa 10 – 18, So 14 – 18; Kaffeerösten Di, Do 11 Uhr.*

☀ *Bei der **Uraufführung** des Stückes 1989 in Metz benötigte der Organist Gerd Zacher 29 Minuten!*

☀ *Der tatsächliche **Spielbeginn** verzögerte sich, sodass erst im Sep 2001 mit dem Stück begonnen wurde. Da dieses mit einer Pause beginnt, erklang der erste Ton erst 2003. Die nächsten Tonwechsel finden statt am 5. Sep 2020 und am 5. Feb 2022.*

Das längste Musikstück der Welt in der Burchardikirche

Bis 2639 wird in Halberstadt ein Musikstück aufgeführt und dies ist kein Druckfehler! Das einzigartige Kunstprojekt entstand aus dem Stück **Organ/ASLSP** von dem Komponisten *John Cage* (1912 – 1992). Die Tempovorschrift zu dem Stück lautet »As slow as possible« – doch wie langsam ist »so langsam wie möglich«? Theoretisch unendlich und höchstens durch die Lebensdauer der Orgel begrenzt, lautete die Antwort auf einem Orgelsymposium 1997. 639 Jahre nachdem in Halberstadt die erste Großorgel der Welt erbaut wurde, nahm man eine wahrlich generationsübergreifende Aufgabe in Angriff: Genauso lange, also 639 Jahre lang seit

DER BESONDERE TIPP Schlemmen im Parkhotel Unter den Linden

Seit Dezember 2006 wird im Halberstädter Parkhotel unter der Leitung von *Thomas Behrens* gekocht. Prompt erhielt das Restaurant im mit Stuck verzierten Gewölbekeller 14 Punkte und eine Kochmütze im *Gault Millau*. Zu empfehlen sind beispielsweise Rinderfilet auf Thymiansoße mit Tomaten-Kartoffel-Gratin oder das Seeteufelmedaillon. Als Dessert vielleicht Himbeertörtchen oder Mango-Panna-Cotta? Das Parkhotel befindet sich im **Haus Klamroth,** der Villa des Unternehmers *Hans Georg Klamroth.* Er war Mitwisser der Attentatspläne an Hitler am

20. Juli 1944 und wurde im gleichen Jahr hingerichtet.

Unter den Linden, Klamrothstraße 2, 38820 Halberstadt. ℗03941/6254-0, www.pudl.de. **Bahn/Bus:** Bus 206, 210, 218 bis Käthe-Kollwitz-Gymnasium. **Auto:** B81, Friedenstraße, stadtauswärts Klamrothstraße. **Zeiten:** Mittag 11.30 – 14, Abendessen 18 – 22 Uhr, Reservierung empfohlen.

2000, soll das Stück von John Cage in der Burchardikirche aufgeführt werden.

Der romanische Bau gehörte zu einem Zisterzienserkloster, diente lange Zeit als Scheune, Lager und sogar als Schnapsbrennerei und Schweinestall. Hier erklingt nun aus sechs Orgelpfeifen der erste Dreiklang und lässt die Zuhörer nicht nur die Langsamkeit entdecken, sondern wirft auch philosophische Fragen zu den Themen Zeit und Ewigkeit auf. Die Initiatoren jedenfalls zeigen Vertrauen in die Zukunft und haben schon begonnen, die nächste Generation zu begeistern: Alle Halberstädter Kinder der Jahrgänge 2000 – 2003 haben mit ihren Kindergärten und Schulen die John-Cage-Orgel besucht, auch ein Jugendprojekt wurde gestartet.

Meines Vaters Land: Geschichte einer deutschen Familie. Ullstein 2008, 9,95 €. Klamroths Tochter, die Journalistin Wibke Bruhns, setzt sich kritisch mit ihrem Vater auseinander.

🕐🎵 *John-Cage-Orgel-Stiftung,* Am Kloster 1, 38820 Halberstadt. ℗03941/621620, www.aslsp.org. *Bahn/Bus:* Straba 2 oder Bus bis Torteich. *Auto: Parkplatz an der Braunschweiger Straße. Rad:* Röder-

Landschaftspark & Jagdschloss Spiegelsberge

Kahle Hügel, zur Schafhaltung genutzt und *Kattfuß-
berge* genannt, befanden sich am Südrand von Halberstadt, ehe **Ernst Ludwig Christoph von Spiegel**
1761 kam. Er erwarb das Land, ließ es aufforsten
und gestaltete es zu einem Landschaftspark um.
Im Sinne der Aufklärung öffnete er den Park 1771
der Öffentlichkeit. Bis heute lädt der Park wie auch
die angrenzenden *Theken- und Klusberge* zu ausge-
dehnten Wanderungen ein. In den Spiegelsbergen
befinden sich der **Tiergarten** und das **Jagdschloss,**
das ein **Restaurant** und das älteste **Riesenweinfass** von 1594 beherbergt. Spiegel erhielt es aus
dem baufälligen Gröninger Schloss, von wo auch
das Renaissanceportal über dem Eingang stammt.

☀ *Ernst Ludwig von
Spiegel (1711 –
1785) war Domdechant
in Halberstadt und in
enger Freundschaft mit
dem Dichter Gleim ver-
bunden.*

➡ **Tiergarten,** Spie-
gelsberge 4, Hal-
berstadt. ℂ03941/
24132. www.halber-
stadt.de. April – Sep 9 –
19, Okt – März 9 – 17
Uhr. 85 Tierarten sind im
Tiergarten heimisch, da-
runter Kängurus, Pumas,
Dingos, Luchse und Ber-
beraffen. Eintritt 4 €, Kinder bis 5 Jahre 1 €, 6 –
14 Jahre 2 €, Familien
10 €.

*Publikumsliebling: Erd-
männchen im Tiergar-
ten Halberstadt*

© pmv, Kirsten Wagner

Ganz in der Nähe
vom Jagdschloss
bietet der **Belve-
dere Turm** eine
schöne Aussicht
auf die Umgebung,
ebenso der **Bis-
marckturm** von
1906 auf dem
170 m hohen
*Blankenburger
Kopf* (täglich 10 –
18 Uhr). Eine **Ere-
mitage** zur be-
schaulichen Be-
sinnung, das **Spie-
gel-Mausoleum,**

mehrere **Grotten,** das **Sitzrondell** *Grüner Schröder* und die **Pfennighöhle** lassen sich ebenso entdecken wie eine vielfältige Flora. Kinder freuen sich auf den **Aktivspielplatz** an der Jahnwiese.

🕐 *38820 Halberstadt. www.halberstadt.de. **Länge:** Beliebig, kinderwagentauglich. **Bahn/Bus:** Bus 12, 15 bis Kirschallee. **Auto:** Über Hans-Neupert-Straße und Kirschallee zum Parkplatz. **Rad:** Harzvorlandradweg. **Preise:** Eintritt frei (außer Tiergarten).*

Speisen im Jagdschloss Spiegelsberge

Mit einem weiten Blick auf Halberstadt lässt sich im Jagdschloss der *Spiegelsberge* speisen – besonders schön vom **Wintergarten** aus. Noch ein wenig festlicher geht es nebenan im **Schlosssaal** zu. Die Karte umfasst neben Suppen, Vorspeisen und Kindergerichten auch Fisch- und Wildgerichte, wie Seelachsfilet auf Wirsing oder hausgemachtes Wildgulasch. Außerdem: Schweinefilet mit Kartoffelplätzchen, Hühnerbrust mit Ananas oder Nackensteak mit Bratkartoffeln. Im Auf und Ab des **Landschaftsparks Spiegelsberge** lässt sich erneut

Riesenweinfass: Dieses hier ist nicht ganz so alt (1912), aber groß genug zum Darinwohnen

© pmv, Kirsten Wagner

Platz schaffen für die verschiedenen Sahnetorten, die zur Kaffeezeit angeboten werden.

Über eine Wendeltreppe im Wintergarten kommen Sie zu dem **Riesenfass** von 1594. Es wurde von Herzog *Heinrich Julius von Braunschweig* in Auftrag gegeben, besitzt ein Fassungsvermögen von 140.000 l und ist das älteste erhaltene Riesenweinfass. Gefüllt war es vermutlich nie. Solche Fässer dienten vor allem Prunk- und Repräsentationszwecken, mancherorts aber auch der Lagerung des Zehntweins.

 *Das Weinfass stammt von Michael Werner, dem Küfer, der 1589 – 1592 das erste Heidelberger Fass erbaute. Dieses wurde jedoch im Dreißigjährigen Krieg zerstört und 1664 und 1750 durch größere Fässer ersetzt. Das **Halberstädter Fass** ist somit das älteste Riesenfass.*

✉ *Spiegelsberge 6, 38820 Halberstadt.* ✆*03941/583995, www.jagdschloss-halberstadt.de.* **Auto:** ↗*oben.* **Zeiten:** *Di – So ab 11 Uhr.*

Die Höhlen und die Altenburg von Langenstein

Schon im frühen Mittelalter befand sich auf dem »langen Steine« eine **Fluchtburg,** die ab 1177 von Bischof *Ulrich von Halberstadt* ausgebaut wurde. Immer wieder zerstört und erneut aufgebaut, wurde sie schließlich im 17. Jahrhundert aufgegeben. Noch zu erkennen ist die einstige Dreiteilung der Anlage durch Quergräben, auch einige Mauerreste stehen noch. Schon seit dem 12. Jahrhundert gab es einen *Felsenweg* zur Burg, der von mehreren **Höhlen** gesäumt wurde. Sie wurden viele Jahre als Wohnungen genutzt, 1916 zog als letzter Bewohner *Karl Rindert* aus seiner Höhle aus. Sie wurde wieder hergerichtet und ist heute mit Ofen und ein paar Möbeln zu besichtigen. Am **Ölmühlenteich** beginnt der Pfad zur Bergkuppe, von wo sich ein herrlicher Blick auf den Ort bietet. Im weiteren Verlauf endet der Pfad an der Quedlinburger Straße in der Nähe des **Schäferhofs.**

❷🕐 *Höhlenwohnungen Langenstein, 38895 Halberstadt-Langenstein. www.ortsteile-halberstadt.de.* **Länge:** *3 km, steinig, nicht kinderwagentauglich.* **Bahn/Bus:** *Bus 252, 261 bis Kindergarten, Dorfstraße folgen bis Ölmühlenteich (oder: Aufstieg neben Haus Nr. 14 Quedlinburger Straße).* **Auto:** *B81 Blankenburg – Halberstadt.* **Rad:** *Harzvorlandradweg.* **Zeiten:** *Frei zugänglich.*

✉ **Schäferhof Langenstein,** Quedlinburger Straße 28a, Halberstadt-Langenstein. ✆03941/613841. www.schaeferhof-langenstein.de. Täglich 11 – 22 Uhr. Mit Hofladen und Kreativwerkstatt. Auf der Karte: Schäfersuppe, Hirschbraten, Lammkeule, Lachsfilet, auch Vegetarisches.

Schlosspark Langenstein

Dort, wo die *Freifrau von Branconi* 1783 und 1784 ihren Freund *Goethe* empfing, hat das Internationale Bildungs- und Sozialwerk heute eine Therapieeinrichtung für Autisten geschaffen. Das Schlösschen

ist darum nur nach Voranmeldung zu besichtigen. Der Park ringsum aber ist frei zugänglich und lädt zu einem Spaziergang ein. *Carl Eduard Petzold,* ein Muskauer Gartenarchitekt, schuf die Anlage 1858 – 1866 wie eine natürlich angelegte Landschaft. Rund 100 verschiedene Gehölze befinden sich auf dem Terrain, darunter eine große Anzahl an alten Bäumen. Einige sind gekennzeichnet und offenbaren ihre Herkunft, etwa der Zürgelbaum aus Ostasien und die Weiße Robinie aus den nordamerikanischen Appalachen. An der tiefer gelegenen Südseite schließt sich der **Schlossteich** an, auf dessen Insel eine der selten gewordenen Sumpfzypressen wächst.

🕐 *Bahnhofstraße 14b, 38895 Halberstadt-Langenstein. www.halberstadt.de.* **Bahn**/**Bus:** *Bus 252 bis Langenstein, Schloss.* **Auto:** *Parkplätze an der Bahnhofstraße.* **Rad:** *Harzvorlandradweg.* **Zeiten:** *Park frei zugänglich, Schlossbesichtigung nur nach Voranmeldung, ✆03941/56640.*

Gedenkstätte für die Opfer des KZ Langenstein-Zwieberge

In der Nähe der *Thekenberge* südlich von Halberstadt errichteten die Nationalsozialisten im April 1944 ein Außenlager des *KZ Buchenwald*. Die 10.000 Häftlinge, die hier April 1944 – April 1945 untergebracht waren, sollten ein Stollensystem graben, in das man die Rüstungsproduktion der JunkersWerke in Dessau verlegen wollte. Unmenschlichste Bedingungen wie mangelnde Verpflegung, unzureichende Hygiene und vor allem die menschenunwürdigen Arbeitsverhältnisse in den kalten Stollen führten zum Tod tausender Menschen. Im April 1945, kurz vor der Befreiung, schickte man 3000 der Gefangenen auf einen 330 km langen sogenannten Todesmarsch nach Prettin an der Elbe. Nur wenige überlebten diese Tortur.

An die vielen Häftlinge aus 23 Nationen, die hier ihr Leben lassen mussten, erinnert die **Mahn- und Gedenkstätte Langenstein-Zwieberge.** Ein Rundweg von 2 km Länge führt zu dem Mahnmal, dem Appellplatz, einigen Baracken und der Hinrichtungsstätte an der Todeskiefer. Informationen zum Lager in Bild, Ton und Text gibt es in der Ausstellung der Gedenkstätte. Exponate wie Schuhe und Essgeschirr von Häftlingen berühren ebenso wie der amerikanische Film von der Befreiung des Lagers. Ein 2,2 km langer Weg führt außerdem zum alten Reichsbahnstollen, der nur im Rahmen einer Führung zugänglich ist.

🅼 *Vor den Zwiebergen 1, 38895 Halberstadt-Langenstein. ℂ03941/567324, www.stgs.sachsenanhalt.de.* **Bahn/Bus:** *Bus 252 bis Langenstein-Rathaus und 3 km zu Fuß.* **Auto:** *B81, Abfahrt Langenstein.* **Rad:** *Am Harzvorlandradweg.* **Zeiten:** *Di – Fr 9 – 15.30 Uhr, April – Okt letztes Wochenende im Monat 14 – 17 Uhr inkl. Stollenbereich, Freigelände ganzjährig zugänglich.* **Preise:** *Eintritt und Führung kostenfrei.*

Glasmanufaktur Harzkristall

Ein wahres Glaszauberland ist die gesamte Glasmanufaktur Harzkristall, nicht nur der gleichnamige Spielplatz auf dem Gelände. Die lichte moderne Eingangshalle mit Bistro und Verkaufsräumen offenbart sogleich, welche Möglichkeiten der Werkstoff Glas sowohl in der Architektur wie auch in der Herstellung von Dekorations- und Gebrauchsgegenständen bietet. Da schimmern Vasen in Grün-, Gelb- und Rottönen, glänzen gläserne Lampenschirme und entzücken kleine Glastierchen. Wie diese Preziosen entstehen, ist während der ManufakTour zu erfahren. Wer das Glas erfunden

Besonderes Handwerk: In der Glasmanufaktur entsteht eine Vase
© pmv, Kirsten Wagner

hat und woraus Glas besteht, zeigt die multimediale Führung ebenso wie die einzelnen Bereiche der Mundglashütte. Von der Lagerung und dem Mischen der Rohstoffe bis zu den Glasbläsern und deren Kühlöfen können Sie den Weg des Glases verfolgen.

🕐 *Im Freien Felde 5, 38895 Derenburg. ℂ039453/ 680-0, 680-22, www.harzkristall.de. **Bahn**/**Bus**: Bus 252 von Halberstadt oder Wernigerode. **Auto**: B81 von Blankenburg – Halberstadt, Ausschilderung folgen. **Rad**: Am Holtemme-Radweg. **Zeiten**: Führung Mo – So 10.30, 11.30, 12.20, 13.30, 14.30 und 15.30 Uhr; Glasmarkt Mo – So 10 – 18, Jan – März 10 – 17 Uhr. **Preise**: 4 €, nur Zuschauertribüne 2 €; Kinder 6 – 16 Jahre 2,50 €; Schüler, Studenten 2,50 €, Familie (2 Erw, 3 Kinder) 10 €.*

🕐 ***Dekorkugel blasen**: 6 €. Täglich 10 – 16 Uhr in der Schauwerkstatt.*

 Café und Bistro in der Glasmanufaktur, Derenburg. ℂ039453/680-0. www.cafe-harzkristall.de. Mo – Fr 9 – 18, Sa, So ab 10 Uhr. Im Sommer mit Terrasse. Garten und Spielplatz laden zum Verweilen ein, im Theatron finden regelmäßig Konzerte statt.

FACHWERKSTADT OSTERWIECK

Rund 400 Fachwerkhäuser aus fünf Jahrhunderten besitzt Osterwieck, 180 davon stehen unter Denkmalschutz. Im alten Rathaus ist das **Heimatmuseum** untergebracht, das über die Geschichte der von der *Ilse* durchflossenen Stadt berichtet. **Schäfers Hof** nennt sich ein mittelalterlicher Ackerbürgerhof, der zur Besichtigung offen steht. Er besitzt einen charakteristischen Taubenturm in seiner Mitte sowie einen großen Bauern- und Skulpturengarten (Kapellenstraße 27, www.schaefershof.de). Ein beliebtes Naherholungsgebiet ist der nördlich gele-

M **Heimatmuseum,** Am Markt 1, Osterwieck. ℂ039421/ 29441. www.stadt-osterwieck.de. Mo – Do 10 – 12 und 13 – 16, So 13 – 16 Uhr. Hochzeitsteller von 1480, Schuhmacherwerkstatt, Waffenkammer.

Aus der Zeit gefallen: Fachwerkhäuser verleihen Osterwieck seinen Charme

© pmv, Kirsten Wagner

DER BESONDERE TIPP

Wandern und Einkehren am Großen Fallstein

Der *Große Fallstein* ist ein bewaldeter Höhenzug 2 km nördlich von Osterwieck. Als Ausgangspunkt für eine Wanderung bietet sich das **Waldhaus Osterwieck** an, ein Restaurant und Café, das vor oder nach dem Spaziergang zur Einkehr ins Haus oder den großen Garten einlädt. Sowohl geradeaus, vom *Fichtenweg* kommend, als auch links am *Tiergehege* vorbei, führen die Wege zum **Bismarckturm.** Der Aussichtsturm mit Kuppel, der 1904 für den damals immer noch populären ersten deutschen Reichskanzler errichtet worden war, bietet einen schönen Blick über das Harzvorland. Das Waldhaus entstand im selben Jahr und hat eine wechselvolle Geschichte hinter sich. Es diente nach dem Zweiten Weltkrieg als Tuberkulose-Kurheim und zu DDR-Zeiten als Zuchtbetrieb für Legehennen.

Waldhaus Restaurant und Café, Im Fallstein 1, 38835 Osterwieck. ✆039421/6180, www.waldhaus-osterwieck.de. **Länge:** 4 km. **Bahn/Bus:** Bus 203, 215 bis Am Langenkamp, Fußweg 10 Min. **Auto:** Am Langenkamp, Fichtenweg. **Rad:** Ilseradweg. **Zeiten:** Waldhaus Di – So 11.30 – 21, Bismarckturm Mai – Sep Sa, So, Fei (Mo – Fr Schlüssel im Waldhaus erhältlich).

gene **Große Fallstein** mit Ausflugslokalen, Wanderwegen und einem Bismarckturm.

ℹ **Tourist- und Stadtinformation Osterwieck,** *Am Markt 10, 38835 Osterwieck. ✆039421/793555, www.osterwieck.de. **Bahn/Bus:** Bahn bis Wernigerode, Bus 255 oder Bahn bis Vienenburg, Bus 203. **Auto:** A395 Ausfahrt 13 Vienenburg-Ost/Osterwieck; von Halberstadt B79, über Zilly. **Rad:** Ilseradweg. **Zeiten:** Di – Do 10 – 16, Fr 10 – 14 Uhr.*

Verleih von E-Bikes an der Stadtinformation. 15 € pro Tag.

Stadtführung Sa 11 Uhr ab Heimatmuseum: 4 €, Kinder bis 14 Jahre frei.

Stephanikirche Osterwieck

Schon 780 stand an der Stelle der heutigen St.-Stephanikirche in Osterwieck ein Kirchbau. Um 1150 entstand eine romanische Kirche, von der noch das

Westwerk mit seinen beiden Türmen erhalten ist. Der Chor wurde 1512 nach der Reformation umgebaut, das Langhaus folgte ab 1552. Das Hauptschiff wurde so zu einem der ersten protestantischen Stadtkirchenbauten. Zur Ausstattung gehören ein bronzenes Taufbecken aus dem 13. Jahrhundert, ein Schnitzaltar von 1480 und eine Renaissance-Kanzel von 1603.

🕐 *Stephanikirchplatz, 38835 Osterwieck. ✆039421/ 74262, www.st-stephani.de.* **Auto:** *Zentrum.* **Rad:** *Ilseradweg.* **Zeiten:** *Di – Fr 10.30 – 15.30, Sa, So 11 – 12 und 13 – 17 Uhr.*

@ Fahrplanauskunft für Bahn und Bus in Sachsen-Anhalt: www.insa.de.

📙 *Ostharz, Bodetal und Umgebung,* 1:35.000. Dr. Barthel. 4,90 €.

Rund um Halberstadt mit Bahn & Bus

Bahn: Halberstadt wird von der Bahn angefahren. Der *Harz-Elbe-Express (HEX)* verbindet Vienenburg sowie Blankenburg mit Halberstadt, Auskünfte unter www.hex-online.de.

Bus: In und um Halberstadt ist die *Harzer Verkehrsbetriebe GmbH* unterwegs: Dornbergsweg 7, 38855 Wernigerode, ✆03941/573118, Fax 564-180, www.hvb-harz.de, info@hvb-harz.de. In der Stadt fährt die *HVG (Halberstädter Verkehrs GmbH)* mit 5 Stadtbus- und 2 Straßenbahnlinien. Postanschrift: Gröperstraße 83, 38820 Halberstadt, ✆03941/56615, Fax 5661-63, hvg@stadtverkehr-halberstadt.de, www.stadtverkehr-halberstadt.de.

SCHLÖSSER BEI WERNIGERODE

Gartenliebe: Im Lustgarten unterhalb von Schloss Wernigerode
© pmv, Kirsten Wagner

KLÖSTER, SCHLÖSSER & RUINEN

An den nördlichen Harzrand schmiegen sich eine Reihe bedeutender Kulturdenkmäler: Vom Kloster Michaelstein über das Märchenschloss in Wernigerode und die Ruine Regenstein bis zur Cyriakuskirche in Gernrode und dem Schloss in Ballenstedt.

Überall wandelt man auf historischen Spuren und kann bei Interesse viel erfahren über Albrecht den Bären, Graf Otto und die Benediktinermönche. Anziehungspunkt Nummer 1 ist Wernigerode mit seinen zahlreichen Attraktionen. Thale hat zwar weder Schloss noch Kloster, dafür kann man auf dem Hexentanzplatz und der Rosstrappe wahrhaft erhabene Wanderungen unternehmen und die Natur genießen.

FESTKALENDER

April:	Ende, Rieder: **Frühlingsfest** auf der Roseburg.
	30., Thale, Blankenburg: **Walpurgisfeiern.** Wernigerode: **Walpurgiszug der Schmalspurbahnen.**
	Ostern, Blankenburg: **Wikingerfestspiele** auf Burg Regenstein.
Mai:	2. So, Wernigerode: **Wildparkfest** im Christianental.
Juni:	Mitte, Wernigerode: **Rathausfest** mit Ständen, Vorführungen, Mittelaltermarkt, Musik.
Juli:	Letztes Wochenende, Blankenburg: **Ritterturnier** auf Burg Regenstein.
August:	Wernigerode: **Schlossfestspiele,** Konzerte, Oper, Familienprogramm.
	Letztes Wochenende, Blankenburg: **Altstadtfest.**
Oktober:	Ende, Rieder: Kürbisfest auf der Roseburg.
Dezember:	Fr vor dem 1. Advent – Weihnachten, Wernigerode: **Weihnachtsmarkt.**, 2. Adventswochenende, Wernigerode: **Weihnachtsmarkt** im Schloss.
	2. – 3. Adventswochenende, Blankenburg: **Sternthaler Weihnachtsmarkt.**
	3. Advent, Gernrode: **Advent im Stiftshof.**
	4. Advent Fr – So, Thale: **Weihnachtsmarkt.**

WERNIGERODE – BUNTE STADT AM HARZ

Die vielen Fachwerkhäuser mit ihren farbenreichen Verzierungen brachten Wernigerode den Beinamen »bunte Stadt am Harz« ein, den **Hermann Löns** erstmals 1907 verwendete. Unter ihnen finden sich viele ungewöhnliche Bauten wie das **Kleinste Haus**, das über und über verzierte *Krummelsche Haus* oder das Schiefe Haus im Klint. Über allem thront das **Schloss** wie aus einem Märchen. Wen es ins Grüne zieht, der hat im **Bürgerpark,** zu dem auch ein Miniaturenpark gehört, viel zu schauen. Technikfans kommen bei der *Harzer Schmalspurbahn* auf ihre Kosten, denn die hat in Wernigerode ihren Hauptsitz.

Als Rodungssiedlung entstand der Ort im 11. Jahrhundert. Bis 1429 herrschten die Grafen von Wernigerode, nach Aussterben des Geschlechts ging Wernigerode an die Grafen von Stolberg über.

☀ *1907 besuchte der Heidedichter* **Hermann Löns** *Wernigerode und prägte den Beinamen »bunte Stadt am Harz«. Er sagte auch: »Alle Städte den Harz hinauf, den Harz hinab haben ihre Schätze und Kostbarkeiten; keine aber ist so reich und bunt wie Wernigerode!«*

ⓘ **Wernigerode Tourismus GmbH,** *Marktplatz 10, 38855 Wernigerode.* ☏*03943/55378-35, 19433, www.wernigerode-tourismus.de.* **Bahn/Bus:** *RE, HEX, Schmalspurbahn.* **Auto:** *B6 Ausfahrt Wernigerode-Zentrum.* **Rad:** *Harzrundweg oder Holtemmeradweg.* **Zeiten:** *Mai – Okt Mo – Fr 9 – 19 (Nov – April bis 18 Uhr), Sa 10 – 16, So 10 – 15 Uhr.*

Mit Hilleborch durch das Wernigeröder Rathaus

Das Rathaus von Wernigerode ist zusammen mit dem Schloss eines der Schmuckstücke und der am meisten bewunderten Sehenswürdigkeiten der »bunten Stadt am Harz«. Wer den Fachwerkbau nicht nur von außen besichtigen möchte, kann sich einem Rundgang mit »Hilleborch« anschließen. *Thomas Hilleborch* war Ende des 15. Jahrhunderts verantwortlich für den Umbau des Fachwerkjuwels. Es wurde ursprünglich als Spielhaus für Vergnügungen aller Art genutzt, dann als Gerichtsgebäude und

Hingucker: Das Rathaus von Wernigerode ist ein Schmuckkästchen
© pmv, Kirsten Wagner

schließlich zum Rathaus umfunktioniert. Der Baumeister persönlich erklärt die Geschichte des ungewöhnlichen Baus und macht auf viele Details in der Fassade aufmerksam. Kurzweilig werden die Figuren erklärt, die Heilige, Handwerker und Fastnachtsfiguren darstellen. Dann aber geht es ins Innere, wo die beiden Trauzimmer, die Rathswaage, der Festsaal und der Sitzungssaal des Oberbürgermeisters zu den Stationen gehören. Auch ein Umtrunk ist in der Führung inbegriffen.

ℹ️ **Wernigerode Tourismus GmbH,** *Marktplatz 10, 38855 Wernigerode. ℂ03943/55378-35, www.wernigerode-tourismus.de.* **Bahn/Bus:** *Innenstadt, Treffpunkt am Ratskeller.* **Zeiten:** *Mehrere Termine monatlich, in der Regel Mo – Fr 16, Sa, So 11 Uhr.* **Preise:** *6,30 €; Kinder bis 12 Jahre 4,30 €.*

Rundgang mit dem Nachtwächter

Viele Geschichten aus alter Zeit weiß der Nachtwächter von Wernigerode zu erzählen. Mit Umhang und Schlapphut bekleidet und zünftig mit Laterne und Hellebarde ausgestattet, führt *Rudolf Nüchterlein* durch das nächtliche Wernigerode. Nachdem er in sein Horn geblasen hat, beginnt er zu erzählen: Von Nachtwächtern natürlich, aber auch von den Bränden, die Wernigerode so oft heimsuchten, von Fachwerkhäusern, der Stadtmauer und wie die Menschen im Mittelalter in der Stadt lebten. Stimmungsvoll erstrahlt hoch über der Stadt das Schloss, während unten in den Gassen die Gruppe den spannenden Erzählungen lauscht.

➲ *Rudolf Nüchterlein, Oberengengasse 10, 38855 Wernigerode. ℂ03943/606948, Handy 0170/*

🍴 **Café Wiecker,** Marktplatz 6 – 8, Wernigerode. ℂ03943/261690. www.cafe-wiecker.de. Mo – Sa ab 8, So ab 9 Uhr. So 9 – 14 Uhr Brunch. Mit Blick aufs Rathaus leckerste Torten verspeisen!

2844029. www.nachtwaechter-wernigerode.de. Treffpunkt am Marktbrunnen, Dauer: 90 Min. **Auto:** Zentrum. **Zeiten:** rund 20 Termine im Monat, im Sommer
um 20, im Winter 18 oder 19 Uhr. Termine werden
auf der Internetseite und am Rathaus veröffentlicht.
Preise: 5 €.

Harzmuseum Wernigerode

Auf der ältesten besiedelten Fläche Wernigerodes,
dem *Klint,* befindet sich das Harzmuseum in einem
Fachwerkbau von 1821. Die Museumsräume im
ersten Stock unterteilen sich in einen **naturkund-
lichen** und einen **stadtgeschichtlichen Rundgang.**
Die Besucher können an vielen Stellen selber aktiv
werden. Da lassen sich bergwerkliche Modelle wie
ein Gaipel und eine Wasserkunst in Bewegung ver-

*Ein **Fiaker** ist ein
Espresso mit Zu-
cker und Sahne, verfei-
nert mit einem Schuss
Kirschwasser.*

*Die Abkürzung
k.u.k. steht für
kaiserlich und königlich.
Sie bedeutete in der ehe-
maligen Doppelmonar-
chie Österreich-Ungarn:
Beide Reichsteile betref-
fend.*

**DER BESONDERE TIPP Torten vor historischer Kulisse:
Café Wien**

Bei einem Café mélange und einem Stück Mozarttorte fühlt man sich im
Café Wien nicht nur in Österreichs Hauptstadt versetzt, sondern auch um
100 Jahre in die Vergangenheit. Die Inneneinrichtung mit den verspiegelten Wänden, den Glasmalereien und den Schwingtüren lassen die **k.u.k. Monarchie** aufleben. Das schön verzierte Fachwerkhaus stammt aus dem Jahre 1583, seit 1897
befindet sich ein Kaffeehaus darin. In dem unter Denkmalschutz stehenden
Gebäude speisten schon Schriftsteller *Hermann Löns* (1866 – 1914) und Bildhauer *Ernst Barlach* (1870 – 1938). Bei klassischer Musik lassen sich hier auch ein

© Annette Sievers

leckeres Frühstück, ein **Fiaker**
oder Wiener Torte, eine Krea-
tion aus leichter Buttercreme
mit Vanille- und Schokopud-
ding, genießen.
Café Wien, Marga Siegemund,
Breite Straße 4, 38855 Wernigerode. ℂ03943/632409,
www.cafewien-wernigerode.de.
Auto: Zentrum. **Zeiten:** Mo –
Sa 8 – 18, So 10 – 18 Uhr.

setzen oder Vogelstimmen per Knopfdruck zum Singen bringen. Hätten Sie gewusst, wie Zaunkönig,
Kiebitz oder Sumpfohreule zwitschern? Über historische Telefone sind weitere Informationen und
Tipps für Ausflüge zu erhalten. Themen sind Fossilien, die Geologie des Harzes, Bergbau, Naturschutz, die Lebensräume Wiese, Fluss und Wald,
Fachwerk und die Geschichte Wernigerodes von der
Gründung bis heute.

🅼 *Klint 10, 38855 Wernigerode. ℡03943/654450,
www.harzmuseum.de.* **Lage:** *Im Zentrum, hinter dem
Rathaus.* **Bahn/Bus:** *Citybus 1, 2, 3 bis Markt.* **Auto:**
Zentrum. **Zeiten:** *Mo – Sa 10 – 17, Fei 14 – 17 Uhr.*
Preise: *2 €; Kinder 7 – 17 Jahre und Schüler 1,30 €.*

Das Kleinste Haus

Das kleinste Haus von Wernigerode wurde 1792
als Lückenbau errichtet, sodass die Breite von nur
2,95 m vorgegeben war. Vor der niedrigen Tür fühlen sich selbst kleine Leute ziemlich groß. Im Laufe
der Zeit wohnten hier Schuh- und Tuchmacher, seit
1920 der Oberpostschaffner *Nettelmann* mit seiner
Frau und sieben Kindern. Im Erdgeschoss ist die
kleine Küche mit Möbeln und Utensilien von anno
dazumal eingerichtet, über eine Treppe ist die Stu-

*Romantischer geht's
nicht: Mit 2 PS durch
Wernigerode*

© Annette Sievers

be zu erreichen, unter
dem Dach befand sich
die Schlafkammer.
1926 zog der Marmor-
schleifer *Hahne* als Un-
termieter ebenfalls
hier ein. Seine Tochter
Elsbeth war bis 1971
die letzte Bewohnerin
des kleinen Hauses.

🅼 *Kochstraße 43,
38855 Wernigerode.
℡03943/606016,*

*www.wernigerode.de. **Bahn/Bus:** Bus 2 bis Gymnasi-*
*um. **Auto:** Parkplatz Schöne Ecke (Johann-Sebastian-*
*Bach-Straße). **Zeiten:** Di – Fr 11 – 15, Sa, So 10 – 16*
*Uhr. **Preise:** 1 € pro Person.*

Schloss Wernigerode®

Wie aus einem Märchen entsprungen, thront das
Schloss von Wernigerode hoch über der Stadt. Die
Weinterrassen und der Vorplatz des Schlosses wurden nach historischem Vorbild wieder hergerichtet
und bieten einen großartigen Blick auf die Stadt und
das Umland. Im Schloss sind in zwei Rundgängen
über 40 Räume zu besichtigen, die original eingerichtet sind aus der Zeit der zweiten Hälfte des 19.
Jahrhunderts.

Schon um 1110 gab es an dieser Stelle eine Burg,
die *Heinrich V.* erbauen ließ. Die Grafen zu Stolberg-
Wernigerode wandelten die alte Festung mehrfach
um, sodass sich heute gotische, barocke und romantische Elemente des Historismus nebeneinan-
der finden. So wie sich die meisten Schlossräume
heute präsentieren, wurden sie von **Graf Otto zu
Stolberg-Wernigerode** und seiner Frau *Anna Reuß
zu Köstritz* eingerichtet und bewohnt. Im Innenhof
ist das Paar mit seinen Kindern auf einem Holzrelief
verewigt. Otto war es auch, der das Schloss im Stil
des **Historismus** von dem Architekten *Carl Frühling*
umgestalten ließ, tatkräftig von seiner künstlerisch
begabten Gattin unterstützt. Graf Otto schrieb sogar Geschichte, denn als Stellvertreter des Reichs-
kanzlers *Bismarck* hatte er grundlegenden Anteil an
der deutschen Sozialgesetzgebung. So kam es
auch, dass Kaiser *Wilhelm I.* mehrfach im Schloss
zu Gast war. In den sogenannten Königszimmern
ist schön zu sehen, wie er residierte – mit eigenem
Abort! Diese Räume waren auch später besonders
bedeutenden Gästen vorbehalten. 1929 wurden sie
letztmalig bewohnt: Vom ägyptischen König Fuad I.

Café Friedrich,
Neustadter Ring
17, Wernigerode.
✆ 03943/632726.
www.harzer-baumkuchen-
friedrich.de. Mo – Sa
10 – 18, So, Fei 12 – 18
Uhr. Schaubacken Fr, Sa
14 – 16 Uhr.

 *Otto zu Stolberg-
Wernigerode*
*(1837 – 1896) war 1878 –
1881 Vizekanzler, legte
dann aber aufgrund
häufiger Meinungsver-
schiedenheiten mit Bis-
marck sein Amt nieder.*

 *Historismus be-
zeichnet eine Stil-
richtung des 19. Jahr-
hunderts, in der man auf
ältere Stilrichtungen zu-
rückgriff und diese nach-
ahmte.*

SCHLÖSSER BEI WERNIGERODE

Doch auch die Familie zu Stolberg-Wernigerode lebte nicht schlecht. Im Festsaal sieht man sie förmlich an der 8 m langen Tafel Platz nehmen. Als hätten die Bewohner ihr Heim nur kurz verlassen wirken auch das Schreibzimmer des Fürsten mit Originaltapete aus Japanleder, sein Ankleidezimmer und die Räume der Fürstin Anna. In ihrem Salon sind die Wände mit rotem Seidendamast bespannt, darin eingewebt: Krone und Hirsch, das Stolberger Wappentier. Im ehelichen Schlafzimmer liegt die Original-Bettwäsche von einst, der türkise Seiden-Jaquard-Damast ist verziert mit den Initialen A und O – Anna und Otto, aber auch Alpha und Omega, Anfang und Ende.

1930 gab die fürstliche Familie ihren Wohnsitz auf dem *Agnesberg* auf, nachdem sie in finanzielle Schwierigkeiten geraten war. 1945 wurde das Schloss enteignet, 1949 ein Museum eingerichtet.

DER BESONDERE TIPP Gothisches Haus

✕ Im Gothischen Haus in Wernigerodes Zentrum haben Sie die Wahl: Das **Restaurant Die Stuben** bietet in gehobenem Ambiente feinste Küche à la carte sowie saisonal wechselnde Menüs, angeboten in mehreren historischen Räumen, sowie dem Wintergarten, einem Atrium, das zwei Fachwerkhäuser miteinander verbindet. Feinschmecker werden im **Gourmetrestaurant Bohlenstube** verwöhnt. 2006 in einem exklusiven Renaissance-Raum eröffnet, erhielt es schon mehrere Auszeichnungen, darunter 14 Punkte im Gault Millau-Restaurantführer. Die Küche hier ist mediterran-leicht.Wer das Besondere sucht, wird auch fündig bei einem Krimidinner, der Küchenparty oder einem Jazzbrunch. Das **Veranstaltungsprogramm** ist für Genießer eine wahre Fundgrube. **Gothisches Haus,** Marktplatz 2, 38855 Wernigerode. ✆03943/6750, www.travelcharme.com. **Zeiten:** Die Stuben täglich 12 – 14 und 18 – 21.30 Uhr à la carte; Bohlenstube Mi – Sa ab 18 Uhr, nur nach Voranmeldung, Schließzeit im Hochsommer.

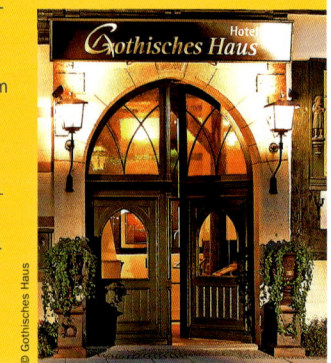

© Gothisches Haus

*Am Schloss 1, 38855 Wernigerode. ℂ03943/ 553030, www.schloss-wernigerode.de. **Bahn/Bus:** Stadtbus 2, 3 bis Breite Straße, Fußweg 15 Min. **Auto:** Parkplatz Anger, Schlossbahn; ab Rathaus Bimmelbahn oder Kutsche; Parkplatz Nöschenroder Straße, zu Fuß über Straße Burgberg. **Rad:** Holtemme-Radweg. **Zeiten:** Mai – Okt 10 – 18 Uhr, Nov – April Di – Fr 10 – 17 (nur mit Führung zu jeder vollen Stunde, 1 € Aufschlag), Sa, So 10 – 18 Uhr. **Preise:** 6 €; Kinder 6 – 14 Jahre 2,50 €, Schüler 5 €; Familien 14,50 €, Schlossführung 2 €, Audioguide 2,50 €.*

Schlosscafé, Am Schloss 1, Wernigerode. ℂ03943/553044. Das Café befindet sich im Schloss und hat die gleichen Öffnungszeiten. Kleiner holzgetäfelter Gastraum mit Lampen aus den 1920er Jahren. Kuchen und kleine Speisen.

Miniaturenpark Kleiner Harz im Bürgerpark Wernigerode

Den ganzen Harz überblicken können Sie im Wernigeröder Bürgerpark. Dort ist nämlich der **Miniaturenpark** Kleiner Harz beheimatet. Rund 60 Gebäude im Maßstab 1:25 sind hier zu sehen. Tonsäulen liefern weitere Infos zu den Sehenswürdigkeiten. Zwerggehölze und Eisenbahnstrecken, auf denen die Schmalspurbahn verkehrt, verleihen dem Areal ein authentisches und lebendiges Aussehen. Wie die Gebäude maßstabsgerecht entstehen, ist in der **Schauwerkstatt** direkt mitzuerleben.

Doch der Bürgerpark hat noch mehr zu bieten: Mehr als 80 **Themengärten,** fünf Teiche, eine Mineralienschlucht, ein Tiergehege, mehrere Spiellandschaften und eine Minigolfanlage (1 € pro Person) laden zu Erholung und Entspannung in einer abwechslungsreich gestalteten Landschaft ein. Dass hier einst ein Gewerbegebiet und ein Bauhof ihren Standort hatten, ist kaum mehr zu glauben. Heute wachsen bunte Stauden, Esel, Hasen und Ziegen freuen sich über Besuch und der Schäferhof mit seinem **Parkcafé** lädt zur gemütlichen Pause ein. In den Modellgärten lässt sich so manche Anregung für das heimische Grün abgucken. Sogar von oben können Sie das Gelände überblicken, denn eine Betonmischanlage am Rande des Parks wurde zu ei-

Das Schloss ganz klein: Im Miniaturenpark
© pmv, Kirsten Wagner

✕ Parkrestaurant im Bürgerpark, Dornbergsweg 27, Wernigerode. ✆03943/407933. www.parkrestaurant-wernigerode.de. Täglich 11 – 18 Uhr. Warmer Mittagstisch, Kaffee und Kuchen, Eis.

☀ *Die* **Straße der Romanik** *wurde 1993 ins Leben gerufen und verbindet als Ferienstraße zahlreiche bedeutende Burgen, Klöster und Kirchen aus dem* **10. – 13. Jahrhundert.** *Sie verläuft in einer Nord- und einer Südroute durch Sachsen-Anhalt. Zur Südroute gehören der Halberstädter Dom, das Kloster in Ilsenburg, Kloster Michaelstein, die Stiftskirchen in Quedlinburg und Gernrode und Burg Falkenstein. Infos unter www.strasse-der-romanik.net.*

nem Aussichtsturm umfunktioniert. Mit seiner pflanzlichen Bemalung ist das Bauwerk perfekt integriert. Selbst Kinder genießen den Aufenthalt, denn auf den tollen Spielplätzen kommt garantiert keine Langeweile auf.

🕐 *Kurtsstraße 11, 38855 Wernigerode. ✆03943/ 4089-120, www.miniaturenpark-wernigerode.de.* **Bahn/Bus:** *Ab Hbf Citybus 1 und 4 bis Miniaturenpark bzw. Im Langen Schlage.* **Auto:** *Parkplätze am Eingang Dornbergsweg.* **Rad:** *Dornbergsweg.* **Zeiten:** *Mai – Sep 9 – 19, April, Okt 9 – 18 Uhr, Park ohne Miniaturen auch März 9 – 16 Uhr nach Witterung.* **Preise:** *Nur Park 2 €, mit Miniaturenpark 6 €; Kinder 6 – 16 Jahre 1 €, mit Miniaturenpark 4 €; Familie (2 Erw, 4 Kinder) 15 €.*

Kloster Drübeck

Im Jahr 960 wird das Benediktinerinnenkloster Drübeck, bei den »drei Bächen«, erstmals erwähnt. Heute hat das Evangelische Zentrum mit Tagungsstätte und Haus der Stille seinen Sitz in dem Gebäudekomplex. Doch auch viele Tagesbesucher zieht es in die Klosterkirche und die Gärten, das Café und den Klosterladen.

Die **Klosterkirche** wurde um das Jahr 1000 errichtet, im **12. Jahrhundert** umgebaut und um das imposante Westwerk erweitert. Weitere bauliche Veränderungen erfolgten mit der Reformation, als das Kloster 1720 – 32 saniert und in ein evangelisches Damenstift umgewandelt wurde, und im 19. Jahrhundert bei Renovierungsmaßnahmen. Besonders augenfällig ist das seit einem Brand 1599 fehlende nördliche Seitenschiff, wodurch auch die *Krypta* nur noch von außen zugänglich ist. Interessant ist der Kontrast zwischen romanischen Ausstattungsteilen wie den Säulenkapitellen oder dem Relief des segnenden Christus einerseits und modernen Objekten andererseits. Zu ihnen gehören die Dornbuschleuchter, der Große Christus in der Westapsis und

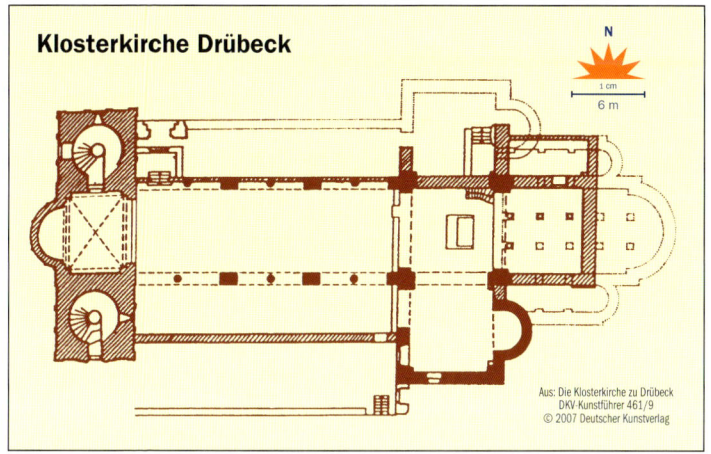

Klosterkirche Drübeck

N

1 cm
6 m

Aus: Die Klosterkirche zu Drübeck
DKV-Kunstführer 461/9
© 2007 Deutscher Kunstverlag

die Drübecker Madonna, eine Pietà von 1992. Der Flügelaltar wurde hingegen Ende des 15. Jahrhunderts gefertigt und stand ursprünglich in der Drübecker Pfarrkirche St. Bartholomäus.

Zu einem Rundgang im Freien laden die **Klostergärten** ein, die im Rahmen des Projekts *Gartenträume* rekonstruiert wurden.

🕐 *Klostergarten 6, 38871 Drübeck. ©039452/ 94330, www.kloster-druebeck.de. **Bahn**/**Bus:** Bus 260, 288 ab Wernigerode oder Ilsenburg. **Auto:** Ilsenburg Richtung Darlingerode. **Rad:** Harzrundweg, Schützenweg. **Zeiten:** Klosterkirche täglich 6.30 – 19 Uhr, Gärten frei zugänglich. Führungen Kirche täglich 14, April – Okt So auch 11 Uhr. Klostercafé und Klosterladen Di – So 11 – 17.30, Dez – Feb 14 – 17.30 Uhr. **Preise:** Eintritt frei, Führung 2,50 €.*

Auf historischen Spuren in Blankenburg

Auf einem blanken Kalkfelsen wurde als Vorläufer des heutigen Schlosses schon im 12. Jahrhundert eine Burg hoch über der Stadt erbaut – daraus leitet sich noch heute der Name Blankenburg ab. Zu den Sehenswürdigkeiten der Stadt zählen das **Kleine Schloss** mit Museum und den Barocken Gärten, die **Burg Regenstein,** das **Herbergsmuseum** und das **Kloster Michaelstein.** Zwischen Blankenburg und Timmenrode verläuft die bizarr aufragende **Teufels-mauer,** auf der ein beliebter Wanderweg verläuft.

ℹ *Tourist- und Kurinformation, Schnappelberg 6 (im Kleinen Schloss), 38889 Blankenburg. ©03944/ 2898, www.blankenburg.de. Bahn/Bus: HEX, Bus 253, 258, 261, 263. Auto: A395, B6 Wernigerode – Blankenburg oder B27 von Elbingerode oder B81 Halberstadt – Hasselfelde. Rad: Harzrundweg, Harz-vorlandradweg. Zeiten: Mo – Fr 9 – 18 Uhr (Nov – März bis 17), Sa 10 – 15, April – Okt auch So 10 – 14 Uhr.*

Barocke Gärten Blankenburg

Ein wunderschönes Ensemble bilden die Barocken Gärten rund um das Große und das Kleine Schloss in Blankenburg. Direkt hinter dem **Kleinen Schloss**

Blick auf das Kleine Schloss: Putte im Baro-cken Garten

© pmv, Kirsten Wagner

beginnt der *Terrassengarten,* der ab 1718 entstand. Springbrun-nen, Skulpturen, Putten und geo-metrisch gestaltete Blumenrabat-ten kennzeichnen den am Hang ansteigenden Park. Am Ende des mittleren Ganges erwartet eine Neptun-Skulptur die Besucher: Hier hat sich *Herzog Ludwig Ru-dolf,* der Bauherr des Kleinen Schlosses, verewigen lassen. Wer dem Weg durch die Stadt-mauer folgt, befindet sich plötz-lich im **Berggarten** des Dr. Reck, dem Leibarzt des Braunschweigi-schen Herzogs. Heil-, Würz- und Duftkräuter weisen den Weg zu ei-nem *Aussichtsturm* und dem **Tee-haus.** Auf der anderen Seite liegt der **Fasanengarten.** Gold-, Silber- und Diamantfasane zeigen hier ihre ganze Federpracht. Hohe Stahlskulpturen symbolisieren Fasanenfedern: In der griechischen Mythologie werden Jason und seine Soldaten von Fasanen angegriffen, deren Federn sich in Bronze verwandeln. Im Süden schließt sich der **Tiergarten** mit seinen Wäldern an. Die mittlere Allee aus Esskastanien führt hinauf zum **Großen Schloss.**

🕐 *38889 Blankenburg. ✆03944/2898 (Tourist-Info), www.blankenburg.de. Bahn/Bus: Bus 253, 261, 263 bis Oberer Schnappelberg. Auto: Parkplatz Am Schnappelberg. Rad: Harzrundweg. Zeiten: Schlosspark, Fasanen- und Tiergarten ganzjährig zugänglich; Terrassen- und Berggarten April – Sep 9 – 21, Okt – März 10 – 17 Uhr.*

Großes Schloss Blankenburg

In schlichter barocker Schönheit thront das Große Schloss hoch über Blankenburg auf dem hellen Kalksteinfelsen, der der Stadt ihren Namen gab. Seit 2007 finden regelmäßige **Führungen** durch das Schloss statt, die von Mitgliedern des Vereins *Rettung Schloss Blankenburg* mit viel Engagement und Sachkenntnis durchgeführt werden. Der Verein hat sich zum Ziel gesetzt, das nach der Wende verfallene, geplünderte und vom Hausschwamm befallene Gebäude zu retten. Nach umfangreichen Sicherungsmaßnahmen sollen auch die historischen Räume möglichst in ihren ursprünglichen Zustand versetzt werden. Die einstige Schönheit des Grauen Saals, des Ritterzimmers, der Hofkirche und des Theatersaals ist heute schon erahnbar und zieht die Besucher an.

Schon ab dem 12. Jahrhundert wohnten hier die Blankenburger und Regensteiner Grafen. 1599 fiel die Residenz nach Aussterben des Grafengeschlechts an die Herzöge von Braunschweig. Ab 1705 baute **Hermann Korb** das Schloss im Auftrag

➜ Jeden So Mai – Okt 10.30 Uhr: **Führungen** durch die Barocken Gärten. Treffpunkt: Parkplatz Schlosshotel, Schnappelberg 5. Tickets in der Tourist-Info oder vor Ort: 3,50 €, Kinder 7 – 14 Jahre 2 €.

 Teehaus im Berggarten, Blankenburg. ✆03944/369987. www.obere-muehle-blankenburg.de. April – Okt Mi – So 14 – 18 Uhr. Kaffee und Kuchen.

💥 *Hermann Korb (1656 – 1735) war Braunschweig-Wolfenbütteler Landesbaumeister und gilt als einer der bedeutendsten Architekten seiner Zeit. Unter seiner Leitung entstanden das Schloss Salzdahlum, das (erste) Braunschweiger Schloss und die Bibliotheksrotunde in Wolfenbüttel. Seine Markenzeichen sind versteckte Treppen und das besondere Spiel mit dem Lichteinfall. Mehr unter: www.hermann-korb.de.*

von *Herzog Ludwig Rudolf* zur barocken Residenz um – größtenteils so, wie sie sich bis heute präsentiert. Prachtvolle Feste und Maskenbälle wurden in der Folge gefeiert und Grundsteine für zahlreiche Verbindungen mit europäischen Königshäusern gelegt. So heiratete 1708 Herzog Ludwig Rudolfs Tochter *Elisabeth Christine* den späteren *Kaiser Karl VI. von Österreich* und wurde die Mutter der *Kaiserin Maria Theresia.*

Zwischen 1930 und 1945 lebten Herzog *Ernst August* und seine Gattin *Viktoria Luise von Preußen,* Tochter von *Wilhelm II.,* auf dem Schloss. Ihre Tochter *Friederike* wurde später Königin von Griechenland und Mutter der heutigen spanischen *Königin Sophia.*

Weitere spannende Informationen zu Geschichte und Architektur des Schlosses sind während der Führung zu erfahren. Historische Fotos verdeutlichen den einstigen Zustand der einzelnen Räume. Und vielleicht begegnet Ihnen ja sogar der Schlossgeist …

Café im Schloss, Großes Schloss 1, Blankenburg. März – Dez Sa 14 – 16 Uhr. Kaffee und Kuchen, serviert von ehrenamtlichen Mitarbeitern.

🕐 *Großes Schloss 1, 38889 Blankenburg. ✆03944/ 3676223, www.rettung-schloss-blankenburg.de.* **Bahn/Bus:** *Stadtbus 7 bis Markt, 10 Min Fußweg.* **Auto:** *B27, Schleinitzstraße, Schieferberg, Herzogsweg. Oder: Parkplatz Schnappelberg, zu Fuß über den Weg zwischen Terrassen- und Fasanengarten.* **Zeiten:** *Führungen März – Dez Sa 14 – 16 Uhr alle 15 – 20 Min, Dauer etwa 1 Std. Innenhof kostenfrei zugänglich Jan Sa 14 – 16, Feb Di – Sa 10 – 16, März – Dez Di – So 10 – 16 Uhr.* **Preise:** *3 €; Kinder 6 – 15 Jahre 1 €.*

Historische Gesellenherberge – Herbergsmuseum in Blankenburg

Einzigartig in Deutschland ist die historische Gesellenherberge, in der heute das Herbergsmuseum seinen Sitz hat. 1884 – 1916 befand sich in dem Fachwerkhaus von 1684 eine Unterkunft für reisende

Handwerksgesellen. Der Innenhof mit Waschhaus, Stall und Herbergsküche sowie ein Logier- und ein Restaurationszimmer zeugen von dem Leben der Wandergesellen vor 100 Jahren. Original getragene Kluft, Fotos, Dokumente und viele verschiedene **Charlottenburger** gehören zum Inventar des Museums.

Noch heute ist das Haus als Treffpunkt für Gesellen auf der Walz bekannt. Sie erhalten ein Essen, werden fotografiert und ihr Name wird auf einer Tafel angezeigt – so wissen nachkommende Kollegen gleich, wer vor ihnen da war.

Seit dem späten Mittelalter war die Walz Voraussetzung für einen Gesellen, um Meister werden zu können. Heute ist die Wanderschaft freiwillig und wird von etwa 500 jungen Männern und Frauen pro Jahr angetreten. Die Reisezeit beträgt je nach Zunft 2 bis 3 Jahre, dabei darf ein Bannkreis von 50 km rund um den Heimatort nicht betreten werden.

🅼 *Bergstraße 15, 38889 Blankenburg. ✆03944/ 365007, www.blankenburg.de.* **Bahn/Bus:** *Bus 7 bis Markt.* **Auto:** *Parkplatz Am Schnappelberg, Zentrum.* **Rad:** *Nähe Harzrundweg.* **Zeiten:** *Mo – Fr 10 – 17 Uhr.* **Preise:** *Ab 6 Jahre 1 €.*

☀ *Ein **Charlottenburger** ist ein bedrucktes Tuch, in das der Geselle alles einwickelt, was er bei seiner Tippeltour benötigt.*

Wandern auf der Teufelsmauer

Schon seit 1853 führt ein Felssteig über die wild zerklüftete Teufelsmauer zwischen Blankenburg und Timmenrode. Der Weg über die bizarren Sandsteinfelsen beginnt am **Großvater,** einem markanten, durch Trittstufen zu erklimmenden Felsen – gleich daneben befindet sich die *Großmutter.* Über den Kamm geht es nun, teils geländergesichert,

Hier geht es mit dem Teufel zu: Das Hamburger Wappen im Harz
© pmv, Kirsten Wagner

über die teuflische Mauer bis die Route auf einen bequemen Waldweg wechselt, der bis zum **Hamburger Wappen** führt, einer markanten Felsformation mit drei Türmen. Noch ein Stück weiter östlich befand sich einst die Kucksburg, eine mittelalterliche Wehranlage. Deren Bewohner ließen unterhalb des Hamburger Wappens Höhlen in den Fels schlagen, die wohl als Pferdeställe dienten. Zurück folgen Sie der Ausschilderung zum **Helsunger Krug,** wo Sie die Möglichkeit zur Einkehr haben. Bevor es über die Gleise zur Gaststätte geht, führt der *Nordhangweg* auf einem breiten Waldweg zurück nach Blankenburg.

➜ *38889 Blankenburg. www.blankenburg.de. **Länge:** 8 km Rundwanderung, Hinweg felsig, teils schmal und durch steile Stufen zu besteigen, für trittsichere Kinder ab etwa 8 Jahre. **Bahn/Bus:** Bus 253, 261, 263 bis Oberer Schnappelberg. **Auto:** Parkplatz Schnappelberg (gebührenpflichtig) beim Kleinen Schloss an der Hasselfelder Straße (B81) Richtung Nordhausen. **Rad:** Harzrundweg.*

Helsunger Krug, Helsungen 1, Blankenburg. ✆03944/ 353061. www.helsunger-krug.de. Ab 11 Uhr, Di Ruhetag. Im Sommer mit Naturbiergarten.

Burg und Festung Regenstein

Burg Regenstein ist nicht nur eine Burg *auf* einem Felsen, sondern auch *im* Felsen. Die Räume sind direkt in den Sandstein geschlagen worden. Durch ihre Lage auf einem 294 m hohen Felssporn bot sie beste Verteidigungsmöglichkeiten, wie man schon im frühen Mittelalter erkannte. Die *Grafen von Regenstein* residierten hier seit 1162. Es gab neben den Felsräumen Toranlagen, Türme und andere Gebäude. Nachdem die Grafen im 15. Jahrhundert aufs Blankenburger Schloss umsiedelten, verfiel die Burg zunächst, bevor die **Preußen** sie 1670 zu einer **Festung** ausbauten. Bastionen, Stallungen, eine Garnisonkirche, Kasematten und ein Brunnen gehörten zur Wehranlage. Heute zeugen nur noch Ruinen von der wechselvollen Geschichte der Burg, doch diese sind umso beeindruckender.

🕐 *Postfach 85, 38889 Blankenburg. ℡03944/61290, www.blankenburg.de. Bahn/Bus: Bus 253, 261 bis Regenstein, Fußweg 15 Min. Auto: B6/B81 (Neue Halberstädter Straße), Am Platenberg. Zeiten: April – Okt täglich 10 – 18, Nov – März vorbehaltlich Mi – So 10 – 16 Uhr. Preise: 3 €, mit Kurkarte 2,40 €; Kinder 6 – 18 Jahre und Schüler 1,50 €, mit Kurkarte 1,20 €.*

Musikinstrumente im Kloster Michaelstein

In einer idyllischen, von den Fischteichen der Zisterziensermönche geprägten Landschaft, liegt vor den Toren Blankenburgs das Kloster Michaelstein. Neben dem *Institut für Aufführungspraxis* beherbergt es unter dem Titel *KlangZeitRaum* eine Ende 2012 neu eröffnete Musikausstellung. Nachgespürt wird hier, wie sich Klänge und Instrumente im Laufe von vier Jahrhunderten wandelten. Kommen Sie dem Geheimnis der Musik auf die Spur! Lauschen Sie den Tönen und werden Sie an Experimentierstationen aktiv. Sie können auch einen Hörgang entlangwandeln und bedeutende Komponisten kennen lernen. Kinder freuen sich auf eine eigene Begleitung durch die Ausstellung: Kater Michel. Nicht entgehen lassen sollten Sie sich außerdem die historischen Räumlichkeiten des **Klosters.** Der frühgotische *Kreuzgang* mit dem Innenhof, die Abtskapelle, der Kapitelsaal und das Refektorium strahlen in ihrer schlichten Schönheit eine wundervolle Ruhe aus. Wunderschön ist auch der **Kloster-**

💥 *Bis 1945 blieb die Burg Regenstein **preußische Enklave** inmitten braunschweigischen Territoriums.*

➔ **Falknerei,** Blankenburg. 0160/℡92704199. www.falkenhof-harz.de. März – Okt Di – So 11 und 15, Sommerferien auch 13 Uhr. Auf der Burg. 6 €, Kinder bis 7 Jahre 1 €, Kinder ab 7 Jahre 4 €.

Ruhezone: Unterm Gleichmaß der Bögen des Kreuzgangs im Kloster Michaelstein kommt man zur Besinnung

garten, in dem etwa 260 verschiedene Kräuter des Mittelalters wachsen und gedeihen. Er wurde nach Vorbild eines in sich geschlossenen Klostergartens angelegt. Hier finden sich Zauberpflanzen, Marienkräuter, Wein, Rosen und Sympathiekräuter! Zum Angebot im Kloster gehören auch **Konzerte** und **Sonntagsführungen.**

🕐 *Michaelstein 3, 38889 Blankenburg. ✆03944/9030-0, www.kloster-michaelstein.de. **Bahn/Bus:** Bus 253 bis Waldmühle. **Auto:** Neue Halberstädter Straße (B6/81), Michaelsteiner Straße. **Rad:** Harzrundweg. **Zeiten:** April – Okt Mo – So 10 – 18 Uhr, Nov – März Di – Sa 14 – 17, So 10 – 17 Uhr. **Preise:** 5 €; Kinder ab 6 Jahre und Schüler 3 €; Familien 11 €, Audioguide 2 €.*

Vom Kloster Michaelstein zum Volkmarskeller

Knapp 4 km südwestlich vom Kloster Michaelstein befindet sich eine frei zugängliche Karsthöhle, der Volkmarskeller. Hier soll im 9. Jahrhundert die Eremitin *Luitbirg* gewohnt haben. Seit 1146 lebten Zisterziensermönche aus dem Kloster Kamp in der Höhle und nutzten die dem heiligen Michael gewidmete Kirche nebenan. Schon bis 1167 wurde das Kloster aber an seinen heutigen Standort verlegt.

Durch den Torbogen des **Klosters** gelangt man, sich nach links wendend, in den *Klostergrund,* der oberhalb der Fischteiche zum **Volkmarskeller** führt. Oberhalb des Weges sind die beiden Höhlenzugänge sichtbar, darüber befinden sich noch Mauerreste. Von hier aus kann der gleiche Weg zurück gewählt werden oder Sie wandern weiter bis zur Waldsiedlung **Eggeröder Brunnen.** Dort zweigt scharf nach links der *Herzogweg* ab. Nach etwa 1 km in Richtung Blankenburg biegen Sie nach links in den *Bastweg* ab, der nach insgesamt 11 km zurück nach **Michaelstein** führt. **Alternativ:** Erst ein Stück weiter bei der Schutzhütte nach links abbiegen und durch den Silberborngrund zurück wandern (13 km).

➲ *38889 Blankenburg. www.blankenburg.de. Länge: 8 – 13 km, je nach Variante. Auto: Kloster Michaelstein.*

➲ Taschenlampe nicht vergessen!

✕ **Zum Klosterfischer,** Michaelstein 14, Blankenburg. ℂ03944/351114. www.zum-klosterfischer.de. Fischverkauf täglich ab 8 Uhr, Fischrestaurant ab 11 Uhr, Nov – Ostern Mo Ruhetag. Regenbogen-, Lachs- und Bachforellen, Schleie und Karpfen aus eigener Zucht in den Fischteichen hinter dem Haus.

DER BESONDERE TIPP Klosterrestaurant Cellarius

✕ Mit Spezialitäten aus der Klosterküche kann das Restaurant Cellarius werben, befindet es sich doch im einstigen Amtshaus des Klosters Michaelstein. Zur Blankenburger Schnitzelpfanne, einem Michaelsteiner Senfsteak oder einem Zanderfilet können Sie wahlweise das Eschweger Pils Jacobinus oder einen Wein der Winzervereinigung Freyburg-Unstrut genießen. Regelmäßig lädt das Cellarius zum Klosterbrunch ein, im Sommer schmecken Kaffee und Kuchen im hübschen Rosen-Garten.

Cellarius, Michaelstein 3a, 38889 Blankenburg. ℂ03944/366446, www.cellarius-blankenburg.de.
Bahn/Bus: Bus 253 bis Waldmühle.
Auto: Neue Halberstädter Straße (B6/81), Michaelsteiner Straße. **Rad:** Harzrundweg. **Zeiten:** Di – Fr 11 – 18, Sa, So ab 11 Uhr.

© czt

Wie verhext: Wo man hinguckt – Hexen!
© pmv, Kirsten Wagner

WO DIE HEXEN WOHNEN: THALE

Der direkte Zugang zum **Bodetal** mit seinen hoch aufragenden Felsen hat Thale zu einem beliebten Ausflugs- und Urlaubsort werden lassen. Auf der einen Seite des tief eingeschnittenen Tals befindet sich der mythische **Hexentanzplatz,** auf der anderen die Einkerbung der *Rosstrappe.* Zu Fuß oder per Seilbahn sind beide zu erklimmen. Im Ort selbst informiert das **Hüttenmuseum** über die Geschichte Thales, das lange Zeit ein wichtiger Standort der Eisenverhüttung war (Walter-Rathenau-Straße 1, www.huettenmuseum-thale.de, Di – So 10 – 17 Uhr. Führungen Mi, Sa 14 Uhr, 2 €, Kinder ab 11 Jahre 1 €). Hoch hinaus geht es im Hochseilgarten, während die **Bodetal-Therme** Entspannung pur bietet.

ℹ️ **Bodetal-Information,** *Bahnhofstraße 3, 06502 Thale. ℂ03947/2597, www.bodetal.de. **Bahn/Bus:** HEX von Magdeburg über Quedlinburg. **Auto:** B6 oder B81 bis Blankenburg, Hasselfelder Straße (B81), Timmenröder Straße oder von Quedlinburg über Neinstedt. **Rad:** Harzrundweg. **Zeiten:** Mo – Fr 9 – 17, Sa, So 9 – 15 Uhr.*

➡️ Führung mit der Hexe, Mai – Okt Sa 11 Uhr. 6 €, Kinder bis 10 Jahre 3,50 €. Treffpunkt: An der Thale-Information gegenüber dem Bhf.

➡️ Wer lieber Sessellift fährt, kann auf die andere Seite des Bodetals, zur Rosstrappe, hinaufschweben.

Per Seilbahn zum Hexentanzplatz

Angeblich sollen hier einst die Hexen in der Walpurgisnacht getanzt haben. Tatsächlich befand sich auf dem Hexentanzplatz wohl einst ein altsächsischer, germanischer Kultort. Seine magische Anziehungskraft hat das Plateau jedenfalls bis heute nicht verloren, wovon die vielen Besucher zeugen. Und auch die Hexen tanzen hier noch immer in der Nacht zum 1. Mai ...

Die Fahrt hinauf mit der **Kabinenseilbahn** ist angesichts der steilen Aufwärtsbewegung besonders spektakulär. Das gilt noch mehr, wenn Sie eine der zehn Kabinen mit Glasfußboden erwischen! Oben angekommen, geht es links zum Bergtheater und der Walpurgishalle, rechts zu den **Gaststätten,** dem **Tierpark** und dem **Harzbob,** einer Sommerrodelbahn (Fahrt 2,50 €). Auch die Skulpturengruppe **Hexenring** hat hier oben ihren Platz. Der Quedlinburger Künstler *Jochen Müller* schuf die Gruppe aus Hexen und Teufeln auf Findlingen 1996.

Die **Walpurgishalle** wurde 1901 im altgermanischen Stil erbaut. Architekt war *Bernhard Sehring,* der auch die Roseburg gestaltete. Die Gemälde im Inneren schuf der Maler und Richard-Wagner-Fan *Hermann Hendrich.* Sie zeigen Szenen der Walpurgisnacht nach Goethes Faust, wie den Irrlichtertanz oder die Mammonshöhle. Im Eingang befindet sich ein Opferstein mit runischen Ritzungen, der in der Nähe gefunden wurde. Die Halle ist Mai – Oktober geöffnet (9 – 17 Uhr, 2 €, Kinder 0,50 €). Über den *Sachsenwallweg* ist von der Walpurgishalle aus schnell die **Homburgswarte** zu erreichen, ein Aussichtsturm. Hier stand einst die Homburg, eine Fluchtburg der Germanen, die durch den Sachsenwall gesichert wurde.

 Bodetal-Therme, Parkstraße 4, Thale. ✆03947/ 77845-0. www.bodetaltherme.info. So – Mi 10 – 22, Do – Sa 10 – 23 Uhr. Tag 14 €, mit Sauna 19 €. Kinder 11,50 €, mit Sauna 16,50. Verleih von MTB und E-Bikes. Mai – Okt Führungen ab Therme: Sa 9.30 Uhr Erlebnistour ab 16 Jahre, So 9.30 Uhr Sagen- und Mythentour ab 13 Jahre, jeweils 13 €.

 Tierpark Hexentanzplatz, Hexentanzplatz 4, Thale. ✆03947/2880. www.bodetal.de. Nov – Jan 10 – 16, Feb – April 9 – 17, Mai, Sep, Okt 9 – 18, Juni – Aug 9 – 19 Uhr. 4 €, Kinder 2 – 12 Jahre 2,50, Schüler, Studenten 3, Familie (2 Erw, 2 Kinder) 10 €.

Von Hexe bis »Waschbär«: In Thale fühlt man sich wohl

© Annette Sievers

Openair-Theater auf dem Hexentanz-platz: www.harzer-berg-theater.de.

Goetheweg 1, 06502 Thale. ℂ03947/2500, www.seilbahnen-thale.de. **Bahn/Bus:** Thale. Direkt zum Hexentanzplatz: Bus 18. **Auto:** Seilbahnpark-platz oder Richtung Friedrichsbrunn zum Parkplatz Hexentanzplatz (gebührenpflichtig). **Rad:** Harzrund-weg. **Zeiten:** Ostern – Okt täglich 9.30 – 18, Nov – Jan z. T. Sa, So 10 – 16.30 Uhr, Weihnachtsferien und Feb – vor Ostern täglich 10 – 16.30 Uhr. **Preise:** Berg oder Tal 3,90 €, Berg und Tal 5,90; Kinder 4 – 14 Jahre 2,50 bzw. 3,90 €; Familie (2 Erw, 2 Kinder) 11 bzw. 18 €.

Wanderung durchs Bodetal

Tief eingeschnitten zwischen hohen Felswänden windet sich die *Bode* von Thale bis Treseburg. Parallel zum Fluss führt ein Wanderweg durch das Naturschutzgebiet; zu Beginn fast eben, später als steiniger Steig aufwärts. Startpunkt ist die Seilbahn in **Thale,** rasch sind *Katersteg, Siebenbrüderfelsen* und *Jungfernbrücke* erreicht. Das **Gasthaus Königsruhe** lädt hier zu einer Rast, ehe die Wanderer nach der Teufelsbrücke den **Bodekessel** erreichen. In der einzigen echten Klamm im Harz ragen die Felsen 200 m weit auf, im Tal bildet die Bode wilde Strudeltöpfe. Von hier windet sich der Pfad nun aufwärts, erreicht die **Gewitterklippen** und führt im bewaldeten Steilhang schließlich wieder bergab.

Königlich: Auf der Terrasse vom Gasthaus Königsruhe

© pmv, Kirsten Wagner

In **Treseburg** ist nach Überqueren der Bodebrücke die Bushaltestelle leicht zu finden. Mai – Oktober fährt viermal täglich ein Bus zurück nach Thale. Da er auch an der Rosstrappe hält, bietet es sich an, dort auszusteigen und zu Fuß über die Schurre wieder an den Ausgangspunkt zu gelangen. Sie führt in mehreren Zickzackkehren durch ein Geröllfeld ins Bodetal zurück.

➲ *06502 Thale. www.bodetal.de. **Länge:** 11 km Streckenwanderung, Rückfahrt mit Bus 263 ab Treseburg-Rübezahl; Variante 4 km. **Bahn/Bus:** Bahn bis Thale, Busfahrplan ↗Unterwegs zwischen Wernigerode und Thale. **Auto:** Großparkplatz Bodetal. **Rad:** Harzrundweg.*

GERNRODE

Gernrode verdankt *Gero,* Markgraf der Sächsischen Ostmark (um 900 – 965), seine Entstehung. Nach dem Tod seiner Söhne gründete dieser nämlich das Stift Gernrode und setzte seine Schwiegertochter als Äbtissin ein. Bis heute ist die imposante **Stiftskirche** eine der großen Sehenswürdigkeiten des Ortes. Jüngeren Datums ist die **Kuckucksuhrenfabrik,** die mit mehreren Einträgen ins Guinness Buch der Rekorde glänzen kann.

ℹ *Stadt-Information Gernrode, Marktstraße 20 (im Rathaus), 06485 Gernrode. ℂ039485/93022, www.gernrode.de. **Bahn/Bus:** Bahn bis Quedlinburg, Harzer Schmalspurbahn. **Auto:** Quedlinburg südlich verlassen, am Kreisel Richtung Gernrode, Richtung Bad Suderode. **Rad:** Harzrundweg, Suderoder Straße. **Zeiten:** Mo – Fr 9.30 – 15.30, Sa 9.30 – 14 Uhr.*

Stiftskirche St. Cyriakus in Gernrode

Betritt man die Stiftskirche *St. Cyriakus* in Gernrode, wird man von ihrer klaren Form, den hoch aufragenden Wänden und den wunderschönen Ausmalungen schnell in ihren Bann gezogen. Schon im 10. Jahrhundert wurde sie unter Markgraf *Gero* erbaut, vermutlich im Jahre 959. Sie gehörte zu dem von Gero gegründeten Nonnenkloster. Gero selbst brachte eine Reliquie des *Heiligen Cyriakus,* dem die Kirche geweiht wurde, von Rom nach Gernrode.

✖ **Königsruhe,** Hirschgrund 1, Thale. ℂ03947/2726. www.koenigsruhe.de. Täglich 10 – 20 Uhr. Gastwirt Jörg Bauer legt Wert auf regionale Zutaten in seiner Küche. Im Angebot und stets frisch: Wild- und Fischgerichte, Brot und Kuchen aus dem eigenen Steinbackofen.

✖ **Der Froschkönig – Das Café,** Burgstraße 1, Gernrode. ℂ039485/60138. www.gernrode-froschkönig.de. Di – So 13 – 18 Uhr. Tipp: Himbeer-Baiser-Torte oder Harzer Kartoffelsalat!

Aus der Ottonenzeit:
Stiftskirche St. Cyriakus
© pmv, Kirsten Wagner

Sie gilt heute als eine der am besten erhaltenen romanischen Kirchen aus der Zeit der *Ottonen*. Auffällig sind die unteren vier Arkaden im Langhaus, deren Säulenkapitelle reich verziert sind, und die wiederum von einer oberen Arkadenreihe gekrönt werden. In der Vierung vor dem Ostchor befindet sich das Grabmal des Markgrafen Gero. Einzigartig ist das Heilige Grab, welches im 11. Jahrhundert ins südliche Seitenschiff eingefügt wurde. Es besteht aus der Vorkammer und der eigentlichen Grabkammer und ist die älteste erhaltene Nachbildung des Heiligen Grabes in Jerusalem. Aufgrund starker Beschädigungen durch Feuchtigkeit ist sie jedoch nur auf Anfrage (5 €) zu besichtigen. Die reich verzierten Außenwände stellen das Ostergeschehen dar.

🕐 *Kirchplatz, 06507 Gernrode. ✆039485/275 (Pfarramt), www.stiftskirche-gernrode.de. **Bahn/Bus:** Q-Bus 10, 17, 318. **Auto:** Über Clara-Zetkin-Straße. **Rad:** Nähe Harzrundweg. **Zeiten:** April – Okt Mo – Sa 9 – 17, So 12 – 17, Nov – März täglich 15 – 16, Führung täglich 15 Uhr. **Preise:** Besichtigungsspende 1 €, Führung 3 €; Schüler 1 €.*

Kuckucksuhren im Harz

Wie der Kuckuck in die Uhr kommt, erfahren Sie nicht im Schwarzwald, sondern im Harz! In Gernrode nämlich ist die Harzer **Kuckucksuhrenfabrik** zu Hause. Von der Anfertigung der Holzgehäuse über den Einbau der Mechanik bis zum ersten Aufziehen des Uhrwerks können Sie das Entstehen einer Uhr direkt verfolgen. Die Räume beherbergen unzählige

Tick-Tack-Stuben, Lindenstraße 7, Gernrode. ✆039485/543-0. www.harzeruhren.de. Täglich 10 – 18 Uhr.

Modelle in diversen Ausführungen und Größen. Die größte Kuckucksuhr der Fabrik und überhaupt außerhalb des Schwarzwalds steht draußen und hat es mit einer Höhe von 14,50 m sogar ins Guinness Buch der Rekorde geschafft. Zu jeder Viertelstunde ruft und singt ihr Kuckuck zur Freude aller Zuschauer (8 – 19 Uhr). Am anderen Giebel ist das größte **Wetterhaus** zu finden. Zur anschließenden Einkehr laden die **Tick-Tack-Stuben** ein.

🕐 *Harzer Uhrenfabrik, Lindenstraße 7, 06507 Gernrode. ✆039485/543-0, www.harzer-uhren.de. Bahn/ Bus: Bus 10, 17, 31, 32. Auto: Marktstraße, Clara-Zetkin-Straße, Bergstraße. Rad: Nähe Harzrundweg. Zeiten: täglich 10 – 17 Uhr. Preise: 2 € pro Person.*

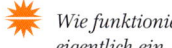 *Wie funktioniert eigentlich ein* **Wetterhaus?** *Fein gespannte Pferdehaare verändern je nach Feuchtigkeit in der Luft ihre Länge. So kommt bei trockenem Wetter die sommerlich gekleidete Frau zur Tür hinaus, bei Regen der mit Schirm bestückte Mann.*

Roseburg Rieder

Auf dem historischen Boden der einstigen Rudolfsburg baute der hauptsächlich im Berliner Raum tätige Architekt *Bernhard Sehring* (1855 – 1941) 1907 die Roseburg. Er hatte das Land als Sommersitz für seine Familie erworben und ließ einen Bau mit Vorburg, Bergfried mit Zinnen, Wehrgang und Wohn-

HATIX – mit dem Harzer Urlaubs-Ticket umsonst per Bus und Bahn

Wer Urlaub im Landkreis Harz macht, fährt umsonst! Dafür ist nur die Gästekarte notwendig, die Sie bei Ihrer Anmeldung erhalten. Die freie Fahrt gilt auf allen Bus- und Straßenbahnlinien im Landkreis Harz (Harzer Verkehrsbetriebe, Halberstädter Verkehrs-GmbH und Verkehrsgesellschaft Südharz) sowie auf ausgewählten Strecken im Landkreis Mansfeld-Südharz (Linien 450, 453 und 460). Sie erhalten das Harzer Urlaubs-Ticket, wenn Sie hier übernachten: In den Städten Wernigerode, Blankenburg, Ilsenburg, Thale, Oberharz am Brocken, Quedlinburg, Ballenstedt, Bad Suderode, Gernrode, Stolberg sowie im Hotel Villa Heine und im Jagdschloss in Halberstadt.

ℹ *Dornbergsweg 2, 38855 Wernigerode. ✆03943/935681, www.hatix.info.*

Wie im Märchen: Die romantische Roseburg
© pmv, Kirsten Wagner

@ Informationen des Fördervereins unter: www.roseburg-garten-traeume.de.

🏠 **Roseburg-Café,** Rieder. ℂ0152/07797158 (Handy). www.roseburg-cafe.de. Täglich ab 10 Uhr. Kaffee und Kuchen am Burgeingang oder auf der Terrasse!

turm errichten. Sehring, der viele Theaterbauten entworfen hat, konnte hier seine Vorstellung von mittelalterlicher Romantik ausleben. Das »Märchenschloss« kann zwar nur von außen besichtigt werden, ist aber auch als Kulisse für den restaurierten **Schlosspark** ein Hingucker. Der zum ↗Projekt Gartenträume gehörige Park entpuppt sich schnell als wahres Kleinod: Elemente englischer Landschaftsgärten finden sich ebenso wie solche aus frühbarocken italienischen Gärten. Zahlreiche Putten begegnen dem Spaziergänger, in Terrassen erstreckt sich die 100 m lange barocke Wasserachse, ein Aussichtsturm und mehrere Aussichtspunkte ermöglichen weite Blicke ins Land – ein wunderbarer Ort zum Durchatmen!

🕐 *Auf der Roseburg, 06485 Rieder. Handy 0152/ 59718974 (Claudia Kühn). www.roseburg-harz.de.* ***Bahn/Bus:*** *Q-Bus 17, 318 bis Roseburg.* ***Auto:*** *An der Straße Gernrode – Ballenstedt.* ***Rad:*** *Harzrundweg, Richtung Pumpwerk zur Ballenstedter Straße.* ***Zeiten:*** *März – Okt täglich 9 – 18, Nov – Feb 10 – 17 Uhr.* ***Preise:*** *3 €; Kinder bis 12 Jahre frei; Schüler, Studenten 1 €.*

BALLENSTEDT

Ein Edelmann namens Ballo gründete den Ort im 6. Jahrhundert. Im 11. und 12. Jahrhundert residierten in Ballenstedt dann die *Askanier,* deren erster Vertreter 1036 Graf *Esico von Ballenstedt* war. Er gründete ein Stift, das 1123 in ein Benediktinerkloster umgewandelt wurde. Sein Urenkel *Albrecht der Bär* (1100 – 1170) war einer der bedeutendsten Askanier. Das ostsächsische Adelsgeschlecht teilte sich im 13. Jahrhundert in mehrere Anhaltiner Linien, in Ballenstedt regierten die Anhalt-Bernburger. Erst ab dem 17. Jahrhundert entstand das heutige **Schloss Ballenstedt** unter mehreren Anhaltiner Fürsten. Das gesamte Schlossensemble mit Theater, **Park** und Marstall ist heute Hauptanziehungspunkt des Städtchens. Hier sind auch das Heimatmuseum und das **Filmmuseum** zu finden. Nördlich von Ballenstedt liegen zwei markante Felsengruppen, die *Gegensteine*.

ⓘ *Tourist-Information Ballenstedt, Anhaltiner Platz 11, 06493 Ballenstedt. ☏039483/263, 979098, www.ballenstedt-information.de. **Bahn/Bus:** Bahn bis Quedlinburg, Q-Bus 6, 8 oder 318. **Auto:** A14 Ausfahrt 10 Bernburg, B6 bis Aschersleben. **Rad:** Harzrundweg. **Zeiten:** Mo, Di, Do, Fr 9 – 17, Mi 9 – 12, Sa 9 – 13 Uhr.*

Schloss Ballenstedt

Von der Altstadt Ballenstedts führt noch heute eine prächtige Kastanienallee hinauf zum Schloss. 1765 bestimmten die Fürsten von Anhalt-Bernburg die Stadt am nördlichen Harzrand zu ihrer Residenz. Die spätbarocke Dreiflügelanlage war schon in den Jahrzehnten davor auf den Mauern eines ehemaligen Klosters erbaut worden. Der **Turm** der romanischen Stiftskirche ist bis heute erhalten geblieben und kann erklommen werden. Von oben bietet sich eine schöne Aussicht über Stadt und Land. In der Turmkapelle befindet sich das Grab von *Albrecht von Ballenstedt* (1100 – 1170), der den Beinamen der Bär erhielt. Der *Askanier* trieb die Expansion im Osten voran und wurde der erste Markgraf von Brandenburg. Der Hauptsitz der Askanier war Aschersleben, doch als Grablege war das Ballenstedter Hauskloster bestimmt. Im Südflügel befindet sich neben einer **Galerie** die **Landesausstellung** *Die frühen As-*

 **Filmmuseum,** Schlossplatz 3, Ballenstedt. ☏039483/53220. www.filmmuseum-ballenstedt.de. Di – So 10 – 16 Uhr. Eintritt 2 €, Kinder bis 12 Jahre 1 €. Im Nordostflügel des Schlosses dreht sich alles um historische Projektoren, Filmplakate und 100 Jahre Filmgeschichte.

Klosterstuben auf Schloss Ballenstedt, Schlossplatz 3, Ballenstedt. ☏039483/97660. www.klosterstuben-ballenstedt.de. Mai – Okt Di – Sa 11 – 21, So 11 – 18 Uhr, Nov – April Di – So 11 – 18 Uhr. Restaurant im ehemaligen Remter, dem Speisesaal, der noch aus Zeiten des Klosters erhalten blieb. Hier werden heute Forelle Müllerin, Waldpilzpfanne oder Thüringer Rostbrätl serviert. Kuchen und Eis sind ebenfalls im Angebot.

Informationen zum Spielplan des **Schlosstheaters** sowie den Eintrittspreisen finden Sie auf www.ballenstedt-information.de unter Veranstaltungen.

kanier, die über die Geschichte des Fürstengeschlechts informiert. Zum Schlossensemble gehört das frühklassizistische **Theater,** das 1788 im Auftrag von Fürst *Friedrich-Albrecht* erbaut wurde und im 19. Jahrhundert unter *Albert Lortzing* und *Franz Liszt* große Tage erlebte. Gastspiele, z.B. vom Nordharzer Städtebundtheater, erwecken den Theatersaal heute zum Leben.

🕐 *Schlossplatz 3, 06493 Ballenstedt. ℰ039483/ 82556, www.ballenstedt-information.de.* **Bahn/Bus:** *Q-Bus 6 bis Schlossplatz.* **Auto:** *Parkplatz-Zufahrt neben dem Großen Gasthof.* **Rad:** *Harzvorlandweg, Harzrundweg.* **Zeiten:** *Mai – Okt Di – Fr 10 – 16, Sa, So 10 – 17, Nov – April Di – So 10 – 16 Uhr.* **Preise:** *Turm 1 €, Galerie 2 €, Die frühen Askanier 2 €; Kinder jeweils 1 €.*

Schlosspark Ballenstedt

Ein wunderschöner Park umgibt *Schloss Ballenstedt* im Norden und Westen. Schon ab 1710 ist ein Obst- und Küchengarten nachweisbar, der Park im Stil englischer Landschaftsgärten entstand dann in der 2. Hälfte des 19. Jahrhunderts nach Entwürfen des Gartendirektors **Peter Joseph Lenné.** Der königlich-preußische Landschaftsarchitekt liebte Sichtachsen, die er in Ballenstedt mit Hilfe von vier Wasserbassins schuf. Terrassenförmig sind diese in Anlehnung an die italienische Renaissance miteinander verbunden. Springbrunnen sprudeln, ein Lindwurm speit gar eine riesige Fontäne.

Peter Joseph Lenné (1789 – 1866) prägte die preußische Gartenarchitektur. Er gestaltete die Pfaueninsel und den Tiergarten in Berlin und wirkte am Sanssouci-Park in Potsdam mit.

Der **Glockenteich** und der **Schlossteich** im westlichen Teil laden zum Umrunden ein, auch die **Schlossmühle** ist einen Besuch wert. In dem Gebäude von 1785 befinden sich heute ein Bildhauer-Atelier und eine Galerie. Ein Stück weiter wacht ein gusseiserner Löwe von *Gottfried Schadow* (1764 – 1850), dessen bekanntestes Werk die Quadriga auf dem Brandenburger Tor ist. Der Park gehört zum sachsen-anhaltinischen Projekt ↗*Gartenträume.*

Cafeteria Marstall, Schlossplatz 5, Ballenstedt. ℰ039483/ 18939. www.ballenstedt-information.de. Mo – So ab 13 Uhr.

🕐 *Frei zugänglich, Fontänen nur zur Sommerzeit Mo – Fr 11 – 17, Sa, So 10 – 18 Uhr, hohe Fontäne (16 m) Sa, So 14 – 14.15 und 15 – 15.15 Uhr.*

Schlossfassade und Stiftskirche des Schloss Ballenstedt

© pmv, Kirsten Wagner

Burg Falkenstein

Im 12. Jahrhundert überließen die Grafen von Konradsburg ihre bisherige Heimstatt einem Kloster und erbauten hoch über der *Selke* ein neues Domizil. Fortan nannten sie sich nach dem neuen Stammsitz *von Falkenstein.* Mehrmals wurde die Burg umgebaut, doch nie eingenommen. So präsentiert sie sich heute als eine der am besten erhaltenen Burgen Deutschlands. Mit ihren hohen, trutzigen Mauern, mehreren Burgtoren und einem Vorhof zeigt sie ihre Wehrhaftigkeit bis heute. Im mittleren Hof hat eine **Falknerei** ihre Pforten aufgeschlagen, in der Kernburg befindet sich ein **Museum** mit Möbeln, Gemälden, Waffen und Rüstungen. Die mittelalterliche Küche, die Burgkapelle und der Rittersaal sind besonders sehenswert, vom Berg-

➡ April – Okt So 11.30 Uhr öffentliche Führung durch die Burg. 2 €, Kinder 1 €.

 **Burggasthof Krummes Tor,** Falkenstein. ✆034743/62012. www.ritteressenburg-falkenstein.de. Di – So 11 – 18 Uhr.

➜ Möchten Sie den Harz rollend statt gehend erobern? Harzdrenalin bietet für diesen Fall geführte Touren auf dem Segway durch Wernigerode und Elbingerode sowie zum Brocken an. Bevor es losgeht, bekommen alle Teilnehmer eine ausführliche Einweisung auf dem fahrbaren Untersatz, der sich selber im Gleichgewicht hält. Die Termine werden online veröffentlicht, die Anmeldung zu den Touren kann gleich dort oder telefonisch erfolgen.

Harzdrenalin, Bruchstraße 1, 38875 Elbingerode. ✆01805/375375, www.harzdrenalin.de. *Preise:* Je nach Tour 49 – 79 €.

fried bietet sich eine grandiose Aussicht. Der Legende nach soll *Eike von Repgow* zwischen 1220 und 1235 auf dem Falkenstein den *Sachsenspiegel* geschrieben haben – das erste deutsche Rechtsbuch. Eine **Ausstellung** widmet sich diesem Thema.

🕐 *06543 Falkenstein-Pansfelde. ✆034743/53559-0, www.burg-falkenstein.de. **Bahn/Bus:** Bus 416, 418, 427 von Aschersleben bis Gartenhaus. **Auto:** Meisdorf oder Pansfelde bis Parkplatz am Gartenhaus, von dort 2 km Fußweg oder in der Saison ab 11 Uhr halbstündlich Bimmelbahn zur Burg (Hin- und Rückfahrt 4 €, Kinder ab 6 Jahre 1 €, ✆034743/8174). **Rad:** Bis Meisdorf Harzrundweg/R1, dann an der Selke. **Zeiten:** April – Okt täglich 10 – 18 Uhr, Nov – März Di – So 10 – 16.30 Uhr, Falknerei Ostern – Okt bei günstiger Witterung Di – Fr 11, 15, Sa, So 11, 14, 16 Uhr. **Preise:** 6 €, Nov – Feb 5 €; Kinder 6 – 16 Jahre 3,50 €, Nov – März 3 €; Familien 15 €, Nov – März 12,50 €.*

Unterwegs zwischen Wernigerode und Thale

Bahn: Wernigerode wird von Nordwesten über die Bahnlinie Vienenburg – Stapelburg – Ilsenburg erreicht, von Nordosten führt ein Abzweig der Linie Osterwieck – Halberstadt hierher. Es halten RB und RE. Blankenburg ist nur über Halberstadt zu erreichen, Thale über Quedlinburg; häufig ist es einfacher, mit dem Bus zu fahren. Außerdem erreicht der *Harz-Elbe-Express* Wernigerode von Vienenburg bzw. Halberstadt: www.hex-connex.de.

Bus: *Wernigeröder Verkehrs-Betriebe,* Dornbergsweg 7, 38855 Wernigerode, ✆03943/564-0, Fax 564-180, www.wvb-gmbh.de, info@wvb-gmbh.de. Wichtige Verbindungen sind die Linie 252 nach Halberstadt, Linie 253 nach Thale und Linie 258 nach Blankenburg.

FACHWERKJUWEL
QUEDLINGBURG

Musikanten spielen auf:
Kaiserfrühling in Qued-
linburg

© pmv, Kirsten Wagner

WELTERBESTADT QUEDLINBURG

Mehr als 1300 Fachwerkhäuser aus sechs Jahr-hunderten und mehrere Jugendstilbauten machen den besonderen Reiz von Quedlinburg aus. Das fand auch die UNESCO, als sie die Altstadt 1994 samt Schlossberg und Stiftskirche zum Weltkulturerbe erklärte.

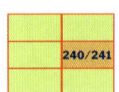

240/241

Neben Schloss und Domschatz locken verschiedene Museen in historischer Kulisse Besucher in die über 1000 Jahre alte Stadt. Abseits des Trubels, zwischen Markt und Schlossberg bietet ein Spaziergang durch die beiden schönen Parks der Stadt Ruhe und Entspannung. Auch in der östlich von Quedlinburg, am Rand des Harzes gelegenen Stadt Aschersleben finden sich im denkmalgeschützten Zentrum sehenswerte Zeugnisse vergangener Zeiten.

Aus der Geschichte

Im Jahre 922 wird der Ort *Quitilingaburg* erstmals urkundlich erwähnt. Drei Jahre zuvor soll der Sachsenherzog *Heinrich I.* am Finkenherd seine Wahl

FESTKALENDER

April:	30. April, Konradsburg Ermsleben: **Walpurgisfeier,** mit Walpurgisfeuer und Feuershow. Ostersonntag, Quedlinburg: **Kaiserprozession** (Kaiserzug der frühen deutschen Herrscherpaare durch die Stadt).
Mai/Juni:	Pfingsten, Quedlinburg: **Kaiserfrühling,** mittelalterliches Spektakel auf dem Schlossberg mit Musik, Tanz und Ritterspielen.
Juni:	Mitte Juni, Ermsleben: **Burgsommerfest** auf der Konradsburg mit Musik.
Juli:	Quedlinburg: **Kunstfest:** Vom Zauber der Bäume im Brühlpark. Mit Tanz und Musik, Mitmachtheater und buntem Programm.
Dezember:	Quedlinburg: **Weihnachtsmarkt.** 2. und 3. Adventswochenende: Quedlinburg: **Advent in den Höfen.**

zum ostfränkischen König erfahren haben. Die von seinem Vater *Otto dem Sachsen* erbaute Königspfalz wird nun zum Mittelpunkt des Reiches. Nach Heinrichs Tod 936 gründet seine Witwe *Mathilde* ein weltliches Damenstift auf dem *Schlossberg,* das fast 900 Jahre lang, bis 1802, bestand. *Otto I.,* dem Sohn Heinrichs und Mathildes, hat das Stift zahlreiche Schenkungen von Reliquien und Reichtümern zu verdanken, die zur Grundlage des heutigen Domschatzes wurden.

In den folgenden Jahrhunderten erlebte die Stadt einen enormen wirtschaftlichen Aufschwung durch regen Handel. 1330 wurde die Neustadt östlich des Mühlgrabens mit der Altstadt rund um den Markt vereint. Im 18. und 19. Jahrhundert errang Quedlinburg mit seiner Blumen- und Saatgutzucht weltwirtschaftliche Bedeutung. Heute lebt die Stadt vor allem vom Tourismus.

🛈 *Quedlinburg Tourismus-Marketing GmbH, Markt 4, 06484 Quedlinburg.* ✆*03946/905-624, 905-620, www.quedlinburg.de.* **Bahn/Bus:** HEX, Harzer

Stolzes Ensemble: Burgberg und Stiftskirche bilden – optisch – eine Einheit

© HVV

☀ **Tipp:** Zum **Kaiserfrühling** an Pfingsten wird in Quedlinburg das Mittelalter lebendig: www.kaiserfruehling-quedlinburg. de, ↗Festkalender.

➜ **Stadtführungen** April – Okt täglich 10 und 14, Nov – März nur 14 Uhr, 6 €. **Nachtwächterführungen** April – Okt täglich 20.30, Nov – März Fr und Sa 18 Uhr, 7 €. Treffpunkt jeweils: Tourist-Info.

Mahner: Der steinerne Roland erinnert an Quedlinburgs Zoll-, Münz- und Marktrechte
© pmv, Kirsten Wagner

Café Zum Roland, Breite Straße 2 – 6, Quedlinburg. ℂ03946/4532. www.cafe-roland.de. Täglich 10 – 22 Uhr. Auch warme Speisen. Das Café erstreckt sich über 7 ineinander übergehende Fachwerkhäuser.

*Schmalspurbahn, Bus 1 – 3, 6, 8 – 11, 31, 32, 318, 420. **Auto:** A14 Ausfahrt 10 Bernburg oder B6. **Rad:** Harzvorlandradweg, Gernröder Weg Richtung Zentrum. **Zeiten:** Mai – Okt Mo – Fr 9.30 – 18.30, Sa 9.30 – 16 und 19 – 20.30, So 9.30 – 14 Uhr, Nov – April Mo – Fr 9.30 – 17, Sa 9.30 – 14 Uhr.*

Stadtbesichtigung

Stadtrundfahrt per Bimmelbahn

Am Quedlinburger **Marktplatz** startet die Bimmelbahn zu ihrer Rundfahrt durch die engen Gassen und über das Kopfsteinpflaster der Welterbestadt. So ist es manchmal etwas rumpelig, doch in 45 Minuten erhält man eine informative Übersicht. Der Weg führt am *Schlossberg* vorbei, über die Carl-Ritter-Straße, vorbei am Bahnhof und über die Pölkenstraße in die **Neustadt** hinein. Auch hier stehen Fachwerkhäuser, denn die sogenannte Neustadt entstand bereits Ende des 12. Jahrhunderts. Vom Mathildenbrunnen geht es über den Klink zurück in die **Altstadt.** Kurzweilige Informationen zur Geschichte Quedlinburgs und seiner Fachwerkhäuser aus mehreren Jahrhunderten lassen die Fahrt wie im Flug vergehen.

➲ *Quedlinburger Bimmelbahn, Neuer Weg 22, 06484 Quedlinburg. ℂ03946/918888, 0172/3743609. www.quedlinburger-bimmelbahn.de. **Bahn/Bus:** Bahn bis Quedlinburg, Bus 1, 9, 11, A, B. **Auto:** Parkplatz Carl-Ritter-Straße. **Zeiten:** März – 20. Dez täglich 10 – 16 Uhr zur vollen Stunde, Ostern – Okt Sa, So und Jan – Feb Fr – So 11 – 15 Uhr halbstündlich. Dauer 45 Min. **Preise:** 6 €; Kinder 4 – 14 Jahre 2,50 €.*

Stiftskirche St. Servatii und Domschatz zu Quedlinburg

Die Stiftskirche, die 1129 dem heiligen *Servatius* geweiht wurde, ist nicht der erste Kirchenbau auf dem Quedlinburger *Schlossberg*. Mehrere Kapellen und eine 1070 abgebrannte Basilika sind bezeugt. Der heutige Dom ist eines der bedeutendsten Architekturdenkmäler der **Hochromanik** und birgt einen der kostbarsten mittelalterlichen Kirchenschätze.

Auffällig hoch liegt der Chor über der darunter befindlichen Krypta, der Grabstätte König *Heinrichs I.* (936) und seiner Gemahlin *Mathilde* (968). Die flach gedeckte Basilika weist den sächsischen Stützenwechsel auf: Ein Pfeiler wechselt sich mit jeweils zwei Säulen ab. Die Kapitelle dieser Stützen sind reich geschmückt und der Antike nachempfunden. Das moderne Kreuz stammt von dem Bildhauer *Thomas Leu.*

Über die monumentale Treppenanlage – wie der Chorabschluss 1938/39 eingebaut – sind die beiden **Schatzkammern** zu erreichen, in denen der bedeutende Domschatz aufbewahrt wird. In ihnen befinden sich kostbarste Stücke wie das Servatiusreliquiar, das Otto-Adelheid- Evangeliar, der reich verzierte Elfenbeinkamm, Flakons aus Bergkristall und der Servatiusstab. Einige Stücke kehrten erst 1992 aus den USA zurück nach Quedlinburg, denn ein amerikanischer Leutnant hatte 1945 einen Teil des Schatzes gestohlen und per Feldpost nach Hause geschickt. Separat befindet sich über dem Eingang der Teppichsaal, in dem die Fragmente des einst mehr als 7 m hohen und um 1200 entstandenen Knüpfteppichs zu besichtigen sind.

🌀 *Schlossberg 1, 06484 Quedlinburg. ✆03946/709900, www.domschatz-quedlinburg.de. Bahn/Bus: Bus A, B bis Kaiser-Otto-Stra-*

@ Vom Münzenberg gegenüber blickt es sich herrlich auf den Schlossberg. Treppenaufgänge über Wiperti- oder Langenbergstraße.

🍴 **Café Münzenberg,** Münzenberg 1/17, Quedlinburg. ✆03946/907134. Mo – Mi, Fr 11 – 18, Sa, So 10 – 18 Uhr. Das höchst gelegene Café der Stadt! Spezialität: Flammkuchen. Terrasse, Spielecke.

Hinter Altstadtdächern versteckt: Die Stiftskirche St. Servatii

© HVV

FACHWERKJUWEL QUEDLINBURG

ße. **Auto:** *Parkplatz Schenkgasse.* **Rad:** *Harzvorland-radweg.* **Zeiten:** *April – Okt Di – Sa 10 – 18, So 12 – 18 Uhr, Nov – März Di – Sa 10 – 16, So 12 – 16 Uhr, Führungen nach Anmeldung.* **Preise:** *Dom/Domschatz mit Audioguide 4,50 €, Krypta 1,50 €; Kinder ab 6 Jahre 3 €, Krypta 1 €; Kombiticket Dom und Schloss 7 €, Kinder 4,50 €.*

Schlossmuseum Quedlinburg

Nachdem *Heinrich I.* 919 zum deutschen König gewählt worden war, begann er die Pfalz seines Vaters, *Ottos des Sachsen,* auf dem Sandsteinfelsen über Quedlinburg weiter auszubauen. Nach seinem Tod 936 erhielt seine Frau *Mathilde* den *Schlossberg* als Witwengut. Sie gründete ein Damenstift, das vor allem zur Versorgung unverheirateter adliger Töchter diente. Mehrfaches Umbauen führte zu der heutigen dreiflügeligen Renaissance-Schlossanlage. Das **Schlossmuseum** zeigt darin die Geschichte Quedlinburgs von der Ur- und Frühzeit bis zum Mittelalter. Bedeutende Stücke sind die Balliste, ein mittelalterliches Wurfgeschütz, und der Raubgrafenkasten, in dem der Regensburger Graf *Albrecht II.* wegen Landfriedensbruchs fast zwei Jahre lang (1336 – 1338) auf dem Marktplatz gefangen gehalten worden sein soll. Quasi am historischen Ort wird auch im Ottonischen Kellergewölbe der mittelalterlichen Vergangenheit nachgegangen. Wo zu DDR-Zeiten eine legendäre Nachtbar ihr Domizil hatte, wandelt man heute *Auf den Spuren der Ottonen* und der Frauen, die Quedlinburg ab dem 10. Jahrhundert prägten: Heinrich I., seine Frau Mathilde, Otto I., dessen Frau *Adelheid, Otto III.,* dessen Mutter *Theophanu* und die Äbtissinnen der folgenden Jahrhunderte. In einem Nebenraum wird unter dem Titel *Geschichte und Propaganda* zum kritischen Umgang mit Geschichte gemahnt. Hier wird anhand von Fotos, Texten und Tonmaterialien deutlich, wie die Nationalsozialisten die mittelalter-

Café am Finken-herd, Schlossberg 15, Quedlinburg. ℂ03946/810373. www.cafeamfinken-herd.de. Täglich 10 – 19 Uhr.

liche Geschichte Quedlinburgs und insbesondere den von ihnen verehrten Heinrich I. für ihre Ideologie missbrauchten.

Noch einmal in die jüngere Vergangenheit blickt man in den Prunkgemächern des 18./19. Jahrhunderts. Durchaus nobel wohnten die Stiftsdamen mit Audienzgemach, barockem Blauem Saal und weiterer prachtvoll ausgestatteten Räumen.

🕐 *Schlossberg 1, 06484 Quedlinburg. ✆03946/ 905-681, www.quedlinburg.de. **Bahn/Bus:** 20 Min Fußweg vom Bhf. **Auto:** Parkplatz Schenkgasse. **Rad:** Harzvorlandradweg. **Zeiten:** April – Okt Di – So 10 – 18 Uhr, Nov – März Di – So 10 – 16 Uhr, 30 Min vor Schließung letzter Einlass. **Preise:** 4 €; Kinder 6 – 18 Jahre 2,50 €; Familie (2 Erw, 2 Kinder) 9 €, jedes weitere Kind 1 €.*

Hoch aufragend: Der Schlossberg
© pmv, Kirsten Wagner

Klopstockhaus

Friedrich Gottlieb Klopstock wurde 1724 als Ältester von 17 Geschwistern in einem Fachwerkhaus am unteren Quedlinburger Schlossberg geboren. Er starb 1803 in Hamburg. In dem verwinkelten Gebäude von etwa 1560 werden das Leben und Werk des Messias-Dichters gewürdigt. Gegenstände aus **Klopstocks** Besitz wie Schreibfeder und Brille, Gemälde, die ihn und seine Eltern zeigen, sowie Ausgaben und Übersetzungen seiner Dichtung gehören zu den Exponaten. Weitere Quedlinburger Berühmtheiten werden ebenfalls Räume gewidmet. So

✴ *Klopstocks Werk gilt als wegbereitend für die Epoche des Sturm und Drang, während er selbst der Aufklärung zugerechnet wird. Am bekanntesten ist der »Messias«, ein Epos in 20 Gesängen, in dem erstmals in der deutschen Literatur durchgehende Hexameter verwendet wurden.*

*Bilderbuch des Fach-
werkbaus: 1300 Fach-
werkhäuser aus 6 Jahr-
hunderten zählt
Quedlinburg, darunter
auch das Klopstockhaus*
© pmv, Kirsten Wagner

Kulturkarte (berech-
tigt auch zum Be-
such des Klopstock-
hauses und des Schloss-
museums): 8,50 €.

war *Dorothea Christiane Erxleben*
(1715 – 1762) die erste deutsche
promovierte Ärztin, während sich
der Pädagoge *Johann Christoph
Friedrich GutsMuths* (1759 – 1839)
für geregelten Sportunterricht einsetzte. Er war auch im Elternhaus
von *Carl Ritter* (1779 – 1859) tätig,
der später die wissenschaftliche
Geografie begründete.

🅼 *Schlossberg 12, 06484 Quedlinburg.* ℂ*03946/2610, 905691,
www.quedlinburg.de.* **Bahn/Bus:** *Bus
A, B bis Kaiser-Otto-Straße.* **Auto:** *Parkplatz Wipertistraße/Schenkgasse.* **Zeiten:** *April – Okt Mi – So 10 – 17 Uhr.*
Preise: *3,50 €; Schüler ab 6 Jahre
2,50 €; Familie (2 Erw, 2 Kinder) 8 €.*

Lyonel Feininger Galerie

Hermann Klumpp (1902 – 1987) ist es zu verdanken, dass sich in Quedlinburg die **Lyonel-Feininger-
Galerie** befindet. Der deutsch-amerikanische Maler
und Karikaturist *Lyonel Feininger* wurde 1871 in
New York als Sohn deutscher Eltern geboren und
verbrachte mehrere Jahre seines Lebens in
Deutschland. Im Weimarer Umland entstanden viele seiner berühmten Bilder von Ortschaften. 1909
wurde er Mitglied der Berliner Secession, 1919 ans
Bauhaus in Weimar berufen. Als er 1937 Deutschland verließ und in die USA zurückkehrte überließ er
einen beträchtlichen Teil seiner Werke seinem
Quedlinburger Freund Klumpp, den er am Bauhaus
in Dessau kennen gelernt hatte. Feininger starb
1956 in seiner Geburtsstadt. Klumpp rettete die Bilder, die die Nazis zur »Entarteten Kunst« rechneten,
über die Zeit und vermachte sie dem 1986 gegründeten Kunstmuseum. Insbesondere das *Selbstbild-
nis mit Tonpfeife* von 1910 und *Vollersroda I,* eines

der prismenartigen Gemälde, die im Weimarer Umland entstanden, zählen zu den bedeutenden Werken Feiningers.

Daneben besitzt die Galerie Werke anderer bekannter Künstler der Klassischen Moderne wie *Kandinsky, Klee* oder *Nolde*. Wechselnde Sonderausstellungen widmen sich ebenfalls vorwiegend der modernen Malerei, daneben ist immer mindestens ein Raum mit Werken Feiningers zu sehen. Im Vorderhaus entstanden 2013 Räumlichkeiten für museumspädagogische Angebote und eine Druckwerkstatt.

M *Schlossberg 11, 06484 Quedlinburg. ☏03946/ 2238, www.feininger-galerie.de. **Bahn/Bus:** Bus A, B bis Kaiser-Otto-Straße. **Auto:** Parkplatz Schenkgasse. **Zeiten:** Di – So, Fei 10 – 17, April – Okt bis 18 Uhr, Führung So 11 Uhr. **Preise:** 6 €, Führung zzgl. 1 €; Kinder bis 18 Jahre frei, Schüler, Studenten 3 €.*

☀ **Tipp:** Blaue Stunde: Jeden Mi 17 – 18 Uhr (Nov – März 16 – 17 Uhr) Eintritt nur 3 €.

Kaffee genießen im Samocca

Frisch gerösteten Kaffee können Sie im Samocca nicht nur kaufen, sondern auch gleich vor Ort genießen. Verschiedenste sortenreine Kaffees aus Kenia, Indonesien oder Brasilien stehen ebenso auf der Karte wie Tee, Cappuccino und Espresso. Gemütlich sitzt es sich in dem modernen Ambiente so-

Kaffee & Co: Im Samocca haben Sie die Qual der Wahl
© pmv, Kirsten Wagner

Senf-Kabinett, Finkenherd 6, Quedlinburg. Handy ✆0173/1634802. www.harzer-naturkueche.de. April – Okt Di – Sa 10 – 18, So 11 – 17, Nov – März Di – So 11 – 17 Uhr. Senf, Honig, Chili-Pasten, Kräutersalz, regionale Produkte.

wohl drinnen als auch in dem großen Hof. Für den kleinen Hunger gibt es unterschiedlich belegte Bagels, türkische Nudeltäschchen, Suppen und natürlich auch Kuchen und Muffins. Das Café ist ein Projekt der *Lebenshilfe Harzkreis* und ermöglicht Menschen mit Handicap eine vielfältige und weitgehend selbstständige Beschäftigung.

🍴 *Samocca, Lange Gasse 30, 06484 Quedlinburg. ✆03946/919824, www.samocca-quedlinburg.de. Bahn/Bus: Bus A, B bis Kaiser-Otto-Straße. Auto: Parkplatz Carl-Ritter-Straße, Zentrum. Zeiten: Di – So 9 – 19 Uhr.*

Fachwerkmuseum Quedlinburg

Im ältesten Fachwerkhaus Quedlinburgs von 1310 befindet sich, ganz passend, ein Fachwerkmuseum. Bei dem sogenannten Ständerbau wurden lange Holzstämme, die bis zum Dach reichen, auf einer Grundschwelle errichtet. Das Museum zeigt die Vielfältigkeit der Bauweisen und Verzierungen. Tafeln erklären, was eine Fächerpalmette ist, ein Sonnenrad oder ein Laubstab. Alle in einem Fachwerkhaus verwendeten Hölzer tragen je nach Lage einen eigenen Namen. Im Obergeschoss finden sich mehrere Modelle von Quedlinburger Fachwerkbauten.

Ⓜ *Wordgasse 2, 06484 Quedlinburg. ✆03946/3828, www.quedlinburg.de. Bahn/Bus: ↗Quedlinburg. Auto: Zentrum, Parkplatz Carl-Ritter-Straße. Zeiten: Fr – Mi April – Okt 10 – 17, Nov – März 10 – 16 Uhr. Preise: 3 €; Kinder 2 €; Familien 7 €.*

Museum für Glasmalerei und Kunsthandwerk

In einem Speichergebäude aus dem 17. Jahrhundert befindet sich das Museum für Glasmalerei und Kunsthandwerk. Vor allem Getreide lagerte einst in dem Wordspeicher. Wunderbar ist hier heute zu sehen, welch eine Kunst die Glasmalerei im Mittelal-

Gebäudeensemble auf dem Marktplatz: Fachwerkhaus, Marktkirche St. Benedikti und Rathaus

© pmv, Kirsten Wagner

ter war. Was der Glasmaler benötigte, zeigt die originale Werkstatt, die das Herzstück des Museums bildet. Natürlich sind auch zahlreiche Beispiele des alten Kunsthandwerks zu sehen.

M *Word 28, 06484 Quedlinburg. ✆03946/810653, www.quedlinburg.de. **Lage:** Im Zentrum. **Auto:** B6. **Rad:** Harzvorlandradweg. **Zeiten:** Mai – Dez Di – Fr 10 – 18 Uhr, Sa, So 11 – 16 Uhr. **Preise:** 2 €; Kinder 10 – 14 Jahre 1,50 €, Kindergruppen 1 €; Familien 5 €. **Infos:** Führung 15 €.*

Spielzeug von anno dazumal

Nicht nur für Kinder ist das Eisenbahn- und Spielzeugmuseum eine Attraktion, sondern auch für Erwachsene. Gerne denkt man hier an die eigenen Puppen, Teddys oder Holzautos zurück, mit denen man sich als Kind die Zeit vertrieb. Im Mittelpunkt des Spielzeugmuseums stehen die historischen Modelleisenbahnen unterschiedlicher Spurweite, die zum Teil auch in Bewegung versetzt werden dür-

Kaiserfrühling in Quedlinburg: Bei dem Fest zeigen sich Heinrich I. und Mathilde dem Volk
© pmv, Kirsten Wagner

 **Café Kaiser,** Finkenherd 8, Quedlinburg. ℂ03946/515552. www.cafe-restaurant-kaiser.de. Di – So 10 – 19 Uhr. Waffelspezialitäten, auch warme Speisen, im Sommer mit großem Innenhof und Hühnern.

fen. Ein Raum wurde so hergerichtet, als wäre es das Zimmer eines Sammlers.

Ⓜ *Mitteldeutsches Eisenbahn- und Spielzeugmuseum, Blasiistraße 22, 06484 Quedlinburg. ℂ03946/3751. www.eisenbahn-spielzeug-museum.de. Bahn/Bus: Stadtverkehr Quedlinburg. Auto: Nähe Marktplatz. Zeiten: April – Okt und Dez Mo – Sa 10 – 17, Nov, Jan – März Mo – Sa 10 – 16 Uhr, ganzjährig So 11 – 16 Uhr. Preise: 3,80 €; Kinder ab 3 Jahre 2 €.*

Nikolaikirche Quedlinburg

Die Nikolaikirche entstand um 1200 als romanische Basilika und wurde im 15. Jahrhundert zur gotischen Hallenkirche umgebaut. Die beiden 72 m hohen Türme überragen die Stadt und sind weithin sichtbar. So lässt sich vom Südturm auch weit über die Stadt blicken – montags bis freitags zu den Öffnungszeiten. Doch auch im Kircheninneren gibt es einiges zu sehen. Die Ausstattung stammt vorwiegend aus dem 18. Jahrhundert, so auch der barocke Hochaltar von 1712 und die Kanzel von 1731. Einer Sage nach, gab ein reicher Schäfer das Geld für die Erbauung der Türme. Daran erinnern auch die Figuren eines Schäfers und seines Hundes an den Ecken. Im Volksmund wird der Bau gerne als Schäferkirche bezeichnet.

🕐 *Kaplanei 10, 06484 Quedlinburg. ℡03946/3240, www.kirchequedlinburg.de.* **Bahn/Bus:** *Bus A, B bis Pölkenstraße.* **Auto:** *Über Weberstraße, Nähe Mathildenbrunnen.* **Zeiten:** *Mo – Sa 10.30 – 12.30 und 14 – 16, So 14 – 16 Uhr.*

🔒 **Eine-Welt-Laden,** Quedlinburg. www.kirchequedlinburg. de. Mi 15 – 18 Uhr. In den Turmräumen.

Abteigarten und Brühlpark

Während sich die Touristenströme in Quedlinburg vorwiegend zwischen Markt und Schlossberg bewegen, verirrt sich kaum ein Besucher in die Parkanlage südlich des Schlosses. Dabei laden Abteigarten und Brühl zu einem gemütlichen Spaziergang abseits jeder Hektik ein. Der **Garten** der Äbtissin, die in Sichtweite oben im Schloss wohnte, diente ursprünglich der Versorgung mit Obst und Gemüse, aber auch der Repräsentation weltlicher Macht. Die Hauptachse war auf die Räume der Äbtissin ausgerichtet. Wie einst, schließen sich an den barocken

DER BESONDERE TIPP
Café und Käsekuchenbäckerei Vincent

☕ Sie lieben Käsekuchen? Dann sollten Sie bei *Vincent Wehrenpfennig* einkehren, dem Käsekuchenbäcker Quedlinburgs. Mit Blick auf den Schlossberg lassen sich hier die Köstlichkeiten verspeisen – insgesamt 30 verschiedene Sorten Käsekuchen: Marzipan, Nougat, Himbeer, Stracciatella, Kirsch-Vanille und und und. Wer es lieber weniger süß mag, schwört auf Käsekuchenpizza oder Harzer Hirtenkäsekuchen. Dazu schmeckt eine Zimt-Zicke, eine heiße Schokolade mit Amaretto. **Vincent,** Schlossberg 13, 06484 Quedlinburg. ℡03946/811970, www.kaesekuchenbaeckerei.de. **Bahn/Bus:** Bus A, B bis Kaiser-Otto-Straße. **Auto:** Parkplatz Schenkgasse. **Zeiten:** Täglich 10 – 18 Uhr.

© Annette Sievers

☀ **Tipp:** Im Juli findet im Brühl das Kunstfest *Vom Zauber der Bäume* statt.

Mittelteil mit symmetrischen Beeten und einem Wasserbecken Gartenflächen an, die heute von der Gärtnerei Midgard bewirtschaftet werden. Nach Auflösung des Stiftes 1803 war der gesamte Garten verpachtet und schließlich verkauft worden. Bedeutende Saatzuchtfirmen, wie die von *Carl Sperling,* errangen von hier aus im 19. Jahrhundert weltwirtschaftliche Bedeutung. 2008 wurde der historische Zustand wieder hergestellt, Abteigarten und der sich anschließende Brühl wurden in das **Projekt Gartenträume** aufgenommen.

Im **Brühl,** einem Park mit schönem Waldbestand, setzt sich die barocke Wegeachse fort. Bis zur *Bode* kann man hier spazieren, die Denkmäler von *Klopstock* und *Carl Ritter* bewundern oder auf einer der Bänke Platz nehmen. Für Kinder gibt es einen **Spielplatz** mit Nestschaukel, Recks und Klettergeräten.

🕐 *Brühlstraße, 06484 Quedlinburg. www.quedlinburg.de. **Bahn/Bus:** Bus A, B bis Kaiser-Otto-Straße. **Auto:** Parkplätze über Abteigasse oder an der Brühlstraße. **Zeiten:** Frei zugänglich.*

Advent in Quedlinburg

An zwei Wochenenden in der Vorweihnachtszeit öffnen in Quedlinburg rund 20 Innenhöfe, die sonst gut verschlossen sind, ihre Pforten. Weihnachtlich geschmückt bieten zahlreiche Stände beim **Advent in den Höfen** ihre Kostbarkeiten an. Von Töpferwaren, Holzspielzeug und handgearbeiteten Teddys über Wolle und Keramik bis zu Schmuck und Schnitzereien ist alles zu bekommen. Kulinarisch

Adsventskalender: Was mag Hof Nr. 11 wohl zu bieten haben?

© pmv, Kirsten Wagner

werden die Besucher verwöhnt mit Wildschweinbraten, Punsch, Kartoffeltaschen und vielem mehr. Zum bunten Rahmenprogramm gehören Konzerte, Theateraufführungen und Märchenlesungen. Natürlich ist auch der **Weihnachtsmarkt** auf dem Marktplatz geöffnet und lädt zu einem Bummel ein.

Dies & Das: Hübsche Läden lassen sich überall in Quedlinburg entdecken

© pmv, Kirsten Wagner

🕐 *06484 Quedlinburg. www.adventsstadt.de.* **Bahn/Bus:** *↗Quedlinburg.* **Auto:** *Parkplatz An den Fischteichen/Kleers, weitere Informationen im Internet.* **Zeiten:** *Weihnachtsmarkt 1. – 4. Advent So – Do 11 – 20, Fr 11 – 22, Sa 10 – 22, Advent in den Höfen 1., 2. und 3. Advent Sa 11 – 20, So 11 – 19 Uhr.* **Infos:** *Prospekt in der ↗Quedlinburg-Information.*

Konradsburg Ermsleben: Burg und Kloster

Die Edelherren von Konradsburg residierten schon im 11. Jahrhundert südlich von Ermsleben, ließen dann aber die nahe gelegene Burg Falkenstein bauen und nannten sich fortan nach ihrem neuen Wohnsitz. Die Konradsburg hingegen wurde in ein **Benediktinerkloster** umgewandelt. Von der spätromanischen Basilika, die um 1200 erbaut wurde, sind nur der Hohe Chor und die darunter befindliche *Krypta* erhalten. Diese ist eine fünfschiffige, kreuzgratgewölbte Halle und zeugt von der hervorragenden Baukunst der Spätromanik. Zu erkennen sind außerdem noch der Nord- und der Ostflügel der Klausur sowie das Brunnenhaus. Hier ist das Eselstretrad zu sehen, mit dem die Grautiere das Wasser aus dem Brunnen nach oben beförderten. Ab 1712

Galerie-Café, Ermsleben. ✆034743/92565. www.konradsburg.com. Sa, So 14 – 18, Nov – März bis 17 Uhr. Bei schönem Wetter kann man im Hof sitzen.

wurde das Kloster landwirtschaftlich genutzt, wie die umliegenden Ställe und Scheunen belegen. Viele **Veranstaltungen** zwischen Ostern und Weihnachten prägen heute das Burgleben. In einer **Galerie** werden wechselnde Ausstellungen präsentiert.

🕐 Ⓜ *Konradsburg, 06463 Ermsleben. 034743/92564, www.konradsburg.com. Auto: Von Ermsleben etwa 3 km über Konradsburger Straße. Rad: Welbsleebener Straße, Rathweiden. Zeiten: April – Okt 10 – 17, Nov – März 10 – 16 Uhr. Preise: Eintritt frei.*

Burgweihnacht auf der Konradsburg

Am dritten Adventswochenende geht es geschäftig zu auf der Konradsburg, denn dann wird Burgweihnacht gefeiert. Kindertheater, eine Bastelstube, ein Handwerkermarkt und vieles mehr machen den Aufenthalt vor der Burgkulisse zu einem unvergesslichen Erlebnis.

🕐 *Auf der Konradsburg, 06463 Ermsleben. 034743/92565, www.konradsburg.com.*

STADT DER ASKANIER: ASCHERSLEBEN

Am nordöstlichen Rand des Harzes liegt Aschersleben, das 753 erstmals urkundlich erwähnt wird und damit die wahrscheinlich älteste Stadt Sachsen-Anhalts ist. Seit dem 11. Jahrhundert herrschten die **Askanier** in der Stadt mit *Albrecht dem Bären* (Albrecht von Ballenstedt, gest. 1170) an ihrer Spitze. Er eroberte die Nordmark und Brandenburg und hinterließ bei seinem Tod ein weiträumiges Herrschaftsgebiet. Nach dem Erlöschen des Hauses Anhalt-Aschersleben fiel die Stadt 1315 an das Bistum Halberstadt. Wenige Jahre später begann man mit dem Bau der *Stadtbefestigung,* von der sich 15 Türme, darunter das Rondell, ein mächtiger Festungsturm mit aufgesetztem Fachwerk, erhalten

✳ *Der Name der **Askanier** leitet sich von Ascharia oder Ascania ab, der latinisierten Form von Aschersleben*

🔺 **Hotel Ascania,** Jüdendorf 1, 06449 Aschersleben. 03473/9520, www.ascania-hotel.de. Zentral gelegenes Haus mit 44 Zimmern, Restaurant. DZ 80 – 93 €.

haben. In der **Altstadt** sind mit ihren Bauten aus dem 16. – 19. Jahrhundert verschiedene Stilepochen vertreten. Das ehemalige *Zisterzienserkloster* Grauer Hof gehört der Frühgotik an und beherbergt heute ein Kunst- und Kulturzentrum. Die **Stephanikirche** ist ebenfalls im gotischen Stil errichtet, das Krukmannsche Haus in dem der Renaissance. Ebenso finden sich barocke und klassizistische Bauten. Interessant für Besucher sind auch das Rathaus, das **Städtische Museum** am Markt, das **Kriminalpanoptikum** und die Sternwarte im Tierpark. Letztere liegt mit dem Freibad im *Naherholungsgebiet Alte Burg,* wo vermutlich einst die Stammburg von Albrecht ihren Sitz hatte. Der größte Park der Stadt, die *Herrenbreite,* wurde zusammen mit dem Stadtpark das Kernstück der Landesgartenschau 2010.

Rund um den historischen Kern und die alte Stadtbefestigung führt der grüne Promenadenweg und lädt zu einem Spaziergang ein.

ⓘ *Tourist-Information Aschersleben,* Hecknerstraße 6, 06449 Aschersleben. ℂ03473/8409440, www.aschersleben-tourismus.de. *Bahn/Bus:* RB, RE. *Auto:* B6 von Quedlinburg; aus Nord und Süd B180. *Rad:* Radwanderwege von Welbsleben oder Mehringen. *Zeiten:* Mo, Di, Do 10 – 18, Mi, Fr 10 – 16, Sa 10 – 13, Mai – Sep Sa, So 10 – 15 Uhr.

Städtisches Museum Aschersleben

Im heutigen Museum logierten einst die Ascherslebener Freimaurer. 1993 wurde die alte Loge *Zu den drei Kleeblättern* wieder eröffnet, der rekonstruierte Tempel gehört zu den besonders sehenswerten Teilen des Museums. Die Geschichte der Loge wird in einer kleinen Ausstellung thematisiert. Ungewöhnlich vielfältig ist die paläontologische Sammlung mit wertvollen Stücken wie einem 4 m langen Fischsaurier. Im Übrigen informiert das Haus über die Geschichte Ascherslebens von der Ur- und Frühzeit bis zum 20. Jahrhundert.

Ⓜ *Markt 21, 06449 Aschersleben.* ℂ03473/958430, www.aschersleben.de. *Bahn/Bus:* Bus 21, 22. *Auto:*

Ⓜ **Kriminalpanoptikum,** An der Darre 11, Aschersleben. ℂ03473/22659-42. www.kriminalpanoptikum.de. Di – Do 14 – 17, Sa, So 12 – 17 Uhr, Führungen nach Anmeldung auch außerhalb dieser Zeiten. 1 €, Kinder 4 – 17 Jahre und Studenten 0,50 €.

Café am Gewand-haus, Breite Straße 3, Aschersleben. ©03473/4433370. www.cafe-am-gewand-haus.de. Mo – Fr 11.30 – 18, Do ab 9, Sa 14 – 18, So 11.30 – 18 Uhr. Früh-stück, warme Küche, Eis, Kuchen, Torten, Kinder-spielecke.

Zentrum. **Zeiten:** *Di – Fr, So 9 – 12 und Di – So 14 – 17 Uhr.* **Preise:** *2 €; Kinder 1 €; Familien 5 €.*

St. Stephanikirche

Mehr als 100 Jahre dauerte es, bis die Stephanikir-che 1507 vollendet wurde. Die dreischiffige Hallen-kirche besitzt nur einen Turm. Wegen des schwieri-gen Baugrunds verzichtete man auf die Ausführung des zweiten Turms. Sehenswert sind das Taufbe-cken von 1464, die figurenreiche Kanzel (1656) und die beiden Triptychen aus der Cranach-Schule.

🕐 *Hinter dem Turm, 06449 Aschersleben. www.evange-lische-kirche-aschersleben.de.* **Bahn/Bus:** *Bus 21, 22 bis Tie.* **Auto:** *Innenstadt, Parkplatz Düsteres Tor.* **Zeiten:** *Mo – Fr 10 – 12 und 12.30 – 16 Uhr.*

Unterwegs in Quedlinburg und Umgebung

Bahn: Die *Harzer Schmalspurbahnen* fahren von Gernrode über Bad Suderode nach Quedlinburg. Infos dazu unter www.hsb-wr.de.

Bus: Für den Landkreis Quedlinburg zuständig sind die *Harzer Verkehrsbetriebe,* Dornbergsweg 7, 38855 Wernigerode, ©03943/2637-03, Fax 564-180, www.hvb-harz.de, info@hvb-harz.de. In **Aschersleben** fahren zwei Stadtbusse. Über die-se informiert die *Kreisverkehrsgesellschaft Salz-land,* Altenburger Chaussee 1, 06406 Bernburg, ©03471 3569, www.kvg-salzland.de.

DIE GRÜNE MITTE

Blaues Juwel in grüner Landschaft: Der Rapp- bodestausee

© HVV

KLEINE PERLEN

Wiesen, Laub- und Mischwälder geben dem Unterharz ein sanfteres Gepräge als seinem Gegenstück, dem Oberharz. So wirkt der sachsen-anhaltinische Harzteil insgesamt lichter und heller: Er bildet die grüne Mitte des Harzes.

Viele kleinere Orte finden sich zwischen dem Auf und Ab der Landschaft – kleine Perlen, die spannende Ausflüge versprechen. Ob in Güntersberge, Stolberg, Rübeland oder Hasselfelde, überall gibt es Besonderes zu entdecken wie ein Mausefallen-museum, eine alte Münzwerkstatt, eine Kristall-kammer oder eine Köhlerei. Wanderungen führen zur Ruine der Burg Anhalt, zur Burg Falkenstein oder dem Josephskreuz. Technikfans kommen bei einer Fahrt mit der Selketalbahn voll auf ihre Kosten.

240/241

RUNDTOUR AB HASSELFELDE

Vermutlich gab das häufige Vorkommen des Hasel-strauchs dem Flüsschen *Hassel* seinen Namen,

FESTKALENDER

Januar:	Anfang Jan Sa – So, Hasselfelde: **Schlittenhunde-rennen** in Pullman City, www.pullmancity2.com. Mitte – Ende Jan Sa – So, Benneckenstein: **Schlittenhunderennen** am Ortsrand.
Februar:	1. oder 2. So, Stolberg: **Winterfest.**
April:	30., Stiege, Stolberg, Neustadt (Burg Hohnstein): **Walpurgisfeiern.**
Mai:	Tanne: **Kuhball** mit Festumzug. Harzgerode: **Kulturtage** in Schloss und Kirche. Mit Veranstaltungen, Führungen und einem Kultur-tag für Kinder.
Mai/Juni:	Pfingstmontag, Benneckenstein: **Finkenmanöver** mit Folkloreprogramm.
Juli:	Harzgerode: **Hüttentag** im Carlswerk Mägdesprung. Stolberg: **Waldfest** am Josephskreuz, Harzer Brauchtum.

nach dem wiederum der Ort Hasselfelde benannt wurde. Der Ortsteil der *Stadt Oberharz am Brocken* mit 3000 Einwohnern liegt auf einem Hochplateau südlich der **Rappbodetalsperre.** Mehrere Feuersbrünste vernichteten bis zum 19. Jahrhundert immer wieder viele Häuser. So verbreiterte man nach 1794 die engen Straßen und legte Feuergassen an. Heute sind in Hasselfeldes *Pullman City* Indianer und Cowboys zu Hause, in Richtung Blankenburg liegt das **Köhlereimuseum Stemberghaus.** Im Ort selbst ist die **Antoniuskirche** mit neugotischer Ausstattung einen Blick wert (Marktstraße 7, Di – So 10 – 18, Winter Do – So 11 – 16 Uhr). Sie wurde 1851 geweiht, das Bild an der Altarwand stammt von dem Braunschweiger Hof- und Kirchenmaler *Adolf Quedens.*

❶ *Tourist-Information/Haus des Gastes Hasselfelde, Breite Straße 17, 38899 Hasselfelde.* ✆*039459/ 71369, www.hasselfelde.de.* **Bahn/Bus:** *Bahn bis Wernigerode, Bus 261, 265.* **Auto:** *A7 Ausfahrt 67 Seesen, B242.* **Zeiten:** *Jan, März, April, Nov, Dez Mo – Fr 9 – 16 Uhr, Feb, Mai – Okt Mo – Fr 9 – 17, Sa 10 – 12 Uhr.*

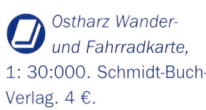 *Ostharz Wander- und Fahrradkarte,* 1: 30:000. Schmidt-Buch-Verlag. 4 €.

August:	1. Wochenende, Hasselfelde: **Köhlerfest** an der Köhlerei Stemberg.
	2. Wochenende, Stolberg: **Lerchenfest,** historisches Stadtfest mit Händlern, Gauklern, Handwerkern.
	3. Wochenende, Neustadt: Burg Hohnstein, **Burgfest.**
September:	1. So, Altenbrak: **Harzer Jodlerwettstreit.**
Dezember:	2. Adventswochenende, Benneckenstein, Hasselfelde, Stiege: **Weihnachtsmärkte.**
	3. Adventswochenende, Harzgerode und Stolberg: **Weihnachtsmärkte.**
	4. Advent, Tanne: **Brockenbäckers Weihnachtsmarkt.**
	4. Adventswochenende, Neustadt: **Weihnachtsmarkt auf dem Kirchplatz.**

DIE GRÜNE MITTE

Köhlerhütte, Stemberghaus 1, Hasselfelde. ✆039459/ 72254. www.harzkoehlerei.de. Täglich 9 – 18 Uhr, Sa, So und in den Ferien bis 20 Uhr.

Aus Resthölzern der Forstwirtschaft entsteht im Stemberghaus wertvolle Holzkohle, die Sie direkt vor Ort erwerben können.

Das harte Leben der Waldarbeiter früher: Köhlervorführung

© Harzköhlerei Stemberghaus

Für die Verhüttung der im Harz gewonnenen Erze wurde jahrhundertelang Holzkohle benötigt, hergestellt von unzähligen Köhlereien. Eine der letzten Köhlereien in ganz Deutschland ist *Peter Feldmer*s Harzköhlerei bei Hasselfelde. Rund 150 t Holzkohle stellen die Köhler am Stemberghaus in Stahlkesseln, sogenannten Retorten, her. April – Oktober werden aber auch Erdmeiler aufgebaut, so wie es an vielen Orten im Harz einst geschah. Kunstvoll werden die Buchen- oder Eichenholzscheite kegelförmig rund um einen Schacht aufgestapelt, mit einer dicken Schicht aus Erde abgedeckt und angezündet. Nach mehreren Tagen ist im Inneren Holzkohle entstanden. Das traditionelle Handwerk kann im Stemberghaus hautnah erlebt werden, weitere Erklärungen gibt es im 2013 eröffneten **Köhlerzentrum.** In der **Köhlerhütte** lässt sich ein deftiger Imbiss einnehmen.

🕐 *Stemberghaus 1, 38899 Hasselfelde. ✆039459/72254, www.harzkoehlerei.de. Lage: Nördlich von Hasselfelde. Bahn/Bus: Bus 261, 265 von Wernigerode bis Stemberghaus. Auto: B242, dann B81 (Blankenburger Straße). Zeiten: Täglich 9 – 18 Uhr, Sa, So, Ferien bis 20 Uhr, April – Okt Aufbau traditioneller Erdmeiler. Preise: 2 €.*

Die Rappbodetalsperre

Die höchste Staumauer Deutschlands besitzt die Rappbodetalsperre mit 106 m. Erbaut wurde sie 1952 – 1959 zum Hochwasserschutz im Ostharz. Mehrere Vorsperren stauen die *Rappbode* nördlich von Trautenstein, die *Kalte Bode* bei Mandelholz und die *Hassel* bei Hasselfelde. Zu dem verzweigten System gehört auch die *Talsperre Wendefurth,* die die *Bode* staut.

Die 415 m lange Staumauer ist zugleich die Straße, die von Rübeland zur B81 führt. Beeindruckend ist jedoch auch ein Spaziergang über das gigantische Bauwerk, das aus 860.000 Kubikmetern Beton gegossen wurde. Am Parkplatz befindet sich neben Imbissen und Souvenirständen der Zugang zum Infopunkt der *Harzer Urania,* einem gemeinnützigen Verein, der sich mit dem Talsperrensystem des Bodewerks beschäftigt und darüber informiert. Nach dem Aufstieg bietet sich ein schöner Blick auf die Talsperre, Tafeln und Vereinsmitglieder informieren über das Rückhaltesystem.

🅼 *Harzer Urania, 38855 Wernigerode. ℂ03943/ 632228, www.harzer-urania-wernigerode.de. Bahn/Bus: Bus 265 von Wernigerode. Auto: B81 zwischen Wendefurth und Hasselfelde, Abzweig Richtung Rübeland, Parkplatz hinter dem Tunnel. Zeiten: April – Okt täglich ab 9.30 Uhr am Infopunkt der Rappbodetalsperre. Preise: 2 €; Kinder bis 14 Jahre 1 €. Infos: Harzer Urania e.V., Schlachthofstraße 2, 38855 Wernigerode. Weitere Infos unter www.talsperren-lsa.de.*

➤ **Harzdrenalin,** Wernigerode. ℂ01805/375375. www.harzdrenalin.de. April – Okt Di – So 10 – 18, Nov – März Mi – So 11 – 16 Uhr. Wild auf Abenteuer? Dann fliegen Sie doch mit der **Megazipline** über die Rappbodetalsperre! Eine Doppelseilrutsche von 1 km Länge macht es möglich. 39 € pro Person, Familienticket 120 €.

Talsperre Wendefurth: Ein Blick in die Staumauer

Die Talsperre Wendefurth ist Teil eines komplexen Talsperrensystems aus Vorsperren, Überleitungssperren, Hochwasserschutzbecken und Pumpspeicherwerk, dessen Kernstück die *Rappbodetalsperre* ist. Wie eine Staumauer von innen aussieht,

 Harzdrenalin bietet an der Staumauer Wendefurth Wallrunning an. April – Nov täglich 9.30 – 18.30 Uhr, 49 €.

Seerestaurant Zum Hecht, Am Stausee 2, Wendefurth. ✆03944/352916. www.wendefurther-bootsverleih.de. Mai – Okt täglich ab 9 Uhr. Schwimmendes Restaurant direkt an der Talsperre, mit Bootsverleih. Floßfahrten Mi 11 Uhr, Do 15 Uhr, 6 €.

bleibt bei der **Führung** durch die Talsperre Wendefurth kein Geheimnis mehr. Nachdem ein Film die Geschichte und Funktionsweise der 1966 fertiggestellten Talsperre erläutert hat, geht es direkt an den Ort des Geschehens. Dort ist dann zu erfahren, wie der auf der Mauer lastende Druck kontrolliert wird und wozu Grundablässe und Steigleitungen dienen. Der 90-minütige Rundgang endet an einem kleinen Gerätepark, in dem Bänke zu einer Rast einladen.

🕐 *Informationszentrum, Am Stausee, 38889 Wendefurth. ✆03944/942-236, 942-0, www.talsperren-lsa.de. Bahn/Bus: Bus 261 von Blankenburg. Auto: B81 von Blankenburg, rechts abbiegen in die Straße Am Stausee. Zeiten: April – Okt Mi 14, Sa 11 Uhr. Preise: 3 €; Kinder ab 6 Jahre und Schüler 2 €, Schulklassen 1 €. Infos: Talsperrenbetrieb Sachsen-Anhalt, Timmendorfer Straße 1a, 38889 Blankenburg.*

Die Tropfsteinhöhlen von Rübeland

1536 entdeckte der Bergmann *Friedrich Baumann* auf der Suche nach Erz eine Tropfsteinhöhle, die zum Anziehungspunkt Nummer 1 in Rübeland wurde und den kleinen Ort an der *Bode* weithin berühmt machte. Nach ihm benannt ist die Höhle, die schon 1668 unter Naturschutz gestellt wurde und so ihren hübschen Schmuck bis heute bewahrt hat. Im riesigen Goethesaal schimmert ein See, wundersame Gebilde wachsen im Säulensaal und der Schildkrötenschlucht. Hier formen die Kalkablagerungen das Hamburger Wappen, dort einen runden Mönch.

Im Goethesaal der **Baumannshöhle** finden regelmäßig Aufführungen statt, z.B. *Die Schneekönigin, Das kalte Herz* oder *Die Reise zum Mittelpunkt der Erde.* Näheres unter www.harzer-hoehlenfestspiele.de. Auf der anderen Seite der Bode befindet sich der Eingang der **Hermannshöhle.** Sie wurde erst 1866 entdeckt und nach *Hermann Grotian* benannt, der sie erkundete. Wie in der Baumannshöhle, wurden viele Knochen des Höhlenbären gefunden. Ein steinerner Wasserfall, die Kristallkammer, die Teufelsschlucht und natürlich der Olmensee mit lebenden **Grottenolmen** sind hier die bewunderten Attraktionen.

🕐 *Blankenburger Straße, 38889 Rübeland. ℂ039454/ 49132 (Verwaltung), 49208 (Baumannshöhle), 49110 (Hermannshöhle), www.harzer-hoehlen.de. **Bahn/Bus:** Bus 258, 265 von Wernigerode. **Auto:** Wenige Parkplätze direkt an der Hauptstraße (Blankenburger Straße), weitere am Ortseingang. **Zeiten:** Juli, Aug 9 – 17.30, Sep, Okt, Feb – Juni 9 – 16.30, Nov – Jan 9 – 15.30 Uhr, ab Nov nur Baumannshöhle geöffnet, Führungen nach Bedarf alle 30 Min, Dauer 45 – 60 Min. **Preise:** 7 €; Kinder 4 – 16 Jahre 4,50 €; Familie (2 Erw, 3 Kinder) 20 €; Kombikarten für beide Höhlen oder eine Höhle und Schaubergwerk Büchenberg 12 €, Kinder 7,50 €, Familie 32 €.*

 *Grottenolme sind Schwanzlurche, die in Höhlengewässern leben. Sie sind farblos und werden bis zu 30 cm lang. Die 13 Grottenolme der Hermannshöhle stammen aus Istrien und wurden 1932 und 1956 ausgesetzt. Leider stellte sich heraus, dass es nur Männchen waren, sodass kein Nachwuchs zu erwarten ist.*

Schaubergwerk Büchenberg

Einen ungewöhnlichen Zugang besitzt das Schaubergwerk Büchenberg, denn hier geht es über den alten Seilbahnstollen in den Berg. Zwischen 1936 und 1970 wurde hier Eisenerz abgebaut und per Seilbahn zur Bahnverladung nach Minsleben transportiert. Mit knapp 9 km Länge war sie die längste Industrieseilbahn Europas. Wie das Erz dem Berg in den 1950er und 1960er Jahren abgetrotzt wurde, erfahren Sie in der etwa 90-minütigen Führung, während der auch einige der großen Gerätschaften vorgeführt werden – so der Schrapper oder der Überkopflader. Ein geologischer Aufschluss zeigt Gesteine unterschiedlicher Färbung.

🕐 *Büchenberg 2, 38875 Elbingerode. ℂ039454/ 42200, www.schaubergwerk-buechenberg.de. **Bahn/Bus:** Bus 257, 258, 262, 265 von Wernigero-*

➡ Ein bergbaugeschichtlicher **Lehrpfad** von 7 km Länge beginnt am Schaubergwerk Büchenberg.

DIE GRÜNE MITTE

187

de. Auto: B244 Wernigerode – Elbingerode, 2 km vor Elbingerode links. Rad: Von Elbingerode: Unter den Birken bis zum Funkmast, rechts über Eisensteinstraße. Zeiten: Täglich Führungen um 10, 12, 14 und 16 Uhr. Preise: 7 €; Kinder 4 – 16 Jahre 4 €; Familie (2 Erw, 3 Kinder) 20 €; Kombikarte Schaubergwerk und eine der Rübelander Tropfsteinhöhlen 12 €, Kinder 7,50 €, Familie 32 €. Rollstuhl geeignet.

Elend & Sorge

In der Fremde, dem *eli lenti,* machten Mönche aus Ilsenburg und Walkenried Rast – und so kam das von der *Bode* durchflossene Örtchen zu seinem Namen. Heute ist Elend Haltepunkt der Harzquerbahn. Die **kleinste Holzkirche Deutschlands** steht hier, im Sommer vergnügt man sich im Waldfreibad. Ein beliebtes Wanderziel sind die *Schnarcherklippen,* die *Goethe* in seinem Faust verewigte.

✕ Kukkis, Heinrich-Heine-Weg 1, Elend. ✆039455/386. www.kukki.de. Täglich 10.45 – 18 Uhr. **Kukkis** berühmte Erbsensuppe können Sie in der Feldküche direkt an der B27 zwischen Elend und Braunlage probieren.

ℹ️ *Tourist-Information Elend, Tanne, Sorge,* Hauptstraße 19, 38875 Elend. ✆039455/375, www.harz.eu. *Bahn/Bus: Bahn bis Nordhausen oder Wernigerode, Harzquerbahn oder Bus 257 von Wernigerode. Auto: B6 bis Wernigerode, B244 und B27 über Elbingerode. Zeiten: Mo – Fr 9 – 17, Nov – Jan, März, April 9 – 16, Sa 10 – 13 Uhr.*

Die kleinste Holzkirche Deutschlands

Die größte und die kleinste Holzkirche Deutschlands stehen beide im Harz, die eine in Clausthal, die andere in Elend. Nur 5 x 11 m misst das Gotteshaus, das im neugotischen Stil erbaut und 1897 eingeweiht wurde. Ein Turm wurde erst 1904 mit Spenden der Einwohner angebaut. Der hölzerne Altar steht auf Rollen, um ihn bei Bedarf nach hinten schieben zu können. Immerhin finden in dem 60 qm großen Innenraum 80 Personen Platz.

ℹ️🕐 *Tourist-Info Elend,* Bodeweg, 38875 Elend. ✆039455/375, www.tourist-info-elend.harz.de. *Auto: Ortszentrum über Hauptstraße. Zeiten: Mai –*

Okt Führungen Di 16.30, Fr 16 Uhr und nach Vereinbarung. **Preise:** *Eintritt frei.* **Infos:** *Besichtigungen außerhalb der Öffnungszeiten: Frau Klug ℂ039455/ 292 oder Frau Hahn ℂ039455/265.*

Klein aber fein: Holzkirche in Elend
© pmv, Kirsten Wagner

Grenzlandmuseum Sorge

Einst im Grenzgebiet gelegen, befindet sich der 200 Einwohner zählende Ort Sorge nun mitten im Harz. Die Erinnerung an die deutsche Teilung aber soll wach gehalten werden. So wurde ein Teil der ehemaligen Grenze als Freilichtdenkmal im Originalzustand belassen. Der erste Sicherungszaun, die Hundelauftrasse und ein Beobachtungsturm zeugen im Grenzmuseum von der Unmenschlichkeit dieser Grenze. Ein Stück weiter dient der **Ring der Erinnerung** als Mahnmal. *Hermann Prigann,* Umwelt- und Landschaftskünstler, entwarf den großen Kreis aus abgestorbenen Baumstämmen 1993. Der Wall mit 70 m Durchmesser verweist so zugleich auf die Umweltzerstörung und das Waldsterben. Im Laufe der Zeit wird das Holz in sich zusammenfallen, gleichzeitig werden neue Triebe hervorsprießen. Ebenso entsteht auf dem einstigen Todesstreifen wieder neues Leben. Vier Zugänge markieren die Himmelsrichtungen, Steinplatten verweisen mit ihren Aufschriften Terra (Erde), Fauna (Tierwelt), Flora (Pflanzen), Aer (Luft) und Aqua (Wasser) auf den Zusammenhang allen Seins auf der Erde.

Das Museum im Bahnhofsgebäude, der Ring der Erinnerung und das Freiland-Grenzmuseum werden auf einem **Rundweg** über zehn Infotafeln miteinander verbunden.

Ⓜ *Försterbergstraße 5b, 38875 Sorge. ℂ039457/ 40807, 3239. www.grenzmuseum-sorge.de.* **Auto:** *Freilandmuseum zu Fuß von Sorge über Ebersbach-*

DIE GRÜNE MITTE

straße, 2. Weg links über die Bahnlinie (2 km).
Zeiten: *Freiland-Grenzmuseum frei zugänglich, Füh-*
rungen ab 6 Pers nach Voranmeldung, Grenzmu-
seum im ehemaligen Bahnhofsgebäude Di – Sa 11 –
16.30 Uhr. ***Preise:*** *Eintritt frei, Spenden erwünscht.*

Im Selketal

Wandern auf dem Selketalstieg

Vom Bahnhof in Stiege bis zum Wordgarten in Quedlinburg führt der Selketalstieg über insgesamt
67 km. Die lassen sich in mehreren Etappen erwandern oder auch als einzelne Teilabschnitte. So
bietet es sich an, von **Stiege** aus über *Güntersberge* und *Straßberg* bis **Alexisbad** zu gehen (21 km).
Der Weg begleitet die *Selke* und die in ihrem Tal ver-
laufenden Schienen der Schmalspurbahn. Die zweite Etappe verläuft von Alexisbad nach **Mägdesprung,** wo die Schmalspurbahn direkt nach **Gernrode** abdampft, während sich Wanderer weiter an
der Selke entlang zur **Selkemühle** aufmachen. Über
die ⬈*Burg Falkenstein* geht es nun nach **Meisdorf.**
Etwa 20 km beträgt diese Strecke. Der letzte Abschnitt führt über *Ballenstedt, Gernrode* und *Bad Suderode* nach **Quedlinburg.** Eine genaue Wegbe-
schreibung, Informationen über die Etappenorte
und Gastgeber erhalten Sie auf der Internetseite.

❯ *38899 Stiege. www.selketalinfo.de.* ***Länge:*** *Gesamt
67 km.*

*Selketal – Bodetal
1:25.000: Rad- und
Wanderkarte. Selketal-
Stieg von Stiege bis Qued-
linburg. Wanderarena
Bodetal.* Kartographische
Kommunale Verlagsge-
sellschaft. 4 €.

Mit der Selketalbahn unterwegs

Von Quedlinburg über Alexisbad und Stiege bis zur
Eisfelder Talmühle dampft die Selketalbahn durch
den Unterharz. Abstecher führen nach Harzgerode
und Hasselfelde. Wie Brocken- und Harzquerbahn
ist sie eine **Schmalspurbahn,** der beim Bau Ende
des 19. Jahrhunderts aufgrund der engen Täler und
steilen Anstiege der Vorzug gegeben wurde. Damit

@Weitere Infos
gibt der Verein
Freundeskreis Selketal-
bahn unter www.selke-
talbahn.de.

erhielt der Harz und mit ihm die zahlreichen Erzgruben und Hüttenwerke den Anschluss ans Eisenbahnnetz. Auch dem aufstrebenden Fremdenverkehr wurde so Rechnung getragen. Täglich kommen auf der Selketalbahn Loks aus den Baujahren 1918 und 1939 zum Einsatz, die als Einzelexemplare auf den 1000-mm-Spurweiten fahren. Zwischen Mägdesprung und Sternhaus-Ramberg befindet sich der steilste Streckenabschnitt der gesamten Harzer Bahnen mit einem Neigungsverhältnis von 1:25. Bogenreiche Berg- und Talfahrten durch urwüchsige Natur kennzeichnen die Fahrt mit der Selketalbahn. Höhepunkte sind auch die kleinste Wendeschleife Europas bei Stiege und die Doppelausfahrten in Alexisbad.

Nostalgisch: Unter Dampf durchs Selketal
© pmv, Kirsten Wagner

➲ **Harzer Schmalspurbahnen GmbH,** *Friedrichstraße 151, 38855 Wernigerode. ✆03943/558-0, www.hsb-wr.de.*

Mausefallen und allerlei Kurioses

Was unsere Vorfahren sich alles ausdachten, um der Mäuseplage in Haus und Stall Herr zu werden, ist wahrlich kurios. Da werden die kleinen Nager gleich zu zweit in einem Todesturm ertränkt, erdrosseln sich selbst in einem Röhrengalgen oder werden von einem Klotz erschlagen. Was der Opernsänger *Karl-Heinz Knepper* und seine Frau *Gabriele* alles zusammengetragen haben, ist während der Führung durch ihr ungewöhnliches Museum zu sehen. Trotz der gruseligen Methoden geht es dabei garantiert lustig zu und man muss immer wieder schmunzeln. Etwa über die Kartoffelschälmaschine

Eiscafé Am Bergsee, Burgstraße 164, Harzgerode-Güntersberge. ℡039488/79347. www.eiscafe-guentersberge.de. Feb – Okt täglich 14 – 18 Uhr, Nov geschlossen, Dez, Jan nur Sa, So 14 – 18 Uhr.

oder einen der ersten Staubsauger Deutschlands. Denn neben Mausefallen finden sich unter den rund 400 Exponaten auch Uromas erste Hilfsmittel für den Haushalt. Nebenan hat die *Galerie der stillen Örtchen* ihren Platz. Nachttöpfe in allen Formen und Farben sind hier ebenso zu sehen wie eines der ältesten Wasserklosetts von 1850, ein Torfklo von 1900 und verschiedene Kackstühle. Eine Bildersammlung zum Thema gehört ebenfalls dazu.

Ⓜ *Mausefallen- und Kuriositätenmuseum,* Klaußstraße 138, 06507 Harzgerode-Güntersberge. ℡039488/430, www.mausefallenmuseum.de. *Bahn/Bus:* Q-Bus 31, 33 von Quedlinburg. *Auto:* B242, direkt an der Durchgangsstraße. *Rad:* Radweg von Straßberg parallel zur Selke. *Zeiten:* Sa, So 14 – 17 Uhr und nach Absprache. *Preise:* 5 €; Kinder 3 – 13 Jahre 3 €, 14 – 17 Jahre 4 €.

GRÖSSTE STADT IM UNTERHARZ: HARZGERODE

Harzgerode ist mit 4200 Einwohnern die größte Stadt im Unterharz. Bis Ende des 19. Jahrhunderts spielte der Silber- und Eisenerzabbau eine große Rolle, dann waren die Vorräte erschöpft. Seit dem 14. Jahrhundert befand sich die Stadt im Besitz der Fürsten von Anhalt, die schon um 1123 die **Burg Anhalt** im *Selketal* als ihre Stammburg bauen ließen. Auch in Harzgerode befand sich eine Burg, auf deren Grundmauern ab 1549 ein neues **Schloss** errichtet wurde. Ab 1635 war es die Residenz der Anhalt-Bernburger Fürsten. Drei Ortsteile der Stadt liegen direkt an der *Selke,* alle sind Haltepunkte der ⚲*Selketalbahn.* In **Silberhütte** befindet sich der *Waldhof,* ein Projekt zum Thema Wald, das sich vor allem an Kinder und Jugendliche wendet. **Alexisbad** war im 19. Jahrhundert ein beliebter Badeort, was sich in der Gründerzeit-Architektur widerspiegelt. **Mägdesprung** ist Sitz des *Hüttenmuseums Carls-*

*Die **Burg Anhalt** wurde von den Askaniern, einem ostsächsischen Fürstengeschlecht, erbaut und gab dem Land und später auch den Fürsten den Namen.*

werk. Von hier erreicht man die *Selkemühle* und die *Ruine Anhalt.*

Hingucker: Das Rathaus von Harzgerode und die St.-Marien-Kirche
© Wiki, F. Hoffmann

ℹ Stadtinformation Harzgerode, *Marktplatz 7, 06493 Harzgerode. ℰ039484/7476703, www.harzgerode.de.* **Bahn/ Bus:** *Bahn bis Quedlinburg, Schmalspurbahn bis Gernrode, Selketalbahn; Q-Bus 8, 15, 33, 34, 35, 38, 322.* **Auto:** *B242.* **Rad:** *Radweg von Neudorf über Teufelsteich, Stolberger Straße.* **Zeiten:** *Mo – Fr 9 – 16, Di bis 18, Sa 10 – 14 Uhr.*

Schloss Harzgerode

Das Harzgeröder Schloss wurde 1549 – 1552 auf den Fundamenten einer früheren Burg erbaut. Jene diente 1398 – 1535 überwiegend den Grafen von Stolberg, den Lehnsherren von Schloss und Stadt, als Sitz. Als danach Harzgerode zum Verwaltungsmittelpunkt der Fürsten von Anhalt wurde, errichteten sie die zweiflügelige Anlage mit drei Geschossen und einem runden Turm im Stil der Renaissance. Zwischen 1635 und 1709 residierten sie als Fürsten von Anhalt-Bernburg-Harzgerode im Schloss. Eine **Heimatstube** vermittelt heute anhand zahlreicher Exponate regionale Geschichte und Kultur. Sehenswert ist der **Festsaal** mit einem Parkett aus 18 heimischen Holzarten, der für Veranstaltungen und Konzerte der örtlichen Vereine und Schulen genutzt wird. Im Wehrgang befindet sich eine **Ausstellung** der *Eisenhütte Carlswerk* in Mägdesprung mit etwa 50 Kunstgussobjekten.

🕐 *Schlossplatz 3, 06493 Harzgerode. ℰ039484/ 42106, www.harzgerode.de.* **Auto:** *Zentrum.* **Zeiten:** *Täglich 11 – 16 Uhr.* **Preise:** *3 €; Kinder 0,50 €.*

DIE GRÜNE MITTE

Carlswerk – Die Neue Maschinenfabrik

Die alte Maschinenfabrik stand ursprünglich neben dem heutigen Carlswerk und ist heute nur noch eine Ruine.

Als ob alle Arbeiter gerade mal eine Pause machten wirkt das Carlswerk in Mägdesprung. Mit der Stilllegung der **Neuen Maschinenfabrik** im Jahre 1999 wurde nichts verändert, selbst die Urlaubspostkarten der Mitarbeiter hängen noch an ihrem Platz. So gibt das Industriedenkmal Einblick in das Arbeitsleben vergangener Zeiten. Ursprünglich war das Gebäude 1825 als Schmiede errichtet worden, ab 1850 wurden dann Maschinen hergestellt: Dampfmaschinen, Förderanlagen, Dreschmaschinen, Mühlzeug, Saftpressen – alles, was in Zuckerfabriken, Getreidemühlen, Sägewerken und im Bergbau benötigt wurde. Die für den Maschinenbau notwendige Energie wurde aus der gleich hinter dem Bau fließenden *Selke* gewonnen. Ab 1945 diente das Carlswerk dann ausschließlich der Reparatur von Maschinen. Benötigt wurden dafür Tischbohrer, eine Karusselldrehmaschine, Fräs- und Schleifmaschinen. Gern erklärt Ihnen ein Museumsmitarbeiter die Funktionsweise dieser Apparaturen. Im ersten Stock wird die Geschichte der Mägdesprunger Eisenhütte und der Maschinenfabrik dokumentiert.

M *06493 Harzgerode-Mägdesprung. ℂ039484/ 32420, www.harzgerode.de. Bahn/Bus: Schmalspurbahn bis Mägdesprung. Auto: B185 nach Mägdesprung, abbiegen Richtung Selktetal. Rad: Radweg parallel zur Selke.*

Von der Selkemühle zur Burg Falkenstein

An dem Hotel und **Restaurant Selkemühle** beginnt der Wanderweg zur Burg Falkenstein. Immer an der romantischen *Selke* entlang geht es mit der Markierung Blauer Punkt bis zur *Thalmühle* und schließlich zum **Hotel Zum Falken** (täglich 9 – 22 Uhr), wo der steile Anstieg zur Burg beginnt. Nach etwa 1 km sind die mächtigen Mauern der **Burg Falkenstein**

(↗Schlösser bei Wernigerode) erreicht. Für die Besichtigung sollten Sie unbedingt genügend Zeit einplanen, auch eine Rast in der **Burggaststätte** bietet sich an. **Zurück** geht es zunächst auf dem gleichen Weg ins Tal und ein kurzes Stück weiter an der Selke entlang, ehe links der Weg zum *Eckartsberg* hinaufführt. Mit dem Roten Punkt wandern Sie weiter auf der *Meisdorfer Trift* in Richtung **Hohe Warte,** ein Aussichtsplatz mit Rastmöglichkeit. Die Leimuferstraße führt von hier zurück zur **Selkemühle.**

⮕🍴🏠 *06493 Harzgerode-Mägdesprung. www.harzgerode.de. **Länge:** 16 km, Rundwanderung. **Bahn/Bus:** Q-Bus 15 aus Harzgerode. **Auto:** 5 km von Mägdesprung Richtung Selketal.*

🔺 **Hotel Selkemühle,** Selkemühle 1, Mägdesprung. ✆039484/2341. www.selkemuehle.im-harz.com. Täglich 10 – 20 Uhr.

Grube Glasebach

In der Unterharzer Grube Glasebach baute man Fluorit (Flussspat) ab. Ursprünglich farblos, nimmt Fluorit bei Vermischung mit Fremdstoffen rote, grüne oder türkise Töne an. Deutlich sind diese bei der Führung durch das Bergwerk zu sehen. Während der Befahrung der 1. und 2. Sohle wird der Altbergbau direkt erlebbar. Das 9 m hohe Kunstrad wird im Betrieb vorgeführt. Über Tage sind nicht nur die Schachtanlage mit Fördermaschine und -gerüst erhalten, sondern auch zahlreiche pressluftbetriebene Maschinen. In der **Museumsausstellung** erfahren Sie alles über den Rohstoff Fluorit, seine Verwendung und den historischen Bergbau in Straßberg.

🕐Ⓜ *Glasebacher Weg, 06493 Harzgerode-Straßberg. ✆039489/226, 201, www.grube-glasebach.de. **Bahn/Bus:** Q-Bus 33, 38 von Harzgerode. **Auto:** Harzgerode, Silberhütte, in Straßberg Ausschilderung folgen. **Rad:** Radweg von Neudorf (Am Langenberg, links, gleich wieder rechts). **Zeiten:** April – Okt Di – Do 10 – 16, Sa, So 10 – 17 Uhr. **Preise:** 6 €; Kinder 5 – 16 Jahre 3 €, Befahrung erst ab 5 Jahre; Familien 15 €.*

DIE GRÜNE MITTE

STOLBERG — PERLE DES SÜDHARZ

Von Buchen- und Mischwäldern umgeben liegt Stolberg, gern auch »Perle des Südharz« genannt. Kein Krieg und kein Brand schaffte es, die Fachwerkhäuser zu zerstören, sodass der mittelalterliche Charakter des Städtchens bis heute bewahrt wurde. Auch die engen Straßen zeugen davon und fordern dazu auf, das Auto an einem der Parkplätze am Ortsrand abzustellen. Alle Sehenswürdigkeiten sind gut zu Fuß zu erreichen. Hoch hinaus geht es vom sehenswerten **Marktplatz** am Rathaus vorbei zur **Martinikirche** und zum **Schloss.** Vom Marktplatz aus durch den Saigerturm ist das Museum **Alte Münze** schnell gefunden. In die andere Richtung führt die Rittergasse zum **Museum Kleines Bürgerhaus,** das Wohnkultur des 16. Jahrhunderts zeigt (Rittergasse 14, ℅034654/80152). Wer sich durch das Rittertor begibt, erreicht schließlich das **Hotel Beutel – Chalet Waldfrieden,** in dem es nicht nur köstliche Torten zu verspeisen gibt, sondern auch ein Museum für Kaffeemaschinen – die Zubereitung des Heißgetränks wird anhand von 250 Exponaten demonstriert.

Der berühmteste Sohn der Stadt ist *Thomas Müntzer* (1489 – 1525), dem ein Denkmal auf dem Marktplatz gewidmet ist. Bekannt ist Stolberg außerdem für seine *Lerchen.* Diese Würstchen, die beim Braten wie Lerchen singen sollen, sind in mehreren Stolberger Restaurants erhältlich.

*Nach dem Aufstieg zum **Schloss** werden die Besucher von einer Skulptur der **Juliana von Stolberg** begrüßt. Sie ist die Stammmutter des Hauses Oranien. Königin Beatrix der Niederlande ist somit eine direkte Nachfahrin von Juliana.*

Hotel Beutel — Chalet Waldfrieden, Rittergasse 77, Stolberg. ℅034654/8090. www.hotel-beutel.de. Mi – So 14 – 17 Uhr.

Stammmutter der Oranier: Juliana von Stolberg

© pmv, Kirsten Wagner

Tourist-Information Stolberg, Markt 2, 06547 Stolberg. ℅034654/454, 19433, www.stadt-stolberg.de. **Bahn/Bus:** Bahn bis Berga, Bus 450. **Auto:** A38 Ausfahrt 13 Berga über Rottleberode oder B242 Hasselfelde – Güntersberge, Abzweig Richtung Kelbra, nach Breitenstein rechts. **Rad:** Harzrundweg bis Rottleberode, Stolberger Straße. **Zeiten:** Mo – Fr 9 – 12 und 13 – 17, Sa, So 10 – 12 und 13 – 15 Uhr.

Schloss Stolberg

Auf einem Bergsporn über dem mittelalterlichen Städtchen thront **Schloss Stolberg,** vom 12. Jahrhundert bis zur Enteignung 1945 Stammsitz der Grafen zu Stolberg. Der runde Wohnturm gehört zu den ältesten Bauteilen, immer wieder baute man um und an, erst

im 16. Jahrhundert wurden die einzelnen Gebäude im Stil der Renaissance zu einer dreiflügeligen Schlossanlage verbunden, die Innenräume später barockisiert. Zu DDR-Zeiten befand sich ein Erholungsheim in den Räumen, nach 1990 zerfiel die Anlage und der Hausschwamm zog ins Fachwerk ein. 2002 übernahm die Deutsche Stiftung Denkmalschutz das Anwesen und führte umfangreiche Sanierungs- und Restaurierungsarbeiten durch. Der Fürstenflügel wurde fertiggestellt und erstrahlt nun wieder in neuem Glanz. Die Stadt Stolberg betreibt darin ein **touristisches Informationszentrum.** Der Rote Saal wird inzwischen für Veranstaltungen genutzt. Dieses Empfangszimmer wurde klassizistisch von *Karl Friedrich Schinkel* entworfen. Vom Vorplatz des Schlosses kann man außerdem den Ausblick auf Stolberg genießen. Der Terrassengarten, ein Barockgarten mit Pavillon und Wasserbecken, wurde ebenfalls saniert und entfaltet seine Pracht nun wieder.

Stolberg im Harz: Bis 1945 residierten die Grafen zu Stolberg in dem Schloss hoch über dem Ort

© pmv, Kirsten Wagner

*Schlossberg, 06547 Stolberg. www.stolberger-schloss.de. **Bahn/Bus:** Bus 38 bis Markt. **Auto:** Parkplatz am Ortseingang (Kaltes Tal). **Zeiten:** Di – Fr 11 – 16 Uhr, Sa, So 11 – 17 Uhr, Führungen Fr 20, Sa 14 Uhr. **Preise:** Eintritt zur Zeit frei, um Spenden*

 Café auf dem Vorplatz des Schlosses, Stolberg. April – Okt 11 – 18 Uhr. Kaffee, Kuchen und Eis mit Ausblick auf Stolberg.

Prächtig: Die Alte Münze zeugt von der Macht des Geldes
© pmv, Kirsten Wagner

Gasthaus Kupfer, Am Markt 23, Stolberg. ℂ034654/10225. www.gasthaus-kupfer.de. Di – So 7 – 24 Uhr. Hier gibt es die leckeren Stolberger Lerchen.

wird gebeten, Führung 4 €; Kinder bis 6 Jahre frei.

St. Martini: Wo Luther predigte

Die Treppe neben dem Rathaus führt hinauf zur Martinikirche von Stolberg. Hier predigte *Martin Luther* am 21. April 1525 gegen die von *Thomas Müntzer* angeführten aufständischen Bauern, die sich im Bauernkrieg gegen ihre Unterdrückung und Ausbeutung durch die herrschende Klasse wehrten. Doch nicht nur deshalb ist die Kirche den Aufstieg wert. Die spätgotische dreischiffige Basilika erhielt ihre heutige Gestalt im 15. Jahrhundert, der Glockenturm stammt noch aus dem 12. Jahrhundert. Mit Gefühl dürfen hier mehrere Glocken ausprobiert und angeschlagen werden. Im Kirchenschiff beeindrucken die Reliefschnitzerei *Beweinung Christi* (um 1500), der Taufstein aus Marmor und Alabaster (1599) und die Bleiglasfenster im Hohen Chor.

🕐 *Schlossberg 10, 06547 Stolberg. ℂ034654/285, 226, www.stadt-stolberg.de.* **Bahn/Bus:** *Bus 38 bis Markt.* **Auto:** *Parkplatz am Ortseingang (Kaltes Tal).* **Zeiten:** *Sa, So 14 – 16 Uhr.*

Alte Münze Stolberg

Der ganze Stolz der Stolberger Alten Münze ist eine vollständig erhaltene und funktionstüchtige **Münzwerkstatt.** Mit Stanze, Streckbank, Walze und dem großen Balancier werden noch heute Münzen geprägt. An jedem ersten Sonntag im Monat dürfen Sie Ihre eigene Münze prägen lassen, z.B. die Hausoder Jahresmedaille (Kosten: 10 – 25 €).

Auch an anderen Tagen lohnt sich ein Besuch in dem historischen Fachwerkhaus. *Kilian Kessler* ließ es sich 1535 als Wohnhaus und Münze erbauen. Mehrere Jahrhunderte lang besaßen die Grafen zu Stolberg das Münzrecht und stellten an mehreren Prägestellen im Ort Münzen mit ihrem Wappentier, dem Hirsch, her. Wie das im Einzelnen vor sich ging, wird an den Geräten der Werkstatt eingängig erläutert und ist in einem kleinen Film zu sehen. Wie sich das Münzwesen in Deutschland und speziell in Stolberg entwickelte und welche Berufe es in einer Münze gab, darüber informiert die **Ausstellung** im ersten Geschoss. Hier sind auch viele verschiedene Münzen und Medaillen aus ganz Deutschland zu bewundern. Die Geschichte Stolbergs wird in der obersten Etage thematisiert. Ein Modell lässt die ältesten Häuser der Stadt aufleuchten, ein Raum widmet sich **Thomas Müntzer,** dem berühmten Sohn der Stadt.

M *Niedergasse 19, 06547 Stolberg. ☏034654/ 85960, www.stadt-stolberg.de. **Auto:** Parkplatz Niedergasse. **Zeiten:** Mi – So 10 – 17 Uhr. Münzprägung zu ausgewählten Terminen. **Preise:** 2 €; Kinder 6 – 16 Jahre 1,50 €.*

 Thomas Müntzer
wurde 1489 in Stolberg geboren. Er war Pfarrer und aufgrund seiner radikalen Reformforderungen Leitfigur im Bauernkrieg in Thüringen. Nach der Niederlage bei Frankenhausen wurde er in Heldrungen vom Grafen gefangen gehalten und am 27. Mai 1525 in Mühlhausen enthauptet. Zu seinem 500. Geburtstag schuf Klaus Messerschmidt das bronzene Denkmal auf dem Marktplatz. Es zeigt Müntzer verwundbar, mit entblößtem Rücken.

Von Stolberg zum Josephskreuz

Das größte eiserne Doppelkreuz der Welt steht auf dem 580 m hohen *Großen Auerberg* bei Stolberg. Es wurde 1896 errichtet, nachdem der hölzerne Vorgängerbau durch einen Blitzeinschlag zerstört worden war. Die Konstruktion erinnert an den Eiffelturm, dessen Rundbögen an den Beinen sogar dem großen Vorbild entsprechen. 100.000 Nieten halten die 123 t schwere Konstruktion zusammen. Über 200 Stufen gelangt man in die luftige Höhe, wo sich ein unbeschreiblicher Blick über den Unterharz öffnet. Von **Stolberg** aus ist der Gipfel nach knapp 4 km erreicht. Der Weg beginnt am *Alten*

Bergstübl Josephshöhe, Stolberg. ✆034654/476. www.bergstuebl-josephskreuz.de. Ostern – Okt täglich 9 – 18 Uhr, Dez – Ostern Di – So und in den Ferien 9 – 18 Uhr.

Markt und der *Straße Neustadt,* die zum *Zechental* führen, wo links der Weg zum Josephskreuz ausgeschildert ist. Die Markierung Blauer Punkt leitet Sie bis zum **Siebenwegekreuz,** dort kennzeichnet rechts das Rote Kreuz den Weg zur Josephshöhe.

❷ *Länge: Je Strecke 3,8 km. Auto: Parkplatz Kaltes Tal (Ortseingang von Norden). Zeiten: Josephskreuz Ostern – Okt Mo – Fr 10 – 17, Sa, So 10 – 18 Uhr, Nov – Ostern Mi – So 11 – 16 Uhr. Preise: Aufstieg Josephskreuz 3 €; Kinder bis 16 Jahre 1,50 €.*

LUFTKURORT NEUSTADT

Hauptsehenswürdigkeit von Neustadt ist die nördlich gelegene **Burgruine Hohnstein.** Im idyllischen Örtchen ziert seit 1485 eine Rolandsstatue als Symbol der Stadtrechte das Rathaus. Der Luftkurort besitzt auch ein Waldbad und einen Kurpark mit dem Gondelteich.

❶ *Neustadt-Information, Stolberger Straße 3, 99762 Neustadt. ✆036331/46277, www.neustadt-harz.de. Bahn/Bus: Bahn bis Nordhausen, Schmalspurbahn bis Ilfeld, Bus 23. Auto: A38 Ausfahrt 11 Nordhausen, B4 bis Ilfeld, 4 km bis Neustadt. Rad: Harzrundweg. Zeiten: Mo – Fr 9 – 13 Uhr, Mo, Do auch 14 – 16, Di 14 – 18, Sa 9 – 11 Uhr.*

Burgruine Hohnstein

Eine der am besten erhaltenen und zugleich malerischsten Burgruinen erhebt sich auf einem Porphyrkegel über Neustadt. Um 1120 erbaute *Konrad von Sangerhausen* die Burg, die zum Stammsitz der *Grafen von Hohnstein* wurde. 1412 aber endete die Herrschaft der Hohnsteiner, die *Grafen zu Stolberg* erwarben die Burg und bauten sie Ende des 16. Jahrhunderts zu einem Renaissanceschloss aus. Während des Dreißigjährigen Krieges wurde die Burg 1627 erobert und niedergebrannt. Die einstige Größe lässt sich jedoch auch heute noch gut erkennen. Über eine **Vorburg** mit angrenzendem Bollwerk gelangt man in die **Unterburg** und dann erst in die höher gelegene **Oberburg.** Die letzten Mauern des *Bergfrieds* sind über eine eiserne Treppe zu besteigen und bieten weite Blicke über Land und Wald. Wunderbar lässt sich nach dem etwas anstrengenden Aufstieg im **Burggasthof** oder auf seiner schönen Terrasse speisen. 1908 ließen die Grafen von Hohnstein ihn als Jagdschloss errichten.

🕐 *99762 Neustadt. ☎036331/49049, www.burghohn-stein.de. **Auto:** Richtung Ilfeld, rechts Ausschilderung, Parkplatz am Waldbad, 800 m zu Fuß bergauf. **Rad:** Harzrundweg, im Ort über Burggasse, Schafgasse. **Zeiten:** Di – So 11 – 22 Uhr. **Preise:** Eintritt frei. **Infos:** www.hohnsteiner-mittelalterverein.de.*

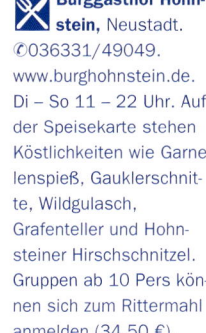

Burggasthof Hohnstein, Neustadt. ☎036331/49049. www.burghohnstein.de. Di – So 11 – 22 Uhr. Auf der Speisekarte stehen Köstlichkeiten wie Garnelenspieß, Gauklerschnitte, Wildgulasch, Grafenteller und Hohnsteiner Hirschschnitzel. Gruppen ab 10 Pers können sich zum Rittermahl anmelden (34,50 €).

ILFELD & NETZKATER

Um 1100 ließ *Graf Elger I.* von Bielstein die Ilburg erbauen, die jedoch schon bald nicht mehr bewohnt wurde. *Graf Elger II.* und seine Frau *Lutrude* stifteten dann 1189 ein Kloster, in dem sich Mönche aus dem Prämonstratenserkloster Pöhlde ansiedelten. 1546 gründete der letzte Abt eine evangelische Klosterschule, die unter Leitung von *Michael Neander* ab 1550 Berühmtheit erlangte. Er reformierte den bis dahin unsystematischen Unterricht, indem er ein Konzept für einen geschlossenen Lehrgang für Schüler von 6 bis 18 Jahre entwickelte. Nach ihm ist die Klinik benannt, die heute in den Räumen zu Hause ist. Zur wechselvollen Geschichte des Gebäudes gehört auch die Unterbringung einer nationalsozialistischen Erziehungsanstalt, einer Napola, von 1934 bis 1943.

Nördlich von Ilfeld befindet sich am Bahnhof *Netzkater* der **Rabensteiner Stollen,** ein Steinkohle-Besucherbergwerk. Gute Aussicht bietet der **Poppenbergturm,** der direkt von Ilfeld, aber auch vom Netz-

Ⓜ Heimatmuseum, Ilfeld. ☎036331/32033. Di, Mi 14 – 16, Do 14 – 18 Uhr. Das Museum im Haus der Ilfeld-Information nimmt die Geschichte des Ortes unter die Lupe.

Hotel Hufhaus, Ilfeld. ✆036331/48125. www.hotel-hufhaus.de. Täglich ab 11 Uhr. DZ 26 € p.P.

kater erwandert werden kann. Zu den skurrilen Felsformationen *Nadelöhr, Gänseschnabel* oder *Mönch* führen ebenfalls Wanderwege.

ℹ *Südharztouristik Ilfeld-Information, Ilgerstraße 51, 99768 Ilfeld. ✆036331/32033, www.suedharztouristik.de. Bahn/Bus: Bahn bis Nordhausen, Schmalspurbahn; Bus 23, 231 von Niedersachswerfen. Auto: A38 Ausfahrt 11 Nordhausen, B4. Rad: Harzrundweg. Zeiten: April – Okt Mo – Fr 9 – 18, Sa 9 – 12, Nov – März Mo – Fr 9 – 16 Uhr.*

Rabensteiner Stollen

Steinkohle vermutet man nicht unbedingt im Harz. Tatsächlich wurde in drei Perioden ab 1737 in der Gegend nördlich von Ilfeld Steinkohle gefördert. Zwar war diese weniger wertvoll als diejenige, die etwa im Ruhrgebiet ans Tageslicht geholt wird, doch für kleinere Schmiedefeuer oder den Hausgebrauch reichte sie aus. Heute befindet sich im Rabensteiner Stollen am Netzkater eines der wenigen Steinkohle-Besucherbergwerke Deutschlands. Mit dem Grubenzug *Rabenstein-Express* geht es unter Tage. Dort ist nicht nur der Kohleflöz zu sehen, sondern es werden auch die Maschinen, die bis 1946 zum Einsatz kamen, live vorgeführt. Über Tage werden Rekonstruktionen historischer Bergwerksanlagen als auch moderne Maschinen aus verschiedenen Bergbauregionen Deutschlands gezeigt. Darüber hinaus können Sie auf einer kleinen Abraumhalde auf die Suche nach **Fossilien** gehen.

✺ *Kohle entstand vor etwa 300 Mio Jahren aus abgestorbenen* **Pflanzen,** *die sich unter Luftausschluss und hohem Druck durch darüberliegende Gesteinsschichten zunächst in Torf, dann in Braun- und schließlich Steinkohle verwandelten.*

🕐 Ⓜ *99768 Ilfeld-Netzkater. ✆036331/48153, www.rabensteiner-stollen.de. Bahn/Bus: Bus 231 oder Schmalspurbahn. Auto: B4, in Netzkater B81 Richtung Hasselfelde, nach 100 m rechts. Rad: Radweg parallel zur Selketalbahn, z.B. zur Eisfelder Talmühle. Zeiten: April – Okt Di – So 10 – 17 Uhr, Führungen stündlich bis 1 Stunde vor Schließung, Dauer 1 Std, Nov – 20. Dez nur So 10.45 und 12 Uhr, 27. Dez – März Di – Do, Sa, So 10.45, 12 und 13.15 Uhr. Preise: 9,50 €; Kinder 3 – 17 Jahre 5,50 €.*

Zum Poppenbergturm

Im Jahre 1894 wurde auf dem *Poppenberg* östlich von Ilfeld ein Turm zu Ehren von *Fürst Otto zu Stolberg-Wernigerode* errichtet. So gewann der 600 m hohe Berg noch einmal 33,3 m dazu. Über 177 Stufen gelangt man durch die stählerne Konstruktion in die luftige Höhe – Schwindelfreiheit vorausgesetzt, denn zwischen den Streben ist viel Luft ... Wer die oberste der beiden Plattformen erreicht hat, wird mit einer herrlichen Aussicht auf den *Brocken,* das südliche Harzvorland und den *Kyffhäuser* belohnt, bei besonders klarem Wetter sogar bis zum Thüringer Wald.

Ein schöner Wanderweg zum Poppenbergturm beginnt am **Bergwerk Rabensteiner Stollen.** Der mit einem Blauen X gekennzeichnete Weg steigt steil zum *Dreitälerblick* mit einem schönen Rastplatz an. Das *Beretal,* das *Brandesbachtal* und das *Schup-*

Auf der Ziegenalm können Sie auch übernachten. 4 FeWo stehen zur Verfügung (Ü ab 50 €), außerdem gibt es ein Bett im Heu (40 € für 2 Pers)!

DER BESONDERE TIPP Ziegenalm Sophienhof

Wiesen und Wälder prägen den idyllisch auf einem Hochplateau gelegene Sophienhof. Da fühlen sich auch die Ziegen von Familie Liebig wohl und liefern bestes Fleisch und hochwertige Milch. In der **Almstube** lassen sich die daraus hergestellten Köstlichkeiten probieren. Da gäbe es z.B. ein einfaches, aber gerade darum so leckeres Brot mit drei verschiedenen Käsesorten oder aber Lammragout, Rostbratwurst oder Heidschnuckenbraten. Dazu ein frisches Glas Ziegenmilch. Am Nachmittag schmecken auch Kaffee und Kuchen oder ein Ziegenmilcheis. Auf der Terrasse mit Blick auf die Almwiesen fühlt man sich fast wie in den Alpen – herrlich! Wer den Geschmack mit nach Hause nehmen will, kann im **Hofladen** Schnitt- und Weichkäse in verschiedenen Geschmacksrichtungen wie Gartenkräuter oder Grüner Pfeffer kaufen. **Sophienhof,** Dorfstraße 44, 99768 Ilfeld-Sophienhof. ✆036331/48235, www.ziegenalm.de. **Bahn/Bus:** Bus 231 von Ilfeld oder Rothesütte. **Auto:** B4 bis Rothesütte, Sophienhofer Straße oder B81, Abfahrt nördlich Ilfeld-Netzkater. **Zeiten:** Di – So 11 – 18 Uhr, Nov – Ostern nur Do 12 – 18, Sa, So 10 – 18 Uhr.

© pmv

penbachtal treffen am Ausgangspunkt zusammen und dorthin fällt hier der Blick – daher der Name. Weiter geht es über den *Rabenkopf* und den *Brockenblick,* bis nach 4 km der **Turm** erreicht ist. Wer es kürzer mag, fährt Richtung Hufhaus bis zum Parkplatz *Tisch,* einer Lichtung mit Lehrtafeln zu Flora und Fauna. Von hier beträgt die Entfernung zum Turm 1,8 km. Der Rückweg erfolgt jeweils auf der gleichen Strecke.

❍ *Länge: 8 km, ab Parkplatz Tisch 3,6 km. Bahn/Bus: ↗Rabensteiner Stollen. Zeiten: Turm frei zugänglich.*

Im Unterharz unterwegs

Bahn: Eine wichtige Verbindung im Unterharz ist die ↗**Selketalbahn** der *Harzer Schmalspurbahnen.* Sie verkehrt von Gernrode über Mägdesprung, Alexisbad, Straßberg, Güntersberge und Stiege nach Hasselfelde. Ein Abzweig führt von Alexisbad nach Harzgerode. Von Nord nach Süd führen die Schienen der **Harzquerbahn.** Sie beginnt in Wernigerode und macht Halt in Drei-Annen-Hohne, Elend, Sorge, Benneckenstein, Eisfelder Talmühle und Nordhausen. Auskunft und Fahrplan: *Harzer Schmalspurbahnen GmbH,* Friedrichstraße 151, 38855 Wernigerode, ✆03943/558-0, Fax 558-112, www.hsb-wr.de. Die **Deutsche Bahn** betreibt noch eine Linie von Mansfeld nach Wippra.

Bus: Viele Orte werden von den *Harzer Verkehrs-Betrieben* angefahren, so Benneckenstein, Hasselfelde, Drei-Annen-Hohne, Elbingerode, Rübeland, Altenbrak und Treseburg: www.hvb-harz.de. Stolberg wird von der VGS Südharz bedient: www.vgs-suedharzlinie.de.

Auch von der Pfalz Til-
leda aus sichtbar:
Das Kyffhäuser-Denk-
mal

© pmv, Kirsten Wagner

DIE GOLDENE & UND DER KYFFHÄUSER

Zwischen Nordhausen und Sangerhausen liegt die Goldene Aue, im Süden begrenzt durch die Gebirgszüge Windleite und Kyffhäuser, durchflossen von der Helme. Das flache Land wird überwiegend zum Anbau von Getreide genutzt. Zum Schutz vor Überschwemmungen wurde bis 1966 die Talsperre Kelbra errichtet – heute ein beliebtes Naherholungsgebiet.

Während sich Sondershausen südlich an die Windleite schmiegt, schließt sich Bad Frankenhausen dem Kyffhäuser an. Das Kyffhäuser-Denkmal gehört sicher zu den am häufigsten angesteuerten Zielen im südlichen Harzvorland, doch auch die vier Städte haben ihre Attraktionen. So locken Sangerhausen mit dem Rosarium, Bad Frankenhausen mit dem Panorama-Museum, Sondershausen mit dem Schloss und Nordhausen mit dem Dom. Die Höhlen in Uftrungen und Rottleben, die Königspfalz Tilleda und zwei Besucherbergwerke sind ebenfalls einen Besuch wert.

FESTKALENDER

März/April:	Sa vor Ostern, Sangerhausen und Kelbra: **Osterfeuer.**
	Sa vor Ostern, Nordhausen: **Osterfest** auf dem Petersberg mit Musik und Ostereiersuche.
Juni:	1. oder 2. Wochenende, Nordhausen: **Rolandsfest.**
	Letztes Wochenende, Sangerhausen: **Berg- und Rosenfest** im Europa-Rosarium.
	Ende Juni, Nordhausen: **Kunstfest** der Jugendkunstschule.
Juli:	Tilleda: **Kaiserlager,** mittelalterliches Treiben in der Königspfalz.
	Wettelrode: **Tag des Bergmanns** im Röhrigschacht.
August:	2. Sa, Sangerhausen: **Nacht der 1000 Lichter** im Europa-Rosarium, mit Feuerwerk.
September:	1. Wochenende, Sangerhausen: **Kobermännchenfest,** Altstadtfest.

ROLANDSSTADT NORDHAUSEN

Nordhausen wird oft als Thüringer Tor zum Harz bezeichnet. Die Stadt entstand ab dem 10. Jahrhundert rund um eine Burg, die *Heinrich I.* erbauen ließ, und ein Kanonissenstift, das seine Witwe *Mathilde* 961 gründete. Lange Zeit – zwischen 1220 und 1802 – war sie freie Reichsstadt mit zahlreichen Privilegien und Freiheiten. Zu einem bedeutenden Wirtschaftszweig entwickelte sich schon ab 1507 das Brennereigewerbe. Noch heute wird der bekannte *Nordhäuser Doppelkorn* hier abgefüllt. Im April 1945 wurde die Stadt von der Royal Air Force in Schutt und Asche gelegt, 70 Prozent der Gebäude wurden zerstört. Dennoch sind einige schöne Fachwerkbauten erhalten, ebenso wie solche im Jugendstil: Das **Kunsthaus Meyenburg,** das **Badehaus** und die **Traditionsbrennerei** gehören dazu. Die heutige Altstadt erstreckt sich rund um den Dom und die **St.-Blasii-Kirche** und ist von größeren Resten der alten Stadtmauer umgeben. Sie wurde um 1300 angelegt.

Gestatten, Roland mein Name

© pmv, Kirsten Wagner

✴ *Der Roland ist das Wahrzeichen der Stadt. Im Neuen Rathaus steht das restaurierte Original von 1717, draußen eine Kopie. Er symbolisiert die Stadtrechte.*

ℹ **Stadtinformation,** *Markt 1, 99734 Nordhausen.* ✆*03631/696797, www.nordhausen.de.* **Bahn/Bus:** *RB.* **Auto:** *A38 Ausfahrt 11 Nordhausen oder B4 von Ilfeld oder B80 von Sangerhausen.* **Rad:** *Harzvorlandradweg.* **Zeiten:** *Mo – Fr 9 – 18, Sa 10 – 14 Uhr.*

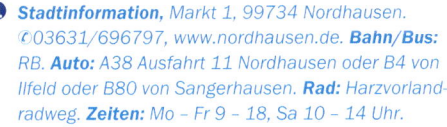

2. Sa, Nordhausen: **Lichterfest** auf dem Petersberg mit Lichtern, Fackeln und buntem Markttreiben. Ende, Heldrungen: Mittelaltermarkt auf der Wasserburg.

Dezember: Sa vor dem 1. Advent – 4. Advent, Nordhausen: **Weihnachtsmarkt.**
Fr vor dem 2. Advent – 4. Advent, Sangerhausen: **Weihnachtsmarkt.**
Fr vor dem 3. Advent – 4. Advent, Sondershausen: **Weihnachtsmarkt.**

Historischer Stadtrundgang

➔ So 14 Uhr **Stadtführung** ab Roland am Rathaus.

Entlang großer Teilen der alten Stadtmauer führt ein Rundgang um Nordhausens Altstadt. Der Weg ist ausgeschildert, ein Faltblatt dazu ist in der Tourist-Information erhältlich. Dieses empfiehlt den Beginn an der **Neuen Lesserstiege** (Rautenstraße, oberhalb des St.-Jakob-Hauses). Grundsätzlich können Sie den Rundweg aber an jedem beliebigen Punkt des Weges beginnen. Immer wieder öffnen sich reizvolle Ausblicke auf die Stadt, viele Bänke laden zum Verweilen ein. Der Weg streift auch den **Dom** und das **Museum Tabakspeicher,** die beide einen Besuch wert sind. Viel Grün gibt es an der **Promenade** nördlich des Theaters und in den **Terrassengärten** auf dem *Petersberg,* an dessen Fuße Wasserspiele die Wanderer mit lustigen Tierfiguren erfreuen.

*❶ 99734 Nordhausen. www.nordhausen.de. **Länge:** 1 Std, mit Besuch von Dom und Tabakspeicher 2 Std. **Auto:** Zentrum. **Preise:** 0,20 € auf dem Petersberg (Münzdurchlass).*

Badehaus, Grimmelallee 40, Nordhausen. ✆03631/4799-0. www.badehaus-nordhausen.de. Mo – Fr 8 – 22, Sa, So 9 – 22 Uhr. Tageskarte 10 €, Kinder 6,50 €. Der Charme des alten Jugendstilbades wurde mit dem Komfort eines modernen Freizeitbades verknüpft.

Stadtgeschichte im Museum Tabakspeicher

Einst wurde hier Tabak gelagert, heute wird hier die Geschichte Nordhausens von frühzeitlichen Funden bis zur modernen Industrie gezeigt. Das alte Handwerk bildet einen der Schwerpunkte und so kann man einen alten Kaufmannsladen, eine Wäscherei, eine Schneiderei und eine Blaufärberei bewundern. Die Entwicklung der Technik ist an vielen interessanten Exponaten aus dem Fernmeldewesen oder dem Kino abzulesen. Bekannt ist Nordhausen noch heute für Branntwein, doch auch Maschinenbau und eine florierende Kautabakindustrie gab es hier. So ist zu erfahren, was ein Tabakspinner tat und warum Böttcher, Müller und Brauer in Nordhausen ein gutes Auskommen hatten. Für Kinder werden regelmäßig kostenlose Mitmachaktionen angeboten.

M Flohburg – Nordhausen Museum, Barfüßerstraße 6, Nordhausen. ✆03631/4725680. www.nordhausen.de. Di – So 10 – 17 Uhr, Führung Sa 14 Uhr. Alles über die Geschichte der Stadt! 5 €, Schüler ab 16 Jahre 3 €, Fr 1 €.

🅜 *Bäckerstraße 20, 99734 Nordhausen. ©03631/ 982737, www.nordhausen.de. Lage: Im Zentrum. Bahn/Bus: Straba 1 oder 2 bis Rathaus. Auto: Parkplatz Engelsburg oder Lutherplatz. Rad: Harzvorlandradweg. Zeiten: Di – So 10 – 17 Uhr. Preise: 5 €; Kinder bis 16 Jahre frei, Schüler 3 €, Schülergruppen ab 10 Pers 2 €; Fr 1 € pro Person; Kombiticket mit Museum Flohburg und Kunsthaus Meyenburg 12 €, Schüler ab 16 Jahre 7 €.*

🅣 **Theater Nordhausen,** Käthe-Kollwitz-Straße 15, Nordhausen. ©03632/788111 (Kartenservice). www.theater-nordhausen.de. Di – So 11.30 – 14.30 und Mo – So 17.30 – 24 Uhr. Im Sommer mit Terrasse. ©03631/983452 (Theaterkasse).

Dom Zum Heiligen Kreuz Nordhausen

Mit seinen Zwillingstürmen und einer Gesamtlänge von 50 m ist der Nordhäuser Dom ein beeindruckender Bau. Er trägt den Namen *Zum Heiligen Kreuz.* Dieser leitet sich her von einer Kreuzreliquie, die seit dem 11. Jahrhundert in der Kirche verehrt wurde: angeblich ein Splitter vom Kreuz Jesu. In finanzieller Not wurde diese Reliquie 1675 nach Duderstadt verkauft, doch 1927 erhielt die Gemeinde erneut eine Kreuzreliquie.

An dem Standort des heutigen Doms befand sich ursprünglich eine von *Heinrich I.* erbaute Burganlage, um 961 gründete seine Gemahlin *Mathilde* darin ein weltliches Frauenstift, das 1220 von *Friedrich II.* in ein Domherrenstift umgewandelt wurde. Seit 1810 ist der Dom eine **katholische Pfarrkirche.**

Stilistisch vereint der Dom romanische und gotische Elemente. Reste der romanischen Basilika sind zu erkennen in den unteren Bereichen der Türme, den Rundbögen im westlichen Kreuzgang und in der Krypta. Das gotische Langhaus besitzt ein Steildach und ist in seinem Inneren durch schlanke Bündelpfeiler dreigeteilt. 17 m beträgt die Gewölbehöhe. Besonders reich ausgestat-

Helfen seit der Zeit der Gotik: Die 14 Nothelfer in einem der Domfenster

© pmv, Kirsten Wagner

 Kostenlose Dom-
Führung April – Okt
Sa 13 Uhr. Turmbestei-
gung 1. Mo im Monat 13
Uhr.

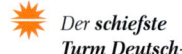 **Ristorante Rustica,**
Barfüßerstraße 36,
Nordhausen. ℂ03631/
994180. www.ristorante-
rustica.de. Di – So
11.30 – 14.30 und Mo –
So 17.30 – 24 Uhr. Im
Sommer mit Terrasse.

*Der schiefste
Turm Deutsch-
lands, ja sogar der Welt,
steht im ostfriesischen
Suurhusen; seine Nei-
gung beträgt 5 Grad.
Zum Vergleich: Pisa 4,
Nordhausen 2 Grad*

tet ist der erhöhte Chor. Das eichene Chorgestühl
(1370 – 1400) zeigt eine Fülle von Figuren; darunter Jona und der Wal sowie Simson im Kampf mit
dem Löwen. Sechs lebensgroße Sandsteinfiguren
von 1270 stellen Heinrich I., Mathilde, ihren Sohn
Otto I. mit seiner Gemahlin Adelheid und den Enkel
Otto II. mit seiner Frau Theophanu dar.

Der barocke Hochaltar stammt von 1726, der gotische Flügelaltar war im Dreißigjährigen Krieg zerstört worden. Der bedeutendste Schatz des Doms
ist aber wohl die *Madonna mit der Akelei,* ein Gna-
denbild von 1420, das dem westfälischen Meister
Konrad von Soest zugeschrieben wird. Die hier ge-
zeigte Kopie ist in der Nähe des Taufsteins zu finden. Auffallend ist auch die Orgel, die ursprünglich
für die Kasseler Stadthalle gebaut wurde und 4923
Orgelpfeifen besitzt.

🕐 *Domstraße 5, 99735 Nordhausen. ℂ03631/*
902343, www.hk-ndh.com. Bahn/Bus: Bus A bis
Pferdemarkt. Auto: Innenstadt, Parkplatz Grimmel-
allee oder Wallrothstraße. Zeiten: Täglich
9 – 16 Uhr. Preise: Eintritt frei.

St. Blasii in Nordhausen: Fast schon Pisa

Nicht nur Pisa hat einen **schiefen Turm,** auch Nordhausen kann sich eines solchen rühmen. Eigentlich
sogar zweier, denn beide Türme der St. Blasii Kirche haben eine Neigung. Diese fällt beim 52 m hohen **Südturm** jedoch wesentlich stärker aus. Grund
für die Schieflage ist der instabile Baugrund.

Errichtet wurde die dreischiffige Kirche im 14. Jahrhundert. 1634 brannte der Südturm nach einem
Blitzschlag völlig aus und erhielt statt einer Spitze
eine offene Laterne, in der die Steigerglocke aufge-
hängt wurde.

Im **Chorraum** fallen sogleich die Fenster auf, die
nach der Zerstörung im Zweiten Weltkrieg nach Entwürfen *Martin Domkes,* einem Bauhausschüler, an-

gefertigt wurden. Sie erzählen die Geschichte Christi von der Geburt bis zur Auferstehung. Im Chorraum befindet sich auch die Kopie eines Epitaphs für *Michael Meyenburg,* das *Lucas Cranach d. J.* 1558 angefertigt hatte. Das Original ist seit dem Krieg verschollen. Es zeigt die Auferweckung des Lazarus, daneben ist als Zuschauer Martin Luther dargestellt. Ein weiterer Bürgermeister von Nordhausen, *Cyriakus Ernst,* stiftete 1592 die mit Reliefs versehene Kanzel.

🕐 *Barfüßerstraße 2, 99734 Nordhausen. ✆03631/ 981640, www.blasiikirche-nordhausen.de.* **Bahn/Bus:** *Bus A bis Pferdemarkt.* **Auto:** *Innenstadt, Parkplatz Grimmelallee oder Wallrothstraße.* **Zeiten:** *April – Okt Di – So 14.30 – 16.30, Nov – März Sa, So 14.30 – 16.30 Uhr.* **Preise:** *Eintritt frei.*

Auffällig: Die beiden Türme von St. Blasii streben schief gen Himmel

© pmv, Kirsten Wagner

Traditionsbrennerei Nordhausen

Schon vor 500 Jahren wurde in Nordhausen **Korn** gebrannt, zeitweise gab es mehr als 100 Brennereien. Die Stadt lag dafür besonders günstig, denn im Norden gab es im Harz reichlich Brennholz und klares Quellwasser, im Süden wuchs in der *Goldenen Aue* das benötigte Getreide. Noch heute wird in der Rolandsstadt der **Echte Nordhäuser** hergestellt. Die letzte Traditionsbrennerei hält das alte Handwerk lebendig und stellt es im dazugehörigen **Museum** vor. 1907 ließ *Joseph Seidel* hier eine neue Brennerei errichten, weil der alte Standort zu klein

☀ *Jeder Korn, also aus Getreide hergestellter Schnaps, wird doppelt gebrannt. Der Name* **Doppelkorn** *zeigt nur an, dass er mindestens 38 % Vol. enthält.*

Hinter diesen Mauern entsteht Hochprozentiges

© pmv, Kirsten Wagner

✳ *Zu den Produkten der Firma **Echter Nordhäuser** zählen heute auch Kaffeelikör, der Halbbitter Harzer Grün, Rosenlikör und sogar Nordhäuser Doppelkorn-Senf. Na, dann Prost!*

geworden war. Das denkmalgeschützte Jugendstil-Ensemble ist schon für sich die Anfahrt wert. Während der **Führung** vollziehen die Besucher den Weg vom Getreide zum hochprozentigen Schnaps nach, durchwandern den Mühlenraum, schauen in den Maischekeller und den Brennraum, wo noch heute Wacholderdestillat und Kümmelkorn im original erhaltenen Brennapparat hergestellt werden. Nach der Vorführung einer Dampfmaschine geht es in den Keller, wo große Eichenholzfässer mit dem Branntwein zum Reifen lagern. Abgefüllt wurde einst in der »Niederlage«, wo das Huhn Henriette heute manchmal sogar Schnapsfläschchen legt ... Nach einem kleinen Film rundet die **Verkostung** den Rundgang ab.

🕐Ⓜ *Grimmelallee 11, 99734 Nordhausen. ✆03631/ 994970, www.traditionsbrennerei.de. **Bahn/Bus:** Straba 2 bis Badehaus/Landratsamt. **Auto:** Parkplatz auf dem Hof. **Rad:** Harzvorlandradweg. **Zeiten:** Führung Mo – Sa 14 Uhr, Hofladen Mo – Sa 10 – 16 Uhr. **Preise:** 6 €; Verkostung erst ab 18 Jahre, Kinder können teilnehmen und erhalten Gummibärchen.*

Kunsthaus Meyenburg

Druckgrafik des 19. und 20. Jahrhunderts hat in dem hübschen Jugendstilgebäude an der Alexander-Puschkin-Straße in Nordhausen einen angemessenen Platz erhalten. Im Rahmen von historischem Mobiliar finden sich Werke von *Max Ernst, Joan Miró, Henri Matisse, Andy Warhol, Pablo Picasso* und *Horst Janssen.* **Sonderausstellungen** widmen sich ebenso namhaften Künstlern wie *Hundertwasser* oder *Ernst Barlach*. Zu einem Besuch sollte auch ein Blick von dem kleinen Aussichtstürmchen gehören.

M *Alexander-Puschkin-Straße 31, 99734 Nordhausen. ℂ03631/881091, www.kunsthaus-meyenburg.de. Bahn/Bus: Bus 22 bis Krankenhaus. Auto: Reimannstraße oder Stolberger Straße. Zeiten: Di – So 10 – 17 Uhr. Preise: 5 €, Schüler 3 €; Kinder bis 16 Jahre frei; Fr Museumstag 1 €.*

✳ *Michael Meyenburg war im 16. Jahrhundert Bürgermeister in Nordhausen. Er stand der Reformation nah und verstarb 1555.*

KZ-Gedenkstätte Mittelbau-Dora

Ein dunkles Kapitel in der Geschichte Nordhausens wurde im und am *Kohnstein* geschrieben, einem kleinen Höhenzug nordwestlich der Stadt. Hier entstand unter dem Namen **Dora** ab August 1943 zunächst ein Außenlager des *KZ Buchenwald.* Nachdem die **Raketenfertigung** in Peenemünde bombardiert worden war, verlagerte man die Rüstungs-

---

DER BESONDERE TIPP Felix – oder das Glück guten Essens

✕ Jung und modern gibt sich das Felix in Nordhausen, ein aus zwei Fachwerkbauten und einem Wintergarten geschaffenes Lokal. Dazu gehören zwei Terrassen, die in der warmen Jahreszeit zum gemütlichen Ausblick einladen. Die obere Biergartenterrasse wird im Sommer auch als Stadtstrand hergerichtet. Außerdem erklärt hier eine Infotafel die wichtigsten Sehenswürdigkeiten. Ob Frühstück, Kuchen, Eis oder warme Küche – zu jeder Tageszeit bekommt man das passende kulinarische Angebot. Auf der Speisekarte stehen deutsche, internationale

© Annette Sievers

und saisonale Spezialitäten; vom Schnitzel bis zur Pasta dürfte hier jeder fündig werden. **Felix,** Barfüßerstraße 12 – 13, 99734 Nordhausen. ℂ03631/602200, www.felix-nordhausen.de. **Auto:** Altstadt, Parkplatz Wallrothstraße. **Zeiten:** Täglich 10 – 1 Uhr, Sa 15 – 2 Uhr.

Nur rund 3000 der 6000 in Dora gefertigten **Raketen** *kamen zum Einsatz, der Rest war unbrauchbar, denn die geschundenen Häftlinge waren kaum zu Präzisionsarbeit fähig. Außerdem war die Zahl der Sabotageakte hoch. Doch auch die 3000 funktionsfähigen V2 töteten viele Menschen, vor allem bei den Luftangriffen auf Antwerpen und London.*

Die Ausstellung im Museum der Gedenkstätte fragt auch nach den Tätern

produktion hier unter die Erde. Im Kohnstein existierten schon einige wenige Stollen, die ursprünglich als Treibstofflager gedacht waren. In diesen pferchte man nun tausende von Häftlingen ein, um die Stollen auszubauen und die Rüstungsfabrik zu errichten. In 12-Stunden-Schichten mussten die geschwächten Menschen unter schlimmsten Bedingungen schuften – das Sonnenlicht sahen sie nie, denn sie schliefen auch im kalten Berg: Ohne Toiletten, lediglich halbierte Ölfässer dienten als Latrinen, ohne ausreichend Wasser und Nahrung, in Lärm und Staub, auf vierstöckigen Holzpritschen zusammengepfercht. Die Lebenserwartung betrug nach heutigen Schätzungen 4 – 8 Wochen.

Im Frühjahr 1944 wurde schließlich ein oberirdisches Lager errichtet, das im Oktober als **KZ Mittelbau** eigenständig wurde und selbst rund 40 Außenlager unterhielt. Rund ein Zehntel der Insassen fertigte in den unterirdischen Stollen die V2, die von *Goebbels* propagierte Vergeltungswaffe.

Heute hält die KZ-Gedenkstätte Mittelbau-Dora die Erinnerung an die Opfer jener Zeit wach. Der riesige Komplex unterteilt sich in das Industriegelände, den SS-Bezirk und das Häftlingslager. Das neue Museumsgebäude beherbergt neben einem **Café** und einer **Dokumentationsstelle** eine **Ausstellung** zur Geschichte des KZ, die das Thema Zwangsarbeit sowie Biografien von Opfern und Tätern behandelt. Nur im Rahmen einer **Führung** sind die unterirdischen Stollen zugänglich, deren alte Zugänge nach Kriegsende gesprengt worden waren. Ein Modell zeigt die damaligen Ausmaße, Schutt und Schrottreste verdeutlichen den Zustand der Stollen nach der Plünderung durch die Amerikaner und der Zerstörung durch die Sowjets. Ein Holzsteg führt über die Trümmer zu einem der Schlafstollen in Kammer 46 und der späteren Produktionshalle in Kammer 44, die heute überflutet ist.

Nur noch wenige Gebäude des Lagers sind insgesamt erhalten, darunter das **Krematorium,** in dem ab Sommer 1944 die verstorbenen Gefangenen verbrannt wurden. Insgesamt durchliefen rund 60.000 Menschen das Lager, etwa 20.000 überlebten die Torturen nicht. Vor dem Krematorium mit den original erhaltenen Verbrennungsöfen mahnt eine Bronzeskulptur (1964) von *Jürgen von Woyski* an die Verbrechen der Nazis.

 Wie andere Konzentrationslager auch, wurde **Mittelbau-Dora** *vor der Befreiung durch die Amerikaner »evakuiert« und die Häftlinge auf sogenannte Todesmärsche geschickt. Der Großteil der Gefangenen starb aufgrund der grausamen Bedingungen.*

🅜 *Kohnsteinweg 20, 99734 Nordhausen. ✆03631/ 4958-20, www.dora.de.* **Bahn/Bus:** *Bahn bis Niedersachswerfen oder Harzquerbahn bis Krimderode, je 20 Min Fußweg; Straba 10.* **Auto:** *B4, Freiheitsstraße.* **Rad:** *Harzvorlandradweg.* **Zeiten:** *März – Okt Di – So 10 – 18, Nov – Feb 10 – 16 Uhr, Führungen für Einzelbesucher Di – Fr 11 und 14, Sa, So 11, 13, 15, März – Okt auch 16 Uhr, Außengelände bis Einbruch der Dunkelheit zugänglich.* **Preise:** *Eintritt und Führungen frei, Gruppenführungen 26 €; Schülergruppen 13 €.* **Infos:** *Empfohlen ab 12 Jahre.*

Die Heimkehle, größte Karsthöhle Deutschlands

Mit dem Großen Dom besitzt die Karsthöhle Heimkehle den größten Hohlraum Deutschlands. Er misst 22 m in der Höhe und mehr als 60 m in der Breite. Während der **Führung** durch den »geheimen Keller« geht es durch einen Eingangsstollen neben dem verschütteten Natureingang in die Hercyniahalle. Am 10 m tiefen Thyrasee schimmert selbst bei gelöschtem Licht ein geheimnisvoller Glanz durch einen unterirdischen Zugang. Über den **Riesentunnel** wird schließlich der *Große Dom* erreicht, wo eine **Lasershow** an die gewölbten Wände projiziert wird, die die Geschichte der Heimkehle Revue passieren lässt. Schon 1357 wurde sie erstmals urkundlich erwähnt, seit 1920 finden Führungen für die Öffentlichkeit statt. Während des Zweiten Weltkriegs wurden hunderte von Gefangenen gezwungen, in drei unterirdischen Werkhallen Flugzeugteile für die Junkers-Werke in Dessau herzustellen. An diese Zeit erinnert eine Mahn- und Gedenkstätte im Kleinen Dom.

*Im **Riesentunnel** verläuft die Landesgrenze zwischen Thüringen und Sachsen-Anhalt.*

Restaurant Zur Heimkehle, Heimkehle 2, Uftrungen. ©034653/727396. www.restaurant-heimkehle.de. Di – So 11 – 18 Uhr. Bergmannsschüssel, Rotwickel »Goldene Aue«, Steigerteller und Höhlenspieß gehören zu den kulinarischen Angeboten.

🕐 *Heimkehle 1, 06548 Uftrungen. ©034653/305, www.hoehle-heimkehle.de. **Bahn/Bus:** Bus 495 von Sangerhausen bis Abzweig Heimkehle. **Auto:** Kelbra/Berga Richtung Stolberg, hinter Uftrungen nach circa 1 km links (vor Rottleberode). **Rad:** Harzrundweg. **Zeiten:** April – Sep Di – So 10 – 17, Okt – März Di – So 11 – 16 Uhr, Führungen ab 5 Pers und 3 Jahre. **Preise:** 4,50 €; Kinder 3 – 16 Jahre 2,10 €, Studenten 3 €.*

FREILICHTMUSEUM KÖNIGSPFALZ TILLEDA

Zu ottonischer Zeit (919 – 1024) war Tilleda eine der bedeutendsten Pfalzen im Reich und wurde 972 **Theophanu,** der Frau *Ottos II.,* als Witwengut überschrieben. Wie zu dieser Zeit üblich, war die Pfalz gut gesichert und verfügte über eine Vor- und eine Hauptburg. Mit dem Bau der Kyffhäuser-Burgen verlor sie schließlich ihre militärische Bedeutung. Einen glanzvollen Höhepunkt erlebte der Ort noch einmal 1174, als *Friedrich Barbarossa* vor dem 5. Italienzug auf der Pfalz weilte und hier sein Heer versammelte. 1194 trafen sich *Heinrich VI.* und *Heinrich der Löwe* in Tilleda und legten den ewig währenden Streit zwischen Staufern und Welfen bei. Bald darauf wurde die Anlage nicht mehr genutzt, verfiel und wurde schließlich für landwirtschaftliche Zwecke verwendet, die Ruinen abgetragen. Zwischen 1935 und 1979 wurde die Pfalz vollständig wiederausgegraben, seitdem entsteht ein einzigartiges **Freilichtmuseum** mit rekonstruierten Gebäuden wie den Grubenhäusern der Vorburg. Das Zangentor als Eingang zur Burg, ein Belagerungsturm und ein Bauernhaus wurden ebenfalls aufgebaut. In den Gebäuden befindet sich eine **Ausstellung** zur Geschichte und dem Leben in der Pfalz. Hinweistafeln erläutern den Rundweg.

*06537 Tilleda. ☏ 034651/2923, www.pfalz-tilleda.de. **Bahn/Bus:** Bus 453 von Sangerhausen. **Auto:** Von Kelbra Richtung Tilleda, am Ortseingang rechts. **Rad:** Harzvorlandradweg. **Zeiten:** April – Okt 10 – 18, Nov, März 10 – 16 Uhr. **Preise:** 4 €; Kinder bis 17 Jahre 3 €; Familien 11 €.*

Auf dem Barbarossaweg von Tilleda zum Kyffhäuser

Von der Königspfalz Tilleda bietet sich ein herrlicher Blick auf das Kyffhäuser-Denkmal, das von hier aus auch zu Fuß gut zu erreichen ist. Der überregionale **Barbarossaweg** mit der Markierung Weißes X auf schwarzem Grund endet mit diesem Streckenabschnitt. Vom Parkplatz der Pfalz wendet man sich zur Hauptstraße, folgt dieser etwa 50 m und biegt links ab auf den Wanderweg. Durch naturbelasse-

Theophanu wurde um 955 als byzantinische Prinzessin geboren, heiratete Otto II. und wurde nach dessen Tod im Jahre 983 Mitregentin des Heiligen Römischen Reiches Deutscher Nation, da ihr Sohn, Otto III., zu diesem Zeitpunkt erst 3 Jahre alt war.

Tipp: Beim **Kaiserlager** im Mai geht es alljährlich mittelalterlich zu und die Pfalz erwacht zu neuem Leben.

Der überregionale Fernwanderweg **Barbarossaweg** führt von Korbach in Hessen über 326 km bis zum Kyffhäuser-Denkmal in Thüringen.

*Wartet am Kyffhäuser
auf seine Rückkehr:
Friedrich Barbarossa*
© pmv, Kirsten Wagner

ne Streuobstwiesen geht es in den Buchenwald hinein bergauf, bis ein Weg rechts zur *Unterburg* abzweigt. Nach einer Besichtigung des **Kyffhäuser-Denkmals** folgen Sie dem Weg zum unteren Parkplatz, queren die Straße und halten sich auf dem Wanderweg Richtung Bad Frankenhausen (Blaues X). Dieser stößt auf den *Kaiserweg*, der links zurück nach **Tilleda** führt.

❯ *06537 Tilleda.* **Länge:** *8 km Rundwanderung, starke Steigung am Kyffhäuser, danach sanft bergab. Markierung: Weißes X auf schwarzem Grund.* **Bahn/Bus:** *Bus 453 von Sangerhausen.* **Auto:** *Parkplatz an der Königspfalz.* **Rad:** *Harzvorlandradweg.*

Kyffhäuser-Burg und Denkmal

Eine der mächtigsten Burgen des Mittelalters stand zur Stauferzeit auf dem Sporn des Kyffhäuser-Gebirges – die Reichsburg Kyffhausen. Zur Sicherung der nahen Pfalz Tilleda wurde sie im 10. Jahrhundert auf einer Länge von 600 m errichtet und unter *Friedrich Barbarossa* im 12. Jahrhundert vollendet. Von der dreigeteilten Burg hat sich die **Unterburg** am besten erhalten, besonders imposant aber ist der Bergfried der **Oberburg.** Obwohl seine Ruine nur noch 17 m misst, macht er die Wehrhaftigkeit der Anlage eindrucksvoll deutlich. Alles überragend und bis weit ins Umland sichtbar aber ist das **Kyffhäuser-Denkmal,** das ab 1890 zu Ehren *Kaiser Wilhelms I.* errichtet wurde und offiziell Kaiser-Wilhelm-Nationaldenkmal heißt. So wie Barbarossa als Einiger des *Heiligen Römischen Reiches Deutscher Nation* (962 – 1806) verehrt wurde, so wurde Wilhelm als sein Nachfolger gesehen, der das deutsche Kaiserreich begründete. So schien dem konservativen *Deutschen Kriegerbund* (ab 1900 *Kyff-häuserbund*) der Platz für ein Denkmal besonders geeignet, an dem der Rotbart der Sage nach auf seine Rückkehr wartet. Mehr als 6 m hoch wurde die Figur Barbarossas aus Sandsteinquadern gemeißelt, hoch darüber reitet der kupferne Wilhelm. Im Inneren des 57 m hohen und von einer Kaiserkrone bedeckten Denkmals bietet sich nach 247 Stufen ein atemberaubender Blick über die *Goldene Aue.*

Zwischen Denkmal und Oberburg befindet sich das **Bistro am Turm,** in dessen Gebäude ein **Museum** über die Geschichte der Reichsburg informiert. Ein Modell zeigt ihre ursprünglichen Dimensionen. Spannend ist der Blick in den Burgbrunnen mit einer Kamerafahrt in die Tiefe. Er ist mit 167 m der angeblich tiefste Brunnen der Welt.

Kyffhäuser-Denkmal, 06567 Steinthaleben. 034651/2780, www.kyffhaeuser-denkmal.de. Bahn/Bus: Bus 494 von Bad Frankenhausen. Auto: B85 Kelbra – Bad Frankenhausen bis Abzweig. Rad: Harzvorlandradweg bis Tilleda. Zeiten: April – Okt 9.30 – 18 Uhr, Nov – März 10 – 17 Uhr. Preise: 6 €; Kinder ab 7 Jahre und Schüler 3 €; Familien 14 €.

Vom Kyffhäuser zur Ruine Rothenburg

Am westlichen Nordrand des Kyffhäusers ragt eine Ruine aus den Bäumen hervor, zu der eine aussichtsreiche Wanderung vom **Kyffhäuser-Denkmal** aus führt. Am unteren Parkplatz beginnt der Wanderweg mit dem Blauen X, der in Richtung *Kelbra* bis zur **Ruine Rothenburg** führt. Die 1103 erstmals erwähnte Burg wurde von den Rothenburger Grafen errichtet. Teile des Palas, der Burgkapelle und des Bergfrieds der aus rotem Sandstein erbauten Burg sind noch erhalten. Nebenan ragt der Bismarckturm 21 m in die Höhe, er wurde 1906 errichtet. Weitere Gebäude aus dem 20. Jahrhundert wurden als Gaststätte, später von der SS und dann als Erholungsheim der DDR genutzt.

*Das **Kyffhäuser-Denkmal** entstand nach Plänen des Architekten **Bruno Schmitz** (1858 – 1916), der auch das Völkerschlachtdenkmal in Leipzig und das Kaiser-Wilhelm-Denkmal an der Porta Westfalica entwarf.*

Burghof Kyffhäuser, Steinthaleben/Kyffhäuser. 034651/45222. www.burghof-kyffhaeuser.de. Ostern – Okt täglich 9 – 19 Uhr. Jagdstube, Wappensaal, Barbarossasaal, Außenterrasse.

Ein Stück weiter Richtung Kelbra zweigt rechts der mit Grünem Punkt markierte **Rückweg** ab. Nach etwa 4 km führt der Weg rechts (Gelber Strich) zurück zum Ausgangspunkt.

❯ *Länge: 10 km Rundwanderung.* **Auto:** *Unterer Parkplatz an der* ↗*Kyffhäuserburg.*

SCHAUPLATZ DES BAUERN-KRIEGES: BAD FRANKENHAUSEN

Am Südrand des Kyffhäusers liegt Bad Frankenhausen, bekannt durch die letzte große Schlacht des Bauernkrieges, die hier stattfand. An diese Zeit erinnert das **Panorama Museum** auf dem *Schlachtberg* mit dem monumentalen Gemälde von *Werner Tübke,* ↗St. Salvatoriskirche in Clausthal-Zellerfeld. Von großer Bedeutung waren immer wieder die Solequellen in der Stadt und ihrer Umgebung. Ein reger Salzhandel wurde betrieben, ab dem 19. Jahrhundert blühte das Kurwesen auf. Auf dem ehemaligen Salinengelände befindet sich heute der **Kurpark,** der mit Infotafeln und einem Salzsiedehaus auf die ursprüngliche Nutzung aufmerksam macht. Traditionsreich ist die Herstellung von Knöpfen, die noch nach 1945 einen wichtigen Industriezweig darstellte. Wahrzeichen von Bad Frankenhausen ist der Turm der Oberkirche **Unserer Lieben Frauen,** der extrem schief steht. Die Neigung weicht um 4,60 m vom Lot ab.

ⓘ *Tourist-Information, Anger 14, 06567 Bad Frankenhausen.* ℂ*034671/71717, 71716, www.kyffhaeuser-tourismus.de.* **Bahn/Bus:** *Bahn bis Sondershausen, Bus 530.* **Auto:** *B85.* **Rad:** *Radweg an der Kleinen Wipper oder Uderslebener Weg.* **Zeiten:** *April – Okt Mo – Fr 9.30 – 18, Sa 9.30 – 12.30, So 9.30 – 11.30 Uhr, Nov – März Mo – Fr 10 – 17, Sa 10 – 12 Uhr.*

Ⓜ **Kreisheimatmuseum,** Schlossstraße, Bad Frankenhausen. ℂ034671/62086. www.bad-frankenhausen.de. Mi – So 10 – 17 Uhr. Im Schloss. 2,50 €, Kinder 1,50 €, Familien 7 €.

Café P, Am Schlachtberg 9, Nordhausen. ℂ034671/62820. www.cafe-im-panoramamuseum.de. Geöffnet wie das Museum. Im Panorama Museum. Kuchen, Eis, kleine Gerichte.

Panorama Museum

Weit sichtbar thront das Panorama Museum über Bad Frankenhausen. Der Rundbau wurde eigens für ein **Panoramagemälde** geschaffen, das mit einer Größe von 14 x 123 m eines der größten Tafelbilder der Welt ist. Hohe Parteifunktionäre der DDR gaben das Gemälde Anfang der 1970er Jahre in Auftrag, um eine Gedenkstätte für die Bauernschlacht von 1525 und das Wirken *Thomas Müntzers* zu schaffen. Der Leipziger Kunstprofessor **Werner Tübke** erhielt den Zuschlag, obwohl er sich künstlerische Freiheit bei der Ausführung ausbat. So entstand das Monumentalbild auch nicht im seinerzeit im Ostblock verbindlichen Stil des sozialistischen Realismus, sondern in dem des magischen Realismus. Statt einer historischen Momentaufnahme schuf Tübke das Abbild einer ganzen Epoche mit einer Vielzahl von Allegorien. Müntzer ist darin nicht als strahlender Held dargestellt, zu dem er vom SED-Politbüro erhoben worden war, sondern als gebrochener Verlierer. Man mag darin auch eine von Tübke vorweggenommene Interpretation der zum Scheitern verurteilten DDR sehen. Andere interpretieren das Gemälde vor dem Hintergrund der generellen Vergänglichkeit allen Seins. In jedem Fall gibt es viel zu sehen auf dem 1722 qm großen Werk, das Tübke mit mehreren Helfern zwischen 1976 und 1987 unter dem Titel *Frühbürgerliche Revolution in Deutschland* fertigstellte. Eine **Führung** ist unbedingt zu empfehlen, um die vielen Details würdigen und die Bildersprache verstehen zu können.

Das Museum selbst hat sein Konzept erweitert und infor-

 Panoramabilder *waren im 19. Jahrhundert besonders modern. Heute sind in Deutschland nur noch wenige vorhanden, darunter das Jerusalem Panorama Kreuzigung Christi in Altötting. Als Vorbild für das Bauernkriegspanorama diente vor allem das Moskauer Panorama Schlacht von Borodino von 1912.*

Panorama-Schachtel: Das runde Museum mit Tübkes Bauernkriegsgetümmel

© pmv, Kirsten Wagner

miert in **Sonderausstellungen** über das weitere Werk von Werner Tübke sowie andere Panoramagemälde. Dazu gehört auch ein umfangreiches **museumspädagogisches Angebot.**

Ⓜ *Am Schlachtberg 9, 06567 Bad Frankenhausen. ✆034671/619-0, www.panorama-museum.de. Bahn/Bus: Bus 494. Auto: B85 von Kelbra. Rad: Radweg an der Kleinen Wipper. Zeiten: Di – So täglich 10 – 17, April – Okt 10 – 18 Uhr, Juli, Aug auch Mo 13 – 18 Uhr, Führungen April – Okt zu jeder vollen Stunde, Nov – März nur Sa, So, sonst »Acoustiguide«. Preise: 6 €; Kinder 6 – 14 Jahre 2 €.*

Von Bad Frankenhausen zur Barbarossahöhle

Am **Stadtpark** in Bad Frankenhausen, wo ein Hinweisschild auf den Lauftreff weist, beginnt auf der gegenüberliegenden Straßenseite ein **geologischer Lehrpfad** (Grüner Schrägstrich/Blaues X), der rasch aufwärts führt und schließlich links abzweigt zur **Kattenburg** – ein Bergplateau mit mehreren Höhlen. In der frühen Bronzezeit wurden sie zu Kultzwecken aufgesucht. Der Markierung mit dem Blauen X folgend, stoßen Sie bald auf den Rastplatz *Köhlers Wiese* und schließlich auf den Erdfall *Teufelsgrube* und die **Ruine Falkenburg.** Nur wenige Mauerreste sind von der einstigen Raubritterburg übrig geblieben, die im 11. Jahrhundert erbaut und 1458 zerstört wurde. Bergab geht es nun zur **Barbarossahöhle,** deren Besuch man nicht versäumen sollte.

Am Parkplatz der Höhle beginnt der *Barbarossaweg* (Rotes Qua-

Inszenierung für einen Wiedergänger: Steinthron und Kronen-Attrappe in der Barbarossahöhle

© pmv, Kirsten Wagner

drat/x8), der an der *Kleinen Wipper* entlang zurück nach **Bad Frankenhausen** leitet.

⊙ *06567 Bad Frankenhausen. www.kyffhaeuser-touris-mus.de. **Länge:** 13 km. **Bahn/Bus:** Bus 494. **Auto:** B85, Goethestraße (Ortsausgang Richtung Kyffhäu-ser) oder Parkplatz Napptal.*

⊙ *Naturpark Kyffhäu-ser, 1:33.000. Kar-tographische Kommunale Verlagsges. 4,50 €.*

Barbarossahöhle

Die Barbarossahöhle ist die einzige Anhydrit-Schau-höhle Europas. Sie wurde 1865 zufällig entdeckt als man Kupferschiefer suchte. Nicht Tropfsteine, sondern Gipslappen geben der Barbarossahöhle ihr unverwechselbares Gepräge. Besonders schön ist dies in der sogenannten Gerberei, in der der **Gips** wie zum Trocknen aufgehängte Lederhäute herab-hängt. Grünlich schmimmernde Seen, große Ala-basteraugen, eine Kristallkammer und Hohlräume wie der *Dom* oder der sich auftürmende *Olymp* ma-chen den Besuch zu einem einmaligen Erlebnis. Ne-ben den geologischen Besonderheiten wartet die Höhle aber auch mit dem berühmten *Barbarossa* auf. Der soll nämlich hier unten schlafen, bis bes-sere Zeiten anbrechen. Immerhin sind sein steiner-ner Stuhl und Tisch im Tanzsaal zu sehen.

Regelmäßig finden in der Höhle unterirdische Thea-teraufführungen und Konzerte statt. Auch Grusel-partys und Sommernachtsbälle locken in den Tanz-saal, Infos auf der Internetseite.

*Die chemische Be-zeichnung für **An-hydrit** ist Calciumsulfat (CaSO4). Durch Aufnah-me von Wasser wird aus Anhydrit **Gips.***

⊙ *Mühlen 6, 06567 Rottleben/Kyffhäuser. ℮034671/54513, www.hoehle.de. **Bahn/Bus:** Bus 494 von Bad Frankenhausen (Karfreitag – Ende Okt). **Auto:** B85, in Bad Frankenhausen über Rottlebener Straße; von Kelbra kommend rechts Richtung Rott-leben. **Rad:** Radweg an der Kleinen Wipper. **Zeiten:** April – Okt täglich 10 – 17, Nov – März Di – So 10 – 16 Uhr, Führungen zur vollen Stunde. **Preise:** 7,50 €; Kinder 3 – 16 Jahre 4 €; Familie (2 Erw, 3 Kinder) 21 €.*

Wasserburg Heldrungen

Eine erste Burganlage entstand in Heldrungen schon im 12. Jahrhundert als Fliehburg für die Bewohner des Rittergutes Roter Hof. Zwischen 1512 und 1519 wurde sie im Renaissance-Stil zu einer Wasserburg ausgebaut, dabei wurde auch eine gewaltige Wallanlage geschaffen. Nach dem Bauernkrieg wurde *Thomas Müntzer* hier gefangen gehalten. Heute dient die Anlage als Jugendherberge, kann aber auch jederzeit besichtigt werden.

🏠 *Schlossstraße 13, 06577 Heldrungen. ℂ034673/ 779818 (Informationszentrum), 91224 (Jugendherberge), www.wasserburg-heldrungen.de. **Bahn/Bus:** Bus 491. **Auto:** B86 von Artern. **Rad:** Unstrut-Radweg. **Zeiten:** Die Burg ist den ganzen Tag frei zugänglich. Informationszentrum Di – Fr 9 – 16.30 (12 – 12.30 Pause), Sa 13 – 16, So 9 – 12 und 14 – 16 Uhr. **Preise:** Eintritt frei.*

☕ **Burgcafé,** Schlossstraße 13, Heldrungen. ℂ034673/91230. www.wasserburg-heldrungen.de. Di – So 14 – 18 Uhr. In der Wasserburg.

SONDERSHAUSEN

Zwischen den Gebirgszügen der *Windleite* im Norden und der *Hainleite* im Süden liegt Sondershausen im Tal der *Wipper.* Als fränkische Siedlung gegründet, wurde die Stadt über lange Zeit von der Familie der *Schwarzburger* bestimmt. Durch mehrere Erbteilungen entstanden vier Hauptlinien: Schwarzburg-Arnstadt, -Frankenhausen, -Sondershausen und -Rudolstadt. Nur die beiden letzteren Linien existierten bis 1918. In Sondershausen lebten die Schwarzburger in dem mehrfach umgebauten **Schloss,** das bis heute einer der Anziehungspunkte für Besucher ist.

Im 20. Jahrhundert prägten Elektroindustrie und Kalibergbau die Stadt. Davon zeugen noch immer die großen Halden im Nordwesten. Hier befindet sich auch das **Erlebnisbergwerk,** das eine spannende Untertagereise verspricht. Als Ausflugsziel beliebt ist der *Possen* in der Hainleite mit Tierpark und dem

➔ **Stadtführungen** jeweils am 1. So im Monat 14 Uhr, April – Nov auch jeden 3. So. Treffpunkt: Alte Wache, Kosten: 3 – 3,50 €.

höchsten Fachwerkturm Europas. Im Sommer suchen Badefreunde den Weg ins Bergbad oder die *Bebraer Teiche.*

Sondershausens Ruf als **Musikstadt** basiert auf einer langen musikalischen Tradition. Eine fürstliche Kapelle existierte schon seit 1637, ab 1806 fanden die Konzerte im Loh-Park statt und waren so auch für die Allgemeinheit zugänglich. 1918 wurde die Hofkapelle mit der Abdankung des Fürsten in **Loh-Orchester Sondershausen** umbenannt. Es gab enge Beziehungen zu *Franz Liszt,* dessen Werke hier populär wurden. Heute ist das Loh-Orchester Bestandteil des **Theaters Nordhausen,** musiziert wird im Rahmen der Schlosskonzerte im Blauen Saal, die Loh-Konzerte finden im Achteckhaus statt, Infos unter www.theater-nordhausen.de.

❶ *Tourist-Information Sondershausen, Markt 9, 99706 Sondershausen. ℂ03632/788111, www.sondershausen.de. **Bahn/Bus:** RB, Bus 2 ins Zentrum. **Auto:** A38 Ausfahrt 11 Nordhausen, B4. **Zeiten:** Mo – Fr 9 – 18, Sa 10 – 12, April – Okt Sa bis 15 Uhr.*

Schloss Sondershausen

In der einstigen Residenz der *Schwarzburger Fürsten* befindet sich heute ein **Schlossmuseum,** dessen Räumlichkeiten in zwei Bereiche aufgeteilt sind. Der eine beschäftigt sich mit der *Geschichte des Hauses Schwarzburg* und zeigt eine Ahnengalerie der Familie, historische Räume wie den Blauen Saal, das Liebhabertheater oder das Römische Zimmer. Ein besonderes Schmuckstück ist die Goldene Kutsche, die um 1710 in Paris gefertigt wurde. Der zweite Rundgang widmet sich der *Schwarzburgischen Landesgeschichte.* Von den Anfängen Sondershausens bis ins Jahr 1990 spannt sich der Bogen, besondere Aufmerksamkeit kommt der Musikgeschichte zu. Auch Ur- und Frühgeschichte sowie Natur und Umwelt haben ihren Raum gefunden.

Stilmix: Seine lange Geschichte hat die Architektur des Schlosses geprägt
© pmv, Kirsten Wagner

Steht man im **Schlosshof,** sind die unterschiedlichen Stilepochen der vierflügeligen Anlage besonders augenfällig. Schon im 14. Jahrhundert stand an dieser Stelle eine Burg, 1534 begann *Graf Günther XI.* mit dem Bau eines Renaissanceschlosses, das noch heute den Kern bildet.

Mehrfach wurde erweitert, um- und angebaut, sodass ein unregelmäßiges Ensemble entstand. Der Hauptbau wurde ab 1715 barock modernisiert, ab 1837 klassizistisch verändert, inzwischen von der Hofseite wieder denkmalschutzgerecht in den Barockzustand versetzt.

Beim Gang durch den **Schlosspark,** der dem damaligen Geschmack entsprechend von einem barocken Park in einen englischen Landschaftspark umgewandelt wurde, sind weitere Gebäude zu entdecken. Das *Achteckhaus* verfügte damals gar über einen drehbaren Tanzboden, der von Pferden gezogen wurde. Heute wird es für *Konzerte* genutzt. Im *Marstall* waren einst die Pferde untergebracht, heute ist er Sitz der *Landesmusikakademie.*

☀ **Tipp:** Freier Eintritt Fr 14 – 17 Uhr!

🕐 *Schloss,* 99706 Sondershausen. *📞03632/ 622420, www.sondershausen.de. **Bahn/Bus:** Bus 2 bis Lange Straße. **Auto:** Parkplatz am Markt oder Parkhaus Lohstraße. **Zeiten:** Di – So 10 – 17 Uhr, Führungen Di – So 14 Uhr. **Preise:** 5 €; Kinder 6 – 16 Jahre und Schüler 3 €; Familien 9 €, Führung 1 € pro Person.*

Erlebnisbergwerk Sondershausen

Ungewöhnlich im Erlebnisbergwerk Glückauf ist schon die Einfahrt in die ehemalige und älteste be-

fahrbare Kaligrube. Nicht zu Fuß oder per Grubenbahn geht es zum alten Abbauort, sondern per Fahr-
stuhl und das gleich **680 m** abwärts. Von 1893 bis
1991 baute man tief unter der Stadt **Salze** in un-
vorstellbaren Mengen ab. Es wurde vor allem für die
Kaliproduktion benötigt, dem Hauptbestandteil
künstlicher Düngemittel. Ein riesiges Straßennetz
ist so im Laufe der Jahrzehnte unter der Erde entstanden. In offenen Lastwagen sitzend, wird den Besuchern bei der knapp dreistündigen Führung einiges davon gezeigt; mal befinden sich die Besucher
unter Großfurra, mal unter Neuheide. Auch der
Rundkurs, auf dem hier sogar Mountainbike-Ren-
nen und 10-km-Läufe ausgetragen werden, gehört
zur befahrenen Strecke. Natürlich erklärt der be-
gleitende Bergmann, welche Salze hier unten zu finden sind und wie man sie abbaute. Ein untertägiges
Museum informiert über das Schicksal des Bergwerks im Zweiten Weltkrieg: Es wurde für die Rüstungsproduktion und die Einlagerung von Devisen
und Kunstgegenständen zweckentfremdet. Fast ro-
mantisch ist hingegen die Fahrt im Spreewaldkahn
auf einem **Salzsee,** vorbei an der *Heiligen Barbara,*
der Schutzpatronin der Bergleute. Wer den Nerven-
kitzel liebt, wagt sich noch auf die 52 m lange **Salz-
rutsche.** Mit einem »Arschleder« ausgerüstet,
rutscht es sich bei einem Gefälle von 42 Prozent
wahrlich sekundenschnell.
Nach einer Besichtigung der
Konzerthalle und des **Fest-
saals,** in dem man sogar hei-
raten kann, wird wieder Signal gegeben zur Auffahrt.
Mit Salz auf den Lippen wird
freudig die frische Luft über
Tage begrüßt.

🌐Ⓜ *Schachtstraße 20 – 22,
99706 Sondershausen.*

 *Im Südharz gehör-
te der **Salzberg-
bau** zu den florierenden
Industriezweigen, auch
in Sondershausen ist
dies schon über Tage an
der mächtigen Abraum-
halde zu erkennen.*

💥 *Durch die Tiefe
von mehr als
600 m ist es im Berg-
werk rund 23 Grad
warm!*

*Kahnfahrt unter Tage:
Im Elebnisbergwerk
Sonderhausen*
© pmv, Kirsten Wagner

Tipp: Wer gern eine Fahrradtour im Berg unternehmen möchte, kann sich nach Voranmeldung auf die Strecke begeben. Kosten: 29 €

☏03632/655280, www.erlebnisbergwerk.com. Bahn/Bus: Bus 2. Auto: Nordhäuser Straße. Zeiten: Di – Fr 11 und 14.30, Sa 10 und 14, So 11 Uhr, nur nach Voranmeldung, Dauer 2,5 – 3 Std. Preise: Di – Fr 20 €, Sa, So 25 €; Kinder 10 – 16 Jahre Di – Fr 15 €, Sa, So 20 €; Di – Fr Schulklassen 13 €.

ROSENSTADT SANGERHAUSEN

Als fränkische Siedlung wurde Sangerhausen im 6. Jahrhundert gegründet. Die Siedler rodeten das Land durch Absengen des Waldes, wodurch sich der Name der Stadt erklärt. Lange Zeit prägte der Bergbau die Umgebung, heute können Sie im **Röhrigschacht** in Wettelrode seinen Spuren nachgehen. Hauptsehenswürdigkeit aber ist das **Europa-Rosarium** mit der größten Rosensammlung der Welt. Dabei sollten Sie die Altstadt Sangerhausens nicht links liegen lassen, zeigt sie doch einen fast komplett erhaltenen Baubestand aus dem 15. bis 18. Jahrhundert. **Ulrich-** und **Jacobikirche,** der Markt mit dem Renaissance-Rathaus und Patrizierhäusern laden zu einem Bummel ein.

➡ **Führung** durch die Altstadt Mai – Sep Sa 10 Uhr. Treffpunkt an der Tourist-Information. 3 €, Kinder 1,50 €.

➡ **Rundfahrt mit der Bimmelbahn** *S-Bahn:* Mai – Sep Mi – So 11 – 16 Uhr. 3 €, Kinder 1 €. Abfahrt zur vollen Stunde ab Europa-Rosarium, zur halben Stunde ab Markt.

ℹ *Tourist-Information Sangerhausen, Markt 18, 06526 Sangerhausen. ☏03464/19433, www.sangerhausen-tourist.de. Bahn/Bus: RB. Auto: A38 Ausfahrt 15 Sangerhausen-West oder Ausfahrt 16 Sangerhausen-Süd oder B86 Mansfeld – Artern. Rad: Harzrundweg bis Obersdorf, weiter parallel zur Gonna. Zeiten: Mo – Fr 9 – 18 Okt – April bis 17), Sa 10 – 14, Juni, Juli auch So 10 – 14 Uhr.*

St. Jacobi Sangerhausen

Mit dem leicht nach Westen geneigten Turm, dem *schiefen Jacob,* und der Mondkugel unter dem östlichen Ziffernblatt der Turmuhr wurde die Jacobikirche zum Wahrzeichen von Sangerhausen. 1457 begann man mit dem Bau der gotischen Hallenkirche, 1542 wurde der 61 m hohe Turm vollendet. Im In-

neren beeindrucken die Ausmalung von *Johann Andreas Bottschild* (1665), der vergoldete Flügelaltar mit 20 geschnitzten Heiligenfiguren und die Orgel von *Zacharias Hildebrandt* (1728). Ein Schlussstein im Netzgewölbe zeigt den *Heiligen Jacobus,* den Schutzheiligen der Kirche und der Pilger.

🕐 *Alte Promenade 23, 6526 Sangerhausen. ✆03464/ 570334, www.kirche-sangerhausen.de. **Auto:** Zentrum. **Zeiten:** Mai – Okt Di – Sa 10 – 12 und 14 – 16, So 14 – 16 Uhr.*

✉ **Ratskeller,** Markt 1, Sangerhausen. ✆03464/579290. www.ratskeller-sangerhausen.de. Täglich 11 – 23, Fr – So bis 24 Uhr.

Europa-Rosarium

Die größte Rosensammlung der Welt bildet den Rahmen für das Europa-Rosarium in Sangerhausen. Zur **Hauptrosenblüte** ab Mitte Juni erblühen in dem 12,5 ha großen Park Millionen von Rosen in allen erdenklichen Farben, Formen und Düften. Unter ihnen finden sich Raritäten wie die Grüne Rose, die Schwarze Rose, die Stacheldrahtrose, die echte Ölrose oder die kleinsten Rosen der Welt. Insgesamt umfasst die Sammlung 8300 Rosensorten, 500 Wildrosenarten und 850 Kletterrosen. Doch schon im **Frühling** lohnt ein Besuch, wenn 20.000 Frühblüher erste Farbtupfer in den Park zaubern. Rund 300 Bäume und Sträucher, darunter seltene Arten

wie der Mammutbaum und der Geweihbaum, bieten weitere Blickpunkte. Dazwischen setzen Statuen und Skulpturen künstlerische Akzente beim Spaziergang vom Alpinum bis zur naturnahen Wolfsschlucht.

Schon 1903 wurde das Rosarium eröffnet und kann nun auf über 110 Jahre Bestand zurückblicken. Es wurde in das ↗*Gartenträume-Projekt* Sachsen-Anhalts aufgenommen, zu dem der **Gartentraumladen** gehört. Neben Pflanzen sind hier hübsche Dekorationen für den Garten zu erstehen. Der **Cafépavillon** und das **Restaurant Zur Schwarzen Rose** laden zum gemütlichen Kaffeetrinken oder (Eis-)Essen ein.

🕐 ⊠ *Am Rosengarten 2a, 6526 Sangerhausen. ℂ03464/58980, 572522, www.europa-rosarium.de. **Bahn/Bus:** Bus 42, 43. **Auto:** A38 Ausfahrt 16 Sangerhausen Süd, B86, links Sotterhäuser Weg, Parkplätze am Sotterhäuser Weg. **Rad:** Harzrundweg von Wettelrode. **Zeiten:** Mitte April – Mitte Okt täglich 10 – 18, Mai – Sep 8 – 22 Uhr. **Preise:** April 2,50 €,*

© pmv, Kirsten Wagner

DER BESONDERE TIPP Jagdschloss Possen: Genuss und Erholung

✕ Das Jagdschloss Zum Possen diente im 18. Jahrhundert den Fürsten von Schwarzburg-Sondershausen als Unterkunft bei ihren Jagdausflügen. Zum Erholungspark gehören heute ein kleiner Wildpark, ein Spielplatz, ein Kletterwald und der größte Fachwerkturm Europas. In der vierflügeligen Anlage des Jagdschlosses speist man gutbürgerlich. Soljanka, Wildgulasch, Hirschkalbsbraten, Thüringer Rostbrätl und Zanderfilet mit Grillgemüse stehen auf der Speisekarte.

Jagdschloss Possen, Possen 1, 99706 Sondershausen. ℂ03632/782884, www.possen.de. **Bahn/Bus:** Bus 4 von Sondershausen. **Auto:** Greußener Straße/B4 Richtung Erfurt, nach Ortsausgang links. **Zeiten:** Täglich ab 10 Uhr, Nov – März Mo Ruhetag.

*Mai, Sep, Okt 5 €, Hauptrosenblüte (Juni – Aug) 8 €, Nov – März Eintritt frei; Kinder 6 – 16 Jahre April – Mai und Mitte Sep – Okt 1,50 €, Juni – Aug 3 €; Familie (2 Erw, 3 Kinder) Mai, Sep, Okt 11,50 €, Juni – Aug 19 €, jedes weitere Kind 1 €. **Infos:** Kombitickets mit Röhrigschacht oder Kyffhäuser-Denkmal.*

Röhrigschacht Wettelrode

Senkrecht bergab geht es in den Röhrigschacht hinein und das gleich 283 m tief. Ein original Förderkorb ist nämlich in dem Schaubergwerk das Transportmittel, das einst die Bergleute an ihren Arbeitsplatz unter Tage brachte und heute die Besucher an den Ort des Geschehens transportiert. Unten angelangt erwartet Sie eine 1000 m lange Fahrt mit der **Grubenbahn.** Kupferschiefer baute man hier ab, der als Baumaterial oder Straßenschotter verwendet wurde. 1990 stellte man den Betrieb ein, weil der Abbau nicht mehr wirtschaftlich war.

Der Wandel der Bergbautechnik wird eindrucksvoll deutlich, wenn man die schmalen Spalten sieht, in denen die Bergleute mit einfachen Werkzeugen tätig waren. Später arbeitete man mit druckluftbetriebenen Maschinen. Über Tage empfängt das stählerne Fördergerüst von 1888 die Besucher wieder. Ein Rundgang durch das **Museum** mit Gesteinen und Werkzeugen kann sich nun ebenso anschließen wie einer auf dem **Bergbaulehrpfad,** der am Museum beginnt und über 4 km zu Pingen, Schächten und dem Kunstteich führt. Die **Bergmannsstube** hat deftige Speisen im Angebot.

*Lehde, 6526 Sangerhausen-Wettelrode. ℂ03464/ 587816, www.roehrigschacht.de. **Bahn/Bus:** Bus 462. **Auto:** Sangerhausen, Morunger Straße. **Rad:** Harzrundweg. **Zeiten:** Mi – So 9.30 – 17 Uhr, Juni, Juli, Aug auch Di; Seilfahrten 10, 11.15, 12.30, 13.45, 15 Uhr, Dauer 75 Min. **Preise:** 10 € (nur über Tage 2,50 €); Kinder 5 – 14 Jahre 5 € (nur über Tage 1,50 €); Familien 25 €.*

Führungen durchs Rosarium, Sangerhausen. ℂ03464/ 58980. www.europa-rosarium.de. Ab 1. Juni täglich um 11 Uhr. Preis: 3 €.

Haldenbesteigung, Sangerhausen-Wettelrode. www.roehrigschacht.de. Im Mai und Aug lädt das Bergbaumuseum zur Haldenbesteigung ein. Die Hohe Linde erhebt sich 145 m. Anfahrt: Sportplatz in Lengefeld. Preis: 1 €, ab 6 Jahre.

KYFFHÄUSER & SÜDHARZ

Mit Bahn & Bus um Kyffhäuser und durchs südliche Harzvorland

Bahn: Die Bahnlinie für RB und RE führt von Nordhausen über Sangerhausen zur Lutherstadt Eisleben. Auch Leinefelde und Sondershausen sind per Bahn zu erreichen.

Bus: In und um Nordhausen ist die *Bus-Verkehr Nordhausen GmbH,* Robert-Blum-Straße 1, 99743 Nordhausen, ℅03631/639-0, www.bus-verkehr-nordhausen.de zuständig. Die Busse fahren im Norden bis Rothesütte und Sophienhof, im Osten bis Stolberg, im Süden bis Straußberg. Direkt in Nordhausen fahren die Stadtbuslinien A bis K. Außerdem verkehren zwei Straßenbahnen in Nordhausen, eine dritte geht bis Ilfeld und Niedersachswerfen: *Verkehrsbetriebe Nordhausen,* ℅03631/900-141, www.stadtwerke-nordhausen.de. Zwischen Kelbra, Sondershausen, Heldrungen und Sangerhausen ist die *Regionalbus GmbH Unstrut-Hainich- und Kyffhäuserkreis,* 99974 Mühlhausen, ℅03601/80169-7, www.regionalbus.de, unterwegs. Fünf Buslinien verkehren in Sondershausen: www.regionalbus.de Von Sangerhausen fährt die *Verkehrsgesellschaft Südharz,* Ritteröder Straße 11, 06333 Hettstedt, ℅03476/8892-0, www.vgs-suedharzlinie.de.

KARTEN & REGISTER

234/235 Salzgitter-Bad Hornburg Osterwieck 236/237 Oschers-leben Schön MAGDE
Bockenem Langels-heim Vienenburg HALBERSTADT Hadmersleben Groningen Egeln
Seesen GOSLAR Bad Harzburg Ilsenburg WERNIGERODE Wegeleben Hecklingen
Clausthal-Zellerfeld Brocken Blankenburg QUEDLINBURG ASCHE
Bad Grund Altenau Elbingerode Thale Falkenstein
238/239 Sankt Andreasberg Gernrode Ballenstedt 240/241
Ostende Hasselfelde Harzgerode
Herzberg Bad Sachsa
Bad Lauterberg Elrich Stolberg
242/243 Duderstadt Bleiche-Rode NORDHAUSEN SANGERH
Worbis Allstedt
Heiligen-stadt Leinefelde Sondershausen Kyffhäuser Kyffhäuser
Dingelstadt 244/245

Wie geht's weiter?
Orientierungsdiskussion
im Bodetal

© pmv, Kirsten Wagner

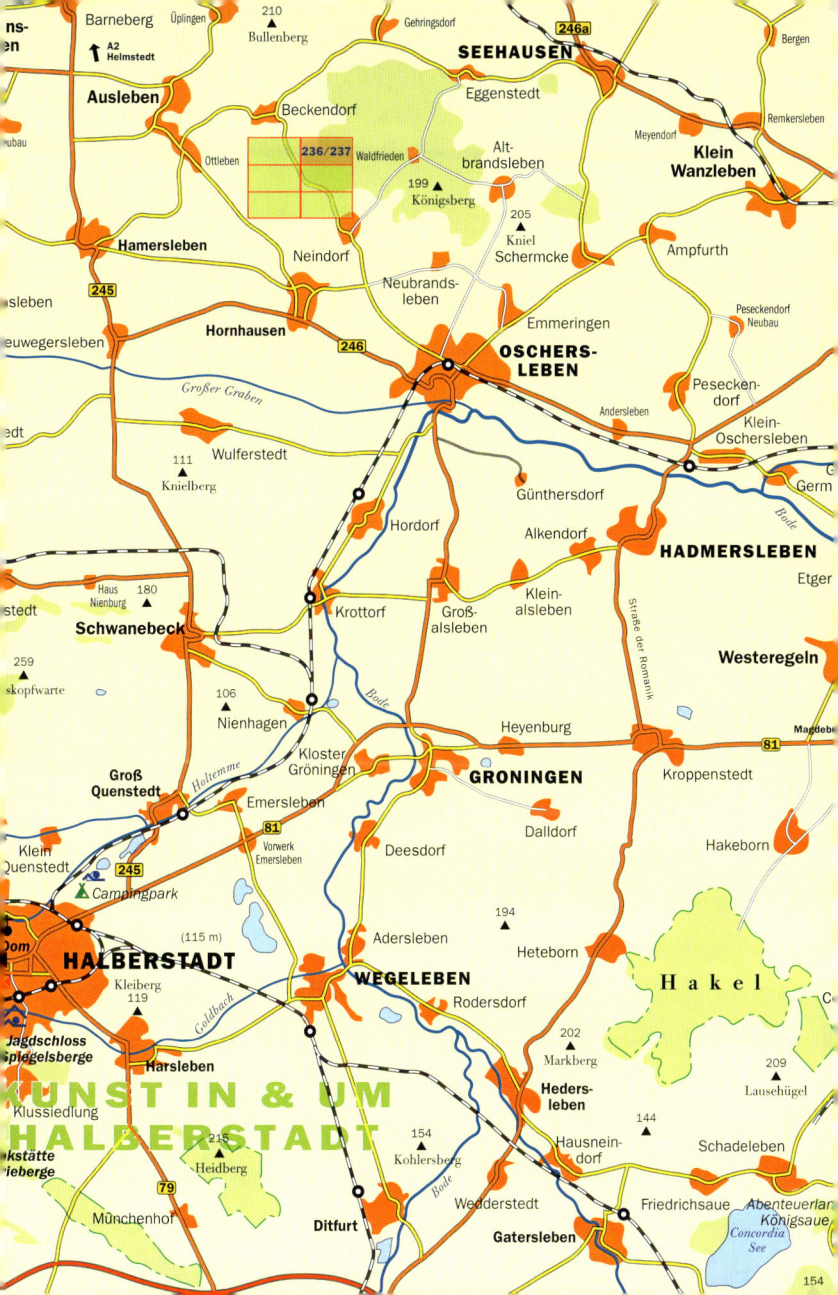

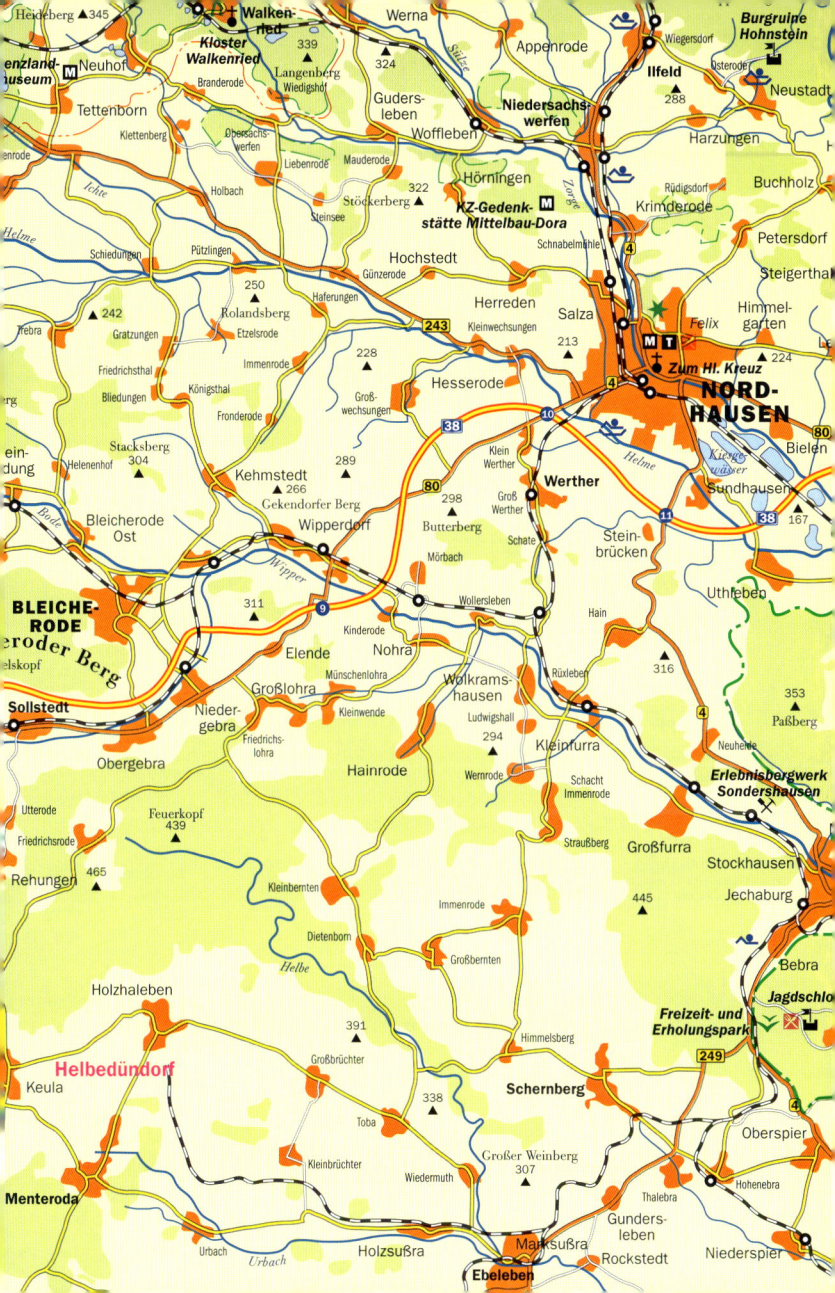

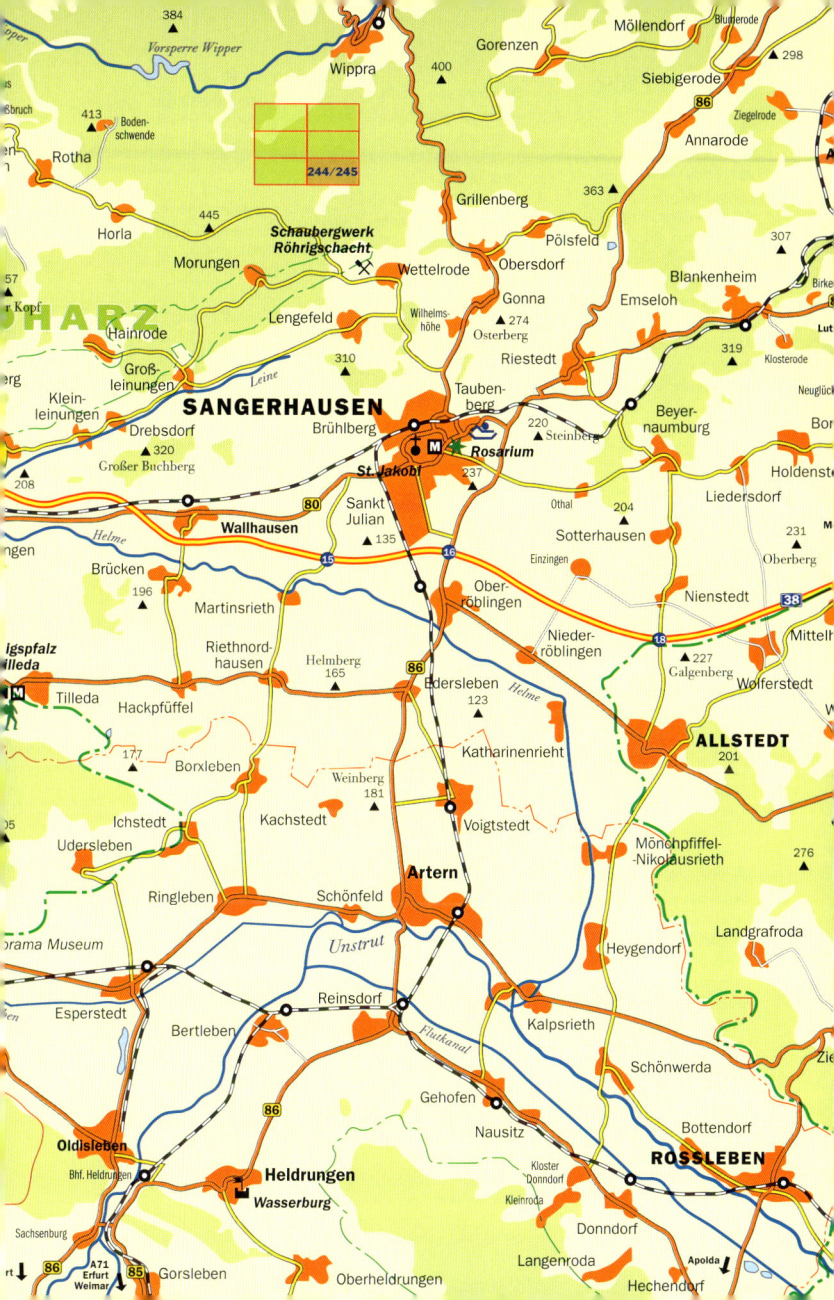

REGISTER

Einkehr & Unterkunft

Näher reisen

33 SCHÖNSTE RAD-TOUREN RHEIN-MAIN
Radeln von leicht bis weit rund um Frankfurt
Mit Extra-Tourenkarte
von Alexander Kraft

33 x Radeln in Rhein-Main. Vom Rheingau bis zum Vogelsberg, vom Taunus bis zur Bergstraße. Mit Sehenswürdigkeiten, An- und Abreise mit Bahn, Höhenprofilen und einer extra-Tourenkarte mit genauer Navigation. GPS-Tracks im Internet.

»Schon beim Blick ins Inhaltsverzeichnis findet jeder, was er sucht, oder wird zumindest neugierig gemacht auf das, was er vielleicht nicht gesucht hat.« Wiesbadener Kurier

ISBN 978-3-89859-320-5.
224 Seiten, 18 Euro

66 SCHÖNSTE ORTE ODENWALD BERGSTRASSE
Ausflüge zu Burgen, Wäldern & Sehenswürdigkeiten. Mit Einkehr & Einkaufen auf dem Bauernhof
von Anna Steinmaus

Die schönsten Orte, Burgen und Schlösser, alle Kultur-Highlights und interessantesten Naturtouren stets mit profunden Texten und Hintergrundwissen. Dazu Empfehlungen zum Einkehren, zu Unterkünften und Einkauf auf dem Bauernhof! Von Darmstadt bis Heidelberg, vom nördlichen Odenwald bis zum Neckar, von der Bergstraße bis Franken.

»Hoher Nutzwert in kompakter Form« Main-Echo

ISBN 978-3-89859-211-6.
256 Seiten, 18 Euro

FRANKFURT AM MAIN
Sehen & Erleben, Ausgehen & Vergnügen. Mit 10 Stadtrundgängen
von Annette Sievers

Die 3. aktualisierte Auflage des pmv-Reiseführers »Frankfurt am Main« bietet auf 10 Stadtrundgängen gründlich recherchiertes Geschichtswissen, Hintergrund zum aktuellen Zeitgeschehen und hervorragende Einkehrtipps. Informativ: 1001 Adressen, Öffnungszeiten und Preisangaben.

»Machen wir es kurz: Selten habe ich einen so guten, einen so informativen Reiseführer gelesen.« hr-Info

ISBN 978-3-89859-200-0.
416 Seiten, 22 Euro

 pmv PETER MEYER VERLAG

WIESBADEN RHEINGAU MIT KINDERN

300 Ausflüge & Aktivitäten rund ums Jahr
von Eberhard Schmitt-Burk

Der Autor hat für die hessische Landeshauptstadt Wiesbaden nicht nur Bekanntes wie Opelbad und Leichtweißhöhle ausgekundschaftet, sondern auch vielerlei neue Ideen für spannende Aktivitäten im Sommer und Winter zusammengetragen.

»Das Buch zum In-die-Tasche-stecken ist ein heißer Tipp für große wie kleine Leser.« Wiesbadener Tagblatt

ISBN 978-3-89859-442-4.
256 Seiten, 16 Euro

BERCHTESGADENER LAND & CHIEMGAU MIT KINDERN

Über 400 spannende Aktivitäten vom Chiemsee bis zum Watzmann
von Katja Faby, Antje Kindler-Koch

Was können Familien im Berchtesgadener Land und im Chiemgau neben wandern und baden noch unternehmen? Dieser pmv-Freizeitführer stellt über 400 spannende Aktivitäten vor, die Urlaub und Freizeit verschönern und auch bei schlechtem Wetter für gute Laune sorgen. Frisch aufgelegt in bereits 3. Auflage!

»Übersichtlich, vielseitig und preiswert: Ein Reiseführer an dem Eltern samt Kindern Spaß haben werden.« Berchtesgadener Land Tourismus

ISBN 978-3-89859-427-1.
272 Seiten, 16 Euro

SCHWÄBISCHE ALB MIT KINDERN

450 spannende Ausflüge und Aktivitäten rund ums Jahr
von pmv

Tolle Anregungen für Ferienspaß und Wochenende: Ausflüge, Aktivitäten, Höhlen, Baden, Sport und Spiel zwischen Neckar und Donau, Schwarzwald-Ausläufern und Nördlinger Ries. Jeweils mit Beschreibung, Adressen, Anfahrt, Öffnungszeiten und Preisen. Zum Losstürmen für die ganze Familie und für jede Jahreszeit!

»In diesem Führer ist alles drin, was Spaß macht – und zwar der ganzen Familie.« Die Neckarquelle

ISBN 978-3-89859-448-6.
304 Seiten, 16 Euro

Treffen Sie uns auf **f** facebook.com/PeterMeyerVerlag

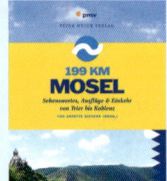

33 SCHÖNSTE RAD-TOUREN RHEIN-MAIN

Radeln von leicht bis weit rund um Frankfurt
Mit Extra-Tourenkarte
von Alexander Kraft
ISBN 978-3-89859-320-5.
224 Seiten, 18 Euro

77 SCHÖNSTE ORTE RUND UM BERLIN

Ausflüge zu Schlössern, Seen und Sehenswürdigkeiten in Brandenburg. Mit 154 Einkehrtipps
ISBN 978-3-89859-202-4, 304 Seiten, 18 Euro

66 SCHÖNSTE AUSSICHTEN HESSEN

Burgen, Türme, Berge Wandern, Radeln, Einkehren
ISBN 978-3-89859-319–9, 256 Seiten, 16 Euro

77 SCHÖNSTE ORTE HOLLAND

Schlösser, Parks und sehenswerte Orte. Mit Restaurant- und Hotelempfehlungen
ISBN 978-3-89859-180-5, 256 Seiten, 18 Euro

ODENWALD MIT KINDERN

500 x Abenteuer und Erlebnis von der Bergstraße bis zum Main, von Darmstadt bis zum Neckar
ISBN 978-3-89859-429-5, 320 Seiten, 16 Euro

BERLIN UND UMGEBUNG MIT KINDERN

1001 Aktivitäten und Ausflüge mit S & U
ISBN 978-3-89859-436-3, 320 Seiten, 16 Euro

HOLLANDS KÜSTE MIT KINDERN

400 spannende Aktivitäten für Ferien und Freizeit
ISBN 978-3-89859-439-4, 256 Seiten, 16 Euro

OSTSEEKÜSTE LÜBECK MIT KINDERN

350 Aktivitäten & Adressen im Dreieck Lübeck, Plön und Fehmarn
ISBN 978-3-89859-445-5
256 Seiten, 16 Euro

 pmv PETER MEYER VERLAG

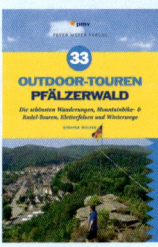